16	3	2	13
5	10	11	8
9	6	7	12
4	15	14	1

Axel Honneth

LUTA POR RECONHECIMENTO

A gramática moral dos conflitos sociais

Tradução de Luiz Repa
Apresentação de Marcos Nobre

editora■34

EDITORA 34

Editora 34 Ltda.
Rua Hungria, 592 Jardim Europa CEP 01455-000
São Paulo - SP Brasil Tel/Fax (11) 3811-6777 www.editora34.com.br

Copyright © Editora 34 Ltda. (edição brasileira), 2003
Kampf um Anerkennung © Suhrkamp Verlag, Frankfurt a. M., 1992
Tradução © Luiz Repa, 2003
Apresentação © Marcos Nobre, 2003

A FOTOCÓPIA DE QUALQUER FOLHA DESTE LIVRO É ILEGAL E CONFIGURA UMA
APROPRIAÇÃO INDEVIDA DOS DIREITOS INTELECTUAIS E PATRIMONIAIS DO AUTOR.

Edição conforme o Acordo Ortográfico da Língua Portuguesa.

Título original:
Kampf um Anerkennung

Capa, projeto gráfico e editoração eletrônica:
Bracher & Malta Produção Gráfica

Revisão:
Ricardo J. de Oliveira

1ª Edição - 2003, 2ª Edição - 2009 (4ª Reimpressão - 2021)

Catalogação na Fonte do Departamento Nacional do Livro
(Fundação Biblioteca Nacional, RJ, Brasil)

	Honneth, Axel, 1949
H747l	Luta por reconhecimento: a gramática moral dos conflitos sociais / Axel Honneth; tradução de Luiz Repa; apresentação de Marcos Nobre. — São Paulo: Editora 34, 2009 (2ª Edição). 296 p.

Tradução de: Kampf um Anerkennung

ISBN 978-85-7326-281-0

1. Filosofia alemã. 2. Filósofos modernos.
I. Repa, Luiz. II. Nobre, Marcos. III. Título.

CDD - 193

LUTA POR RECONHECIMENTO
A gramática moral dos conflitos sociais

Apresentação, *Marcos Nobre* 7

Prefácio 23

I. PRESENTIFICAÇÃO HISTÓRICA:
A IDEIA ORIGINAL DE HEGEL 27

1. Luta por autoconservação:
a fundamentação da filosofia social moderna 31
2. Crime e eticidade: Hegel e o enfoque
novo da teoria da intersubjetividade 37
3. Luta por reconhecimento:
a teoria social da *Realphilosophie* de Jena 69

II. ATUALIZAÇÃO SISTEMÁTICA: A ESTRUTURA
DAS RELAÇÕES SOCIAIS DE RECONHECIMENTO 115

4. Reconhecimento e socialização: Mead
e a transformação naturalista da ideia hegeliana 125
5. Padrões de reconhecimento intersubjetivo:
amor, direito, solidariedade 155
6. Identidade pessoal e desrespeito:
violação, privação de direitos, degradação 213

III. PERSPECTIVAS DE FILOSOFIA SOCIAL:
MORAL E EVOLUÇÃO DA SOCIEDADE 225

7. Vestígios de uma tradição da filosofia social:
Marx, Sorel e Sartre 229
8. Desrespeito e resistência:
a lógica moral dos conflitos sociais 253
9. Condições intersubjetivas da integridade pessoal:
uma concepção formal de eticidade 269

Bibliografia 281

Apresentação
LUTA POR RECONHECIMENTO:
AXEL HONNETH E A TEORIA CRÍTICA*

Marcos Nobre

I

Em 1924, Max Horkheimer, Felix Weil e Friedrich Pollock fundaram, junto à Universidade de Frankfurt (Main), o *Institut für Sozialforschung* (Instituto de Pesquisa Social), sediado na mesma cidade. Ao Instituto, financiado por uma doação privada, caberia também uma cátedra na Universidade, de modo que o Diretor do Instituto teria também uma posição acadêmica consolidada, o que era decisivo para garantir o bom funcionamento e a divulgação de trabalhos explicitamente vinculados ao marxismo, então de regra excluído das instituições universitárias. Horkheimer assumiu a direção do Instituto de Pesquisa Social em 1930 e, simultaneamente, ocupou a cátedra que cabia ao Instituto, instalando-a na Filosofia e dando-lhe o nome de "Filosofia Social". Propôs um ambicioso programa de pesquisa interdisciplinar que tinha como referência teórica fundamental a obra de Marx e o marxismo, inaugurando, assim, a vertente intelectual da "Teoria Crítica".

Para entender como o pensamento de Axel Honneth se vincula a essa tradição, é preciso esboçar em rápidos traços os elementos característicos mais gerais da "Teoria Crítica" e de seu desenvolvimento. No entanto, como em certos círculos se tornou habitual identificar essa orientação intelectual com o rótulo "Escola de Frankfurt", vale a pena, antes disso, jogar um pouco de luz sobre tal denominação.

---

* Agradeço a Ricardo R. Terra e a Luiz Repa pelas críticas e sugestões.

Apresentação   7

A expressão "Escola de Frankfurt" surgiu apenas na década de 1950, após o Instituto, que havia deslocado sua sede sucessivamente para Genebra, Paris e Nova York durante o regime nazista, retornar à Alemanha. Trata-se, portanto, de uma denominação *retrospectiva*, com que se reconstruiu em um determinado sentido a experiência anterior, das décadas de 1930 e 1940. Com isso, o sentido da expressão "Escola de Frankfurt" foi moldado em grande medida por *alguns* dos pensadores ligados à experiência da Teoria Crítica, em particular aqueles que retornaram à Alemanha após o final da Segunda Guerra Mundial, e que tiveram posições de direção no pós-guerra, tanto no Instituto de Pesquisa Social como na Universidade de Frankfurt (Main). Por essa razão, Horkheimer foi a figura central da "Escola de Frankfurt", já que não apenas permaneceu na direção do Instituto em sua reinauguração em Frankfurt como tornou-se reitor da Universidade. A seu lado, como íntimo colaborador, estava Theodor W. Adorno, que o sucedeu na direção do Instituto em 1958.

Desse modo, o rótulo "Escola de Frankfurt" teve um importante papel para fortalecer e amplificar as intervenções (principalmente de Adorno e de Horkheimer) no debate público alemão das décadas de 1950 e 1960. Pode-se dizer, portanto, que "Escola de Frankfurt" designa antes de mais nada uma forma de intervenção político-intelectual (mas não partidária) no debate público alemão do pós-guerra, tanto no âmbito acadêmico como no da esfera pública entendida mais amplamente. E uma forma de intervenção de grande importância e consequências, não apenas para o debate público e acadêmico alemão.

"Teoria Crítica", entretanto, designa um campo teórico muito mais amplo do que simplesmente essa configuração histórica que ficou conhecida como "Escola de Frankfurt". No sentido que lhe foi dado originalmente por Max Horkheimer em seu artigo de 1937 "Teoria Tradicional e Teoria Crítica", a expressão designava o campo teórico do marxismo. A partir da publicação desse texto de Horkheimer, pode-se dizer que a expressão "Teoria Crítica" passou a designar também, em sentido mais restrito, toda uma tradição de pensamento que tomou por referência teórica fundamental essas formulações de 1937.

De acordo com esse artigo, a Teoria Crítica não se limita a descrever o funcionamento da sociedade, mas pretende compreendê--la à luz de uma emancipação ao mesmo tempo possível e bloqueada pela lógica própria da organização social vigente. De sua perspectiva, é a *orientação para a emancipação* da dominação o que permite compreender a sociedade em seu conjunto, compreensão que é apenas parcial para aquele que se coloca como tarefa simplesmente "descrever" o que existe — no dizer de Horkheimer, aquele que tem uma concepção tradicional de ciência. Dito de outra maneira, sendo efetivamente possível uma sociedade de mulheres e homens livres e iguais, a pretensão a uma mera "descrição" das relações sociais vigentes por parte do teórico tradicional é duplamente parcial: porque exclui da "descrição" as possibilidades melhores inscritas na realidade social e porque, com isso, acaba encobrindo-as.

Por essa razão, a orientação para a emancipação que caracteriza a atividade do teórico crítico exige também que a teoria seja expressão de um *comportamento crítico* relativamente ao conhecimento produzido e à própria realidade social que esse conhecimento pretende apreender. Esses dois princípios fundamentais da Teoria Crítica, herdados de Marx, estão fundados na ideia de que a possibilidade da sociedade emancipada está inscrita na forma atual de organização social sob a forma de uma tendência real de desenvolvimento. A partir da década de 1940, entretanto, Horkheimer e também Adorno foram se distanciando criticamente do diagnóstico e das soluções propostos por Marx e pelo marxismo. Também Jürgen Habermas realizou progressivamente o mesmo movimento, desde meados da década de 1960. Isso não significa, contudo, que esses representantes da Teoria Crítica tenham abandonado os princípios norteadores dessa vertente intelectual, mas sim que lhes deram novas formulações. Essa referência aos princípios fundamentais da Teoria Crítica que Horkheimer formulou com base na obra de Marx permanece uma constante, razão pela qual se torna possível falar na "Teoria Crítica" como uma vertente intelectual duradoura.

Apresentação

II

Nascido em 1949, Axel Honneth apresentou sua tese de doutoramento à Universidade Livre de Berlim em 1983, cuja publicação em livro deu-se em 1985, sob o título de *Kritik der Macht. Reflexionsstufen einer kritischen Gesellschaftstheorie* (Crítica do poder. Estágios de reflexão de uma teoria social crítica). Entre 1984 e 1990, foi assistente de Jürgen Habermas no Instituto de Filosofia da Universidade de Frankfurt, onde apresentou sua tese de livre-docência, cuja versão em livro é exatamente este *Luta por reconhecimento. A gramática moral dos conflitos sociais*, publicado em 1992. Em 1996, Honneth sucedeu a Habermas em seu posto na Universidade de Frankfurt. Em maio de 2001, Honneth assumiu também a direção do Instituto de Pesquisa Social.

Essas breves informações biográficas tornam inevitável, portanto, relacionar o trabalho de pesquisa de Honneth com a tradição de pensamento inaugurada por Horkheimer na década de 1930. Pelo que se indicou acima, seria despropositado inclui-lo como "integrante" da "Escola de Frankfurt". Quando muito, seria possível incluir Jürgen Habermas como representante de uma possível "segunda geração" da "Escola de Frankfurt", ainda que o problema esteja, de fato, em que esse rótulo simplesmente carece tanto de um sentido preciso como de consequências teóricas produtivas.

Se não faz sentido contar Honneth entre os integrantes da "Escola de Frankfurt", parece-me correto, entretanto, incluí-lo na tradição da Teoria Crítica. Pois, tal como Habermas, também Honneth apresentou primeiramente sua própria posição teórica em contraste e confronto com seus antecessores. Assim como Habermas apresentou sua teoria como solução para impasses que detectou em Horkheimer e em Adorno, Honneth tentou mostrar que a solução de Habermas para essas aporias se fez ao preço de novos problemas. E isso porque Habermas enxergou apenas uma parte daquelas dificuldades presentes nos trabalhos de Horkheimer e de Adorno.

Pode-se dizer que Honneth aplica a Habermas o mesmo remédio que este aos seus antecessores: partindo das consequências indesejáveis a que chega seu pensamento, procura encontrar em seus escritos pistas e traços de um rumo teórico que não foi trilhado e que poderia ter evitado as dificuldades detectadas. Esses elementos negligenciados podem dar novo rumo à teoria social crítica, agora ancorada no processo de construção social da identidade (pessoal e coletiva), e que passa ter como sua gramática o processo de "luta" pela construção da identidade, entendida como uma "luta pelo reconhecimento".

Uma tal centralidade do conflito coloca-se como uma crítica severa tanto à distinção habermasiana entre sistema e mundo da vida, como a uma suposta lógica do acordo, do entendimento e da cooperação que caracterizaria de saída o domínio do mundo da vida. Embora *Luta por reconhecimento* não retome explicitamente essa crítica a Habermas, desenvolvida sobretudo em *Crítica do poder*, convém apresentá-la, de modo que se possa entender o sentido do presente livro na obra de Honneth e, vale dizer, do sentido de sua inserção na Teoria Crítica.

III

Comecemos por entender o ponto de partida da formulação de Habermas da Teoria Crítica. Ele será justamente a situação da teoria tal como descrita na *Dialética do esclarecimento*. Habermas pretende criticar o diagnóstico desse livro de Horkheimer e Adorno e, para isso, retoma, sob muitos aspectos, o modelo crítico presente em "Teoria Tradicional e Teoria Crítica".

A *Dialética do esclarecimento* tinha por objeto principal de investigação a razão humana e as formas sociais da racionalidade, concluindo dessa investigação que a razão instrumental consistia na forma estruturante e única da racionalidade social no capitalismo administrado. Para Horkheimer e Adorno, a racionalidade como um todo reduz-se a uma função de adaptação à realidade, à produção do conformismo diante da dominação vigente. Essa sujeição ao mundo tal qual aparece não é mais, portanto, uma ilusão real que pode ser superada pelo comportamento crítico e pela ação trans-

Apresentação 11

formadora: é uma sujeição sem alternativa, porque a racionalidade própria da Teoria Crítica não encontra mais ancoramento concreto na realidade social do capitalismo administrado, porque não são mais discerníveis as tendências reais da emancipação. Daí a tese forte que se anuncia no prefácio do livro: o processo de esclarecimento, que é inseparável do projeto moderno de uma forma de vida emancipada, converteu-se na sua própria autodestruição.

Mas, se é assim, também o próprio exercício crítico encontra-se em uma *aporia*: se a razão instrumental é a forma *única* de racionalidade no capitalismo administrado, bloqueando qualquer possibilidade real de emancipação, em nome do quê é possível criticar a racionalidade instrumental? Horkheimer e Adorno assumem conscientemente essa aporia, dizendo que ela é, no capitalismo administrado, a condição de uma crítica cuja possibilidade se tornou extremamente precária.

Para Habermas, apoiar conscientemente a possibilidade da crítica em uma aporia (como fizeram Horkheimer e Adorno) significa colocar em risco o próprio projeto crítico. Pois isso fragiliza tanto a possibilidade de um comportamento crítico relativamente ao conhecimento quanto a orientação para a emancipação. Sendo assim, de modo a se contrapor a essa posição aporética, Habermas propôs um diagnóstico do momento presente divergente em relação àquele apresentado na *Dialética do esclarecimento*.

Nesse sentido, trata-se, para Habermas, de constatar que o enfrentamento das tarefas clássicas que a própria Teoria Crítica se colocou desde suas origens requer hoje ampliar seus temas e encontrar um novo paradigma explicativo. Pois, se os parâmetros originais da Teoria Crítica levaram a que, na *Dialética do esclarecimento*, fosse posta em risco a própria possibilidade da crítica e da emancipação, são esses parâmetros mesmos que têm de ser revistos, sob pena de se perder exatamente o essencial dessa tradição de pensamento. Para Habermas, portanto, são as próprias formulações originais de Marx que têm de ser abandonadas. E isso não porque Habermas pretenda abrir mão da crítica, mas porque, para ele, os conceitos originais da Teoria Crítica não são mais suficientemente críticos frente à realidade atual, porque ignoram aspectos decisivos das relações sociais.

Sendo assim, para se contrapor a esse diagnóstico de Horkheimer e Adorno, Habermas formulou um novo conceito de racionalidade. Para Habermas, a "racionalidade instrumental" identificada na *Dialética do esclarecimento* como a racionalidade única dominante e, por isso, objeto por excelência da crítica, não deve ser demonizada, mas é preciso, diferentemente, impor-lhe freios. Para tanto, Habermas irá formular uma teoria da racionalidade de dupla face, em que a racionalidade instrumental convive com um outro tipo de racionalidade, a "comunicativa".

Assim, Habermas pretende mostrar que a evolução histórico--social das formas de racionalidade leva a uma progressiva diferenciação da razão humana em dois tipos de racionalidade, a *instrumental* e a *comunicativa*, imanentes a duas formas de ação humana. A ação instrumental é aquela orientada para o *êxito*, em que o agente calcula os melhores meios para atingir fins determinados previamente. Esse tipo de ação é aquele que caracteriza para Habermas o trabalho, vale dizer, aquelas ações dirigidas à dominação da natureza e à organização da sociedade que visam à produção das condições materiais da vida e que permitem a coordenação das ações, isto é, possibilitam a reprodução *material* da sociedade.

Em contraste com esse tipo de racionalidade, surge a racionalidade própria da ação de tipo comunicativo, quer dizer, aquele tipo de ação orientado para o *entendimento* e não para a manipulação de objetos e pessoas no mundo em vista da reprodução material da vida (como é o caso da racionalidade instrumental). A ação orientada para o entendimento é aquela que permite, por sua vez, a reprodução *simbólica* da sociedade.

A distinção de Habermas entre "sistema" e "mundo da vida" veio responder, portanto, à exigência de um conceito de racionalidade complexo, em que a racionalidade instrumental passa a ser limitada, de modo a não sufocar e obscurecer as estruturas comunicativas profundas presentes nas relações sociais. Trata-se de um conceito de sociedade em dois níveis, em que a reprodução mate-

Apresentação 13

rial é obtida essencialmente por mecanismos de coordenação da ação tipicamente instrumentais (cuja lógica caracteriza o domínio social do "sistema"), e em que a reprodução simbólica depende de mecanismos comunicativos de coordenação da ação (cuja lógica caracteriza o "mundo da vida").

Para Habermas, a forma social própria da modernidade é aquela em que a orientação da ação para o entendimento encontra-se presente no próprio processo de reprodução cultural que permite a continuidade de interpretações do mundo, nas próprias instituições em que o indivíduo é socializado, nos processos de aprendizado e de constituição da personalidade. A racionalidade comunicativa encontra-se assim, para Habermas, efetivamente inscrita na realidade das relações sociais contemporâneas.

Mas Habermas não fez esse percurso desacompanhado. Segundo ele próprio, os germes do novo paradigma comunicativo já se encontravam na noção de "mimese" de Adorno e Horkheimer. E, da mesma maneira, Habermas encontrou pistas desse novo paradigma comunicativo também, por exemplo, na obra de Schiller ou do jovem Hegel do período de Jena. Trata-se de apontar para uma racionalidade cujo padrão não é o do absoluto hegeliano ou do sujeito característico da "filosofia da práxis", sem, com isso, dar adeus à modernidade e seu projeto. Trata-se de mostrar que há vertentes do projeto moderno que não foram levadas adiante, interrupções, descontinuidades e potenciais que permaneceram encobertos e que têm de ser agora mobilizados. É como se as aporias a que conduz o caminho efetivamente trilhado obrigassem a voltar sobre os próprios passos, permitindo enxergar pela primeira vez, nessa decisiva encruzilhada da modernidade, um caminho que permaneceu oculto, uma ainda inexplorada alternativa (crítica e emancipadora) do projeto moderno.

IV

Em seus escritos anteriores a *Luta por reconhecimento*, sobretudo no livro *Crítica do poder*, Honneth chama-nos primeiramente a atenção para as proximidades mais que para as diferenças entre a posição de Habermas e aquela defendida por Horkheimer e por Adorno. Pois, se Habermas propôs um diagnóstico do momento presente divergente em relação àquele apresentado na *Dialética do esclarecimento*, nem por isso, entretanto, deixam de existir algumas convergências importantes: partindo do diagnóstico de que o capitalismo passou a ser regulado pelo Estado, Habermas concluiu que as duas tendências fundamentais para a emancipação presentes na teoria marxista — a do colapso interno, em razão da queda tendencial da taxa de lucro, e aquela da organização do proletariado contra a dominação do capital — tinham sido neutralizadas.

Em boa medida, esses elementos do diagnóstico de Habermas estão presentes também no diagnóstico formulado por Horkheimer e Adorno na *Dialética do esclarecimento*. A diferença está, entretanto, em que Habermas não conclui desse diagnóstico que as oportunidades para a emancipação estavam estruturalmente bloqueadas, mas sim que era necessário repensar o próprio sentido de emancipação da sociedade tal como originalmente formulado por Marx e também pelo Horkheimer de "Teoria Tradicional e Teoria Crítica". Ou seja, ao formular o conceito de mundo da vida, Habermas entendeu aquelas tendências derivadas do domínio da racionalidade instrumental no capitalismo administrado como formas de uma colonização do mundo da vida por parte do sistema, à qual podem se opor estruturas próprias da ação comunicativa.

No entanto, Habermas, na visão de Honneth, limitou-se a alargar o conceito de racionalidade e de ação social, acrescentando à dimensão sistêmica uma outra, ambas operando segundo princípios de integração social opostos. O que há de comum entre a abordagem da *Teoria da ação comunicativa* e a *Dialética do esclarecimento* é justamente o problema que tinha de ser enfrentado e que Habermas não enfrentou por inteiro: desde o trabalho inaugural de

Apresentação

Horkheimer, "Teoria Tradicional e Teoria Crítica", vigora nessa vertente intelectual uma concepção da sociedade que tem dois polos e nada a mediar entre eles, uma concepção de sociedade posta entre estruturas econômicas determinantes e imperativas e a socialização do indivíduo, sem tomar em conta a ação social como necessário mediador. É o que Honneth denomina "*deficit* sociológico da Teoria Crítica".

A esse "*deficit* sociológico" inaugural, Honneth contrapõe os autores menos conhecidos do círculo do Instituto de Pesquisa Social das décadas de 1930 e 1940, tais como Franz Neumann e Otto Kirchheimer, cujos projetos investigativos, se tivessem tido maior amplitude e continuidade, poderiam ter aberto perspectivas inteiramente novas para a Teoria Crítica.

Com sua reformulação dos conceitos básicos da Teoria Crítica, Habermas conseguiu afastar o bloqueio estrutural da ação transformadora e a redução do conjunto da racionalidade à racionalidade instrumental, resultantes do diagnóstico da *Dialética do esclarecimento*. Mas Habermas, apesar do grande peso da sociologia em sua obra, não conseguiu corrigir justamente o "*deficit* sociológico" que acompanha a Teoria Crítica desde a década de 1930. Um tal *deficit* mostrou-se na distinção dual entre sistema e mundo da vida, carregada de ambiguidades e discrepâncias, e em seu entendimento da intersubjetividade comunicativa, que não é estruturada pela luta e pelo conflito social.

Honneth mostra primeiramente que a distinção entre sistema e mundo da vida é ambígua, já que oscila entre uma distinção que se pretende meramente analítica e uma distinção real entre domínios sociais de ação diversos. E a distinção em sentido real acaba por se revelar essencialista, sendo que Habermas terminou por fundá-la em uma teoria da evolução social por demais mecânica. Além disso, Habermas pensou a distinção para solucionar as aporias da *Dialética do esclarecimento*, de modo a garantir tanto a possibilidade de uma limitação da razão instrumental quanto a perspectiva de uma ação emancipatória. Com isso, Habermas justificou também a necessidade da racionalidade instrumental como elemento de coordenação da ação indispensável à reprodução material da sociedade, à sua integração sistêmica. Para tanto, todavia, foi obrigado, segundo Honneth, a neutralizar normativamente o sistema, de modo a torná-lo infenso à lógica comunicativa. Com isso, mostrou-se uma vez mais o problema de base da transformação comunicativa de Habermas: ele tornou-se incapaz de pensar como o próprio sistema e sua lógica instrumental é resultado de permanentes conflitos sociais, capazes de moldá-lo conforme a correlações de forças políticas e sociais.

O que mostra, por sua vez, que também o outro lado da distinção, a racionalidade comunicativa, foi pensada por Habermas como *prévia* ao conflito, de modo que a realidade social do conflito — estruturante da intersubjetividade, para Honneth — passa a ocupar um segundo plano, derivado, em que o fundamental está nas estruturas comunicativas. Com isso, o que é o elemento no qual se move e se constitui a subjetividade e a identidade individual e coletiva — a luta por reconhecimento — é abstraído da teoria, tornando-a desencarnada. Se Honneth concorda com Habermas sobre a necessidade de se construir a Teoria Crítica em bases intersubjetivas e com marcados componentes universalistas, defende também, contrariamente a este, a tese de que a base da interação é o conflito, e sua gramática, a luta por reconhecimento.

Nesse contexto, a ideia de "reconstrução" como operação teórica fundamental, cunhada por Habermas e também utilizada por Honneth, ganhará sentido diverso neste último. Pois a reconstrução habermasiana parece a Honneth por demais abstrata e mecânica, ignorando largamente o fundamento social da Teoria Crítica, que é o conflito social. Desse modo, Honneth preferirá partir dos conflitos e de suas configurações sociais e institucionais para, a partir daí, buscar as suas lógicas. Com isso, torna-se possível, em princípio, construir uma teoria do social mais próxima das ciências humanas e de suas aplicações empíricas.

Não é de se estranhar, portanto, que o pensador que se põe como primeira e principal referência para Honneth, em *Luta por reconhecimento*, seja Hegel, já que este une pretensões estritamente universalistas com a preocupação permanente com o desenvol-

Apresentação   17

vimento do indivíduo, do singular. Não por acaso também, é no jovem Hegel que Honneth irá encontrar os elementos mais gerais da "luta por reconhecimento" que lhe permitiram se aproximar da "gramática moral dos conflitos sociais".

Percebe-se logo, portanto, que o tipo de luta social que Honneth privilegia em sua teoria do reconhecimento não é marcado em primeira linha por objetivos de autoconservação ou aumento de poder — uma concepção de conflito predominante tanto na filosofia política moderna como na tradição sociológica, a qual elimina ou tende a eliminar o momento normativo de toda luta social. Antes, interessam-lhe aqueles conflitos que se originam de uma experiência de desrespeito social, de um ataque à identidade pessoal ou coletiva, capaz de suscitar uma ação que busque restaurar relações de reconhecimento mútuo ou justamente desenvolvê-las num nível evolutivo superior. Por isso, para Honneth, é possível ver nas diversas lutas por reconhecimento uma força moral que impulsiona desenvolvimentos sociais.

A reconstrução da lógica dessas experiências do desrespeito e do desencadeamento da luta em sua diversidade se articula por meio da análise da formação da identidade prática do indivíduo num contexto prévio de relações de reconhecimento. E isto em três dimensões distintas mas interligadas: desde a esfera emotiva que permite ao indivíduo uma confiança em si mesmo, indispensável para os seus projetos de autorrealização pessoal, até a esfera da estima social em que esses projetos podem ser objeto de um respeito solidário, passando pela esfera jurídico-moral em que a pessoa individual é reconhecida como autônoma e moralmente imputável, desenvolvendo assim uma relação de autorrespeito. No entanto, é somente nas duas últimas dimensões que Honneth vê a possibilidade de a luta ganhar contornos de um conflito social, pois na dimensão emotiva não se encontra estruturalmente, segundo ele, uma tensão moral que possa suscitar movimentos sociais, o que não faltaria às formas de desrespeito como a privação de direitos e a degradação de formas de vida, ligadas respectivamente às esferas do direito e da estima social.

Honneth coloca o conflito social como objeto central da Teoria Crítica, de modo a poder extrair dele também critérios normativos. Com isso, essa vertente intelectual ganha mais um modelo crítico. Mas é interessante insistir uma última vez nos vínculos desse novo modelo crítico com seus antecessores. Em um artigo de 1967, denominado "Trabalho e interação", Habermas já havia chamado a atenção para o motivo hegeliano da "luta por reconhecimento", elemento de grande importância em sua argumentação. E este é justamente um exemplo de que Honneth aplicou a Habermas o mesmo remédio que este havia antes aplicado a Horkheimer e a Adorno: encontra nele traços, pistas, elementos de uma teoria do reconhecimento que não foram desenvolvidos posteriormente por Habermas. Honneth nos diz que Habermas poderia ter evitado os problemas derivados de sua concepção dual de sociedade se tivesse seguido essa sua própria proposta interpretativa de uma interação social que é também uma luta entre grupos sociais para a modelagem da própria forma organizacional da ação instrumental. Neste *Luta por reconhecimento*, o leitor encontrará a tentativa de Honneth de levar a cabo essa diretriz.

LUTA POR RECONHECIMENTO

A gramática moral dos conflitos sociais

PREFÁCIO

Nesse escrito, proveniente de uma tese de livre-docência, tento desenvolver os fundamentos de uma teoria social de teor normativo partindo do modelo conceitual hegeliano de uma "luta por reconhecimento". O propósito dessa iniciativa surgiu dos resultados a que me levaram meus estudos em *Kritik der Macht* [*Crítica do poder*]: quem procura integrar os avanços da teoria social representados pelos escritos históricos de Michel Foucault no quadro de uma teoria da comunicação se vê dependente do conceito de uma luta moralmente motivada, para o qual os escritos hegelianos do período de Jena continuam a oferecer, com sua ideia de uma ampla "luta por reconhecimento", o maior potencial de inspiração.[1] A reconstrução sistemática das linhas argumentativas de Hegel, que constitui a primeira parte do livro, conduz a uma distinção de três formas de reconhecimento, que contêm em si o respectivo potencial para uma motivação dos conflitos. Contudo, o retrospecto sobre o modelo teórico do jovem Hegel torna evidente também que suas reflexões devem parte de sua força a pressupostos da razão

---

[1] Cf. sobre isso meu posfácio (1988), in: *Kritik der Macht. Reflexionsstufen einer kritischen Gesellschaftstheorie*, Frankfurt, 1988, p. 380 ss. Nos primeiros dois capítulos do presente livro, encontram-se partes de uma reconstrução de Hegel que eu já havia publicado em outro lugar: "Moralische Entwicklung und sozialer Kampf. Sozialphilosophische Lehren aus dem Frühwerk Hegels", in: A. Honneth, Th. McCarthy, C. Offe e A. Wellmer (orgs.), *Zwischenbetrachtungen. Im Prozeß der Aufklärung*, Frankfurt, 1989, p. 549 ss.

idealista, os quais não podem ser mantidos sob as condições do pensamento pós-metafísico.

Daí a segunda grande parte sistemática do trabalho tomar seu ponto de partida no cometimento de dar à ideia hegeliana uma inflexão empírica, recorrendo à psicologia social de G. H. Mead; desse modo, origina-se no plano de uma teoria da intersubjetividade um conceito de pessoa em que a possibilidade de uma autorrelação imperturbada se revela dependente de três formas de reconhecimento (amor, direito e estima). A fim de subtrair da hipótese assim esboçada seu caráter de simples história das teorias, eu tento nos dois capítulos seguintes, na forma de uma reconstrução empiricamente sustentada, justificar a distinção das diversas relações de reconhecimento valendo-me de fenômenos objetivos: como mostra o resultado desse exame, às três formas de reconhecimento correspondem três tipos de desrespeito, cuja experiência pode influir no surgimento de conflitos sociais na qualidade de motivo da ação.[2]

Como uma consequência desse segundo passo do estudo, delineia-se assim a ideia de uma teoria crítica da sociedade na qual os processos de mudança social devem ser explicados com referências às pretensões normativas estruturalmente inscritas na relação de reconhecimento recíproco. Na última parte do livro, eu passo a investigar prospectivamente as perspectivas abertas por essa ideia básica, em três direções: primeiramente, retomo mais uma vez o fio da história teórica com a finalidade de examinar em quais autores, depois de Hegel, encontram-se os rudimentos para um modelo análogo de conflito; a partir daí se tornam possíveis discernimentos acerca do significado histórico das experiências de desrespeito, a tal ponto generalizáveis que a lógica moral dos conflitos sociais acaba saltando à vista; uma vez que um tal modelo só se amplia, formando o quadro de uma interpretação crítica dos processos do desen-

---

[2] Cf. a propósito minha aula inaugural em Frankfurt: "Integrität und Mißachtung. Grundmotive einer Moral der Anerkennung", in: *Merkur*, nº 501 (1990), p. 1.034 ss.

volvimento histórico, quando se esclarece seu ponto de referência normativo, esboça-se por fim, num último passo, um conceito de eticidade [*Sittlichkeit*] próprio da teoria do reconhecimento. No entanto essas diversas perspectivas não pretendem mais que o valor de uma primeira ilustração da concepção em vista; elas devem indicar as direções teóricas nas quais eu precisaria continuar o trabalho, caso minhas considerações se mostrem sustentáveis.

Embora os trabalhos feministas sobre filosofia política tomem hoje frequentemente um caminho que se cruza com os propósitos de uma teoria do reconhecimento,[3] tive de renunciar a um envolvimento com essa discussão; isso não só teria extrapolado o quadro argumentativo proposto por mim, mas também excedido consideravelmente o estado atual de meus conhecimentos. Além disso, infelizmente, não pude levar em conta na minha própria proposta de interpretação os trabalhos recentes acerca da doutrina do reconhecimento do jovem Hegel;[4] minha impressão é que eles se concentram em fenômenos que foram para mim de interesse apenas secundário.

Sem a pressão insistente e o vivo interesse de Jürgen Habermas, a primeira metade desse livro, apresentada no Departamento de Filosofia da Universidade de Frankfurt como tese de livre-docência, não teria sido concluída no prazo requerido; neste lugar gostaria de lhe agradecer a cooperação de seis anos, cujo significado para meu processo de formação ele com certeza subestima. Meu amigo Hans Joas seguiu, como sempre, o desenvolvimento de minhas reflexões desde o primeiro instante; espero que ele saiba da importância que

---

[3] Cf. por exemplo: Seyla Benhabib, "Der verallgemeinerte und der konkrete Andere. Ansätze zu einer feministishcen Moraltheorie", in: Elisabeth List (org.), *Denkverhältnisse. Feminismus und Kritik*, Frankfurt, 1989, p. 454 ss; Iris Marion Young, *Justice and the Politics of Difference*, Princeton, 1990; Andrea Bambey, *Das Geschlechterverhältnis als Anerkennungsstruktur. Zum Problem der Geschlechterdifferenz in feministischen Theorien* (Studientexte zur Sozialwissenschaft, volume especial 5), Frankfurt, 1991.

[4] Entre outros, penso em Klaus Roth, *Die Institutionalisierung der Freiheit in den Jenaer Schriften Hegels*, Rheinfelden/Berlim, 1991.

Prefácio   25

seus conselhos e objeções possuem há muito em meu trabalho. Para as diversas partes da primeira versão, eu recebi observações importantes de Peter Dews, Alessandro Ferrara, Hinrich Fink-Eitel, Günter Frankenberg, Christoph Menke, Andreas Wildt e Lutz Wingert; a eles todos devo muitos agradecimentos, mesmo que nem todas as suas sugestões tenham entrado no livro. Além disso, encontrei o apoio generoso, nos mais diversos aspectos, do *Berliner Wissenschaftskolleg*, onde pude trabalhar no manuscrito ao longo de dez meses, em condições ideais. Finalmente, gostaria de agradecer a Waltraud Pfeiffer e Dirk Mende a ajuda técnica que me prestaram na preparação do manuscrito.

Frankfurt, março de 1992
A. H.

I.
PRESENTIFICAÇÃO HISTÓRICA: A IDEIA ORIGINAL DE HEGEL

Durante sua vida, Hegel havia colocado em sua filosofia política a tarefa de tirar da ideia kantiana da autonomia individual o caráter de uma mera exigência do dever-ser, expondo-a na teoria como um elemento da realidade social já atuante historicamente; e sempre entendeu que a solução dos problemas postos com isso seria uma tentativa de mediar a doutrina da liberdade dos novos tempos e a compreensão política antiga, moralidade e eticidade.[5] Mas só nos anos que passou em Jena como jovem docente de filosofia ele elaborou um meio teórico para vencer essa tarefa, cujo princípio interno aponta para além do horizonte institucional de seu presente e se porta criticamente em relação à forma estabelecida de dominação política. Hegel defende naquela época a convicção de que resulta de uma luta dos sujeitos pelo reconhecimento recíproco de sua identidade uma pressão intrassocial para o estabelecimento prático e político de instituições garantidoras da liberdade; trata-se da pretensão dos indivíduos ao reconhecimento intersubjetivo de sua identidade, inerente à vida social desde o começo na qualidade de uma tensão moral que volta a impelir para além da respectiva medida institucionalizada de progresso social e, desse modo, con-

---

[5] Cf. Joachim Ritter, "Moralität und Sittlichkeit. Zu Hegels Auseinandersetzung mit der kantischen Ethik", in: *Metaphysik und Politik. Studien zu Aristoteles und Hegel*, Frankfurt, 1977, p. 281 ss; e Odo Marquard, "Hegel und das Sollen", in: *Schwierigkeiten mit der Geschichtsphilosophie*, Frankfurt, 1973, p. 37 ss.

duz pouco a pouco a um estado de liberdade comunicativamente vivida, pelo caminho negativo de um conflito a se repetir de maneira gradativa. No entanto, o primeiro Hegel só chegou a essa concepção, que até hoje não rendeu efetivamente os devidos frutos, porque esteve em condições de dar ao modelo da "luta social" introduzido na filosofia por Maquiavel e Hobbes uma guinada teórica, com a qual aquele processo prático de um conflito entre os homens passou a ser atribuído a impulsos morais, não aos motivos da autoconservação; é só porque havia conferido ao processo da ação de luta o significado específico de um distúrbio e de uma lesão nas relações sociais de reconhecimento que Hegel pôde em seguida reconhecer nele também o *medium* central de um processo de formação ética do espírito humano.

No entanto, na obra de Hegel, o programa assim esboçado nunca chegou a ir além do limiar de meros esquemas e projetos; na *Fenomenologia do espírito*, com cujo término Hegel encerra sua atividade de escritor em Jena, o modelo conceitual de uma "luta por reconhecimento" já volta a perder seu significado teórico marcante. Mas, pelo menos nos escritos que nos foram conservados dos anos anteriores à elaboração do sistema definitivo,[6] já é possível reconhecê-lo em seus traços teóricos fundamentais, com tanta clareza que a partir daí podem ser reconstruídas as premissas de uma teoria social autônoma.

---

[6] Refiro-me aí sobretudo ao *Sistema da eticidade* de 1802/1803 (citado segundo a reimpressão da edição Lasson: Georg Wilhelm Friedrich Hegel, *System der Sittlichkeit*, Hamburgo, 1967), ao *Sistema da filosofia especulativa* de 1803/ 1804 (*Systeme der spekulativen Philosophie*, Hamburgo, 1986), denominado anteriormente de "Realphilosophie de Jena I", e por fim *Realphilosophie de Jena* de 1805/1806 (*Jenaer Realphilosophie*, Hamburgo, 1969). Além disso, valho--me do segundo volume da edição dos escritos teóricos (*Werke: in 20 Bänden*, organizadas por Eva Moldenhauer e Karl Markus Michel, vol. II: *Jeaner Schriften 1801-07*, Frankfurt, 1971). Uma visão de conjunto a respeito da história da obra é oferecida por Heinz Kimmerle, "Zur Entwicklung des Hegelschen Denkens in Jena", in: *Hegel-Studien*, caderno 4, 1968, Berlim.

1.
LUTA POR AUTOCONSERVAÇÃO:
A FUNDAMENTAÇÃO DA
FILOSOFIA SOCIAL MODERNA

A filosofia social moderna pisa a arena num momento da história das ideias em que a vida social é definida em seu conceito fundamental como uma relação de luta por autoconservação; os escritos políticos de Maquiavel preparam a concepção segundo a qual os sujeitos individuais se contrapõem numa concorrência permanente de interesses, não diferentemente de coletividades políticas; na obra de Thomas Hobbes, ela se torna enfim a base de uma teoria do contrato que fundamenta a soberania do Estado. Ela só pudera chegar a esse novo modelo conceitual de uma "luta por autoconservação" depois que os componentes centrais da doutrina política da Antiguidade, em vigor até a Idade Média, perderam sua imensa força de convicção.[7] Da política clássica de Aristóteles até o direito natural cristão da Idade Média, o homem fora concebido em seu conceito fundamental como um ser capaz de estabelecer comunidades, um *zoon politikon* que dependia do quadro social de uma coletividade política para realizar sua natureza interna; somente na comunidade ética da pólis ou da *civitas*, que se distingue do mero contexto funcional de atividades econômicas devido à existência de virtudes intersubjetivamente partilhadas, a determinação social da natureza humana alcança um verdadeiro desdobramento. No ponto de partida de uma tal concepção teleológica do homem, a dou-

---

[7] Cf. a respeito Jürgen Habermas, "Die klassische Lehre von der Politik in ihrem Verhältnis zur Sozialphilosophie", in: *Theorie und Praxis*, Frankfurt, 1971, p. 48 ss, particularmente p. 56 ss.

trina tradicional da política colocou a tarefa de perscrutar e determinar teoricamente a ordem ética do comportamento virtuoso, no interior da qual a formação prática e mesmo pedagógica do indivíduo podia tomar o curso mais conveniente; daí a ciência política ter sido também uma doutrina da vida boa e justa, ao mesmo tempo que o estudo das instituições e das leis adequadas.

Contudo, o processo acelerado de uma mudança estrutural da sociedade, começando na baixa Idade Média e encontrando no Renascimento o seu ponto culminante, não só admitira dúvidas a respeito desses dois elementos teóricos da política clássica como também já os privara em princípio de qualquer força intelectual para a vida; pois, com a introdução de novos métodos de comércio, a constituição da imprensa e da manufatura e por fim a autonomização de principados e de cidades comerciais, o processo político e econômico desenvolveu-se a ponto de não caber mais no quadro protetor dos costumes tradicionais, e já não haver mais sentido pleno em estudá-lo unicamente a título de uma ordem normativa do comportamento virtuoso. Daí não ser de admirar que o caminho teórico para a transformação da doutrina política clássica em filosofia social moderna tenha sido preparado onde aquelas alterações estruturais na sociedade já haviam se efetuado com toda a evidência: nos tratados políticos que escreveu no papel de diplomata exonerado de Florença, sua cidade natal, Nicolau Maquiavel se desliga de todas as premissas antropológicas da tradição filosófica ao introduzir o conceito de homem como um ser egocêntrico, atento somente ao proveito próprio.[8] Nas diversas reflexões que Maquiavel realiza sob o ponto de vista de como uma coletividade política pode manter e ampliar inteligentemente seu poder, o fundamento da ontologia social apresenta a suposição de um estado permanente de concorrência hostil entre os sujeitos: visto que os homens, impelidos pela

---

[8] Cf. o excelente estudo de H. Münkler, *Machiavelli. Die Begründung des politischen Denkens der Neuzeit aus der Krise der Republik Florenz*, Frankfurt, 1984, particularmente a parte 3, capítulos I e II.

ambição incessante de obter estratégias sempre renovadas de ação orientada ao êxito, sabem mutuamente do egocentrismo de suas constelações de interesses, eles se defrontam ininterruptamente numa atitude de desconfiança e receio.[9] Mas as categorias centrais de suas análises históricas comparativas estão talhadas para essa luta sempiterna por autoconservação, para essa rede ilimitada de interações estratégicas, em que naturalmente Maquiavel enxerga o estado bruto de toda a vida social, porque elas não designam nada mais que os pressupostos estruturais da ação bem-sucedida por poder; mesmo ali onde ele se serve dos conceitos metafísicos fundamentais da historiografia romana e fala por exemplo da *virtu* ou da *fortuna*, ele se refere somente às condições marginais históricas que, da perspectiva dos agentes políticos, se revelam recursos praticamente indisponíveis em seus cálculos estratégicos de poder.[10] Para Maquiavel, o ponto de referência supremo de todos os seus estudos históricos é sempre a questão de saber de que maneira o conflito ininterrupto entre os homens pode ser habilmente influenciado em favor dos detentores do poder; desse modo, em seus escritos, e até na exposição dos desenvolvimentos históricos, mas ainda sem qualquer fundamentação teórica mais ampla, manifesta-se pela primeira vez a convicção filosófica de que o campo da ação social consiste numa luta permanente dos sujeitos pela conservação de sua identidade física.

Só os cento e vinte anos que separam Thomas Hobbes de Maquiavel foram suficientes para dar a essa convicção ontológica básica a forma madura de uma hipótese cientificamente fundamentada.

---

[9] Cf., por exemplo, o cap. XVII de *O príncipe* (*Der Fürst*, Stuttgart, 1961) e o cap. 29, livro primeiro, de *Considerações políticas sobre a história antiga e a italiana* (*Politische Betrachtungen über die alte und die italienische Geschichte*, Berlim, 1922).

[10] Essa tese foi desenvolvida por Hans Freyer em seus estudos de Maquiavel: *Machiavelli*, Weinheim, 1986, particularmente p. 65 ss; atualmente ela é defendida de modo análogo por Wolfgang Kersting: "Handlungsmächtigkeit — Machiavellis Lehre vom politischen Handeln", in: *Philosophisches Jahrbuch*, cadernos 3-4, 1988, p. 235 ss.

Luta por autoconservação

Mas não são somente as experiências históricas e políticas da constituição de um aparelho estatal moderno e de uma expansão maior da circulação de mercadorias que dão a Hobbes vantagens sobre Maquiavel; em seus trabalhos teóricos, ele já pode se apoiar também no modelo metodológico das ciências naturais, que nesse meio-tempo conquistou validez universal graças à pesquisa prática bem-sucedida de Galileu e à teoria do conhecimento filosófica de Descartes.[11] Por esse motivo, no quadro do empreendimento de grande envergadura em que ele quer investigar as "leis da vida civil", a fim de dar a toda política futura uma base teoricamente fundada, as mesmas premissas antropológicas que Maquiavel havia obtido de suas observações do cotidiano de modo ainda totalmente incontrolado já assumem a figura de enunciados científicos sobre a natureza particular do homem: para Hobbes a essência humana, que ele pensa à maneira mecanicista como uma espécie de autômato movendo-se por si próprio, destaca-se primeiramente pela capacidade especial de empenhar-se com providência para o seu bem-estar futuro.[12] Esse comportamento por antecipação se exacerba, porém, no momento em que o ser humano depara com um próximo, tornando-se uma forma de intensificação preventiva do poder que nasce da suspeita; uma vez que os dois sujeitos mantêm-se reciprocamente estranhos e impenetráveis no que concerne aos propósitos de sua ação, cada um é forçado a ampliar prospectivamente seu potencial de poder a fim de evitar também no futuro o ataque possível do outro.

---

[11] Cf. mais uma vez Habermas, "Die klassische Lehre von der Politik in ihrem Verhältnis zur Sozialphilosophie", in: *Theorie und Praxis*, ed. cit., p. 67 ss. A respeito disso, cf. também o trabalho, ainda muito interessante, de Franz Borkenau, *Der Übergang vom feudalen zum bürgerlichen Weltbild*, Paris, 1934, p. 439 ss.

[12] Cf., por exemplo, as célebres formulações em *Leviathan*, Neuwied/ Berlim, 1966, p. 75; a respeito da antropologia política de Hobbes em seu todo, cf. o estudo elucidativo de Günther Buck, "Selbsterhaltung und Historizität", in: Hans Ebeling (org.), *Subjektivität und Selbsterhaltung. Beiträge zur Diagnose der Moderne*, Frankfurt, 1976.

A partir desse núcleo antiaristotélico de sua antropologia, Hobbes desenvolve então, na segunda parte de seu empreendimento, aquele estado fictício entre os homens que ele tentou caracterizar com o título ambíguo de "natureza". A doutrina do estado de natureza não quer, como Günther Buck mostrou de maneira penetrante,[13] exibir a situação social do começo da socialização humana, abstraindo metodicamente toda a história; pelo contrário, ela deve expor o estado geral entre os homens que teoricamente resultaria se todo órgão de controle político fosse subtraído *a posteriori* e ficticiamente da vida social: já que a natureza humana particular deve estar marcada por uma atitude de intensificação preventiva de poder em face do próximo, as relações sociais que sobressairiam após uma tal subtração possuiriam o caráter de uma guerra de todos contra todos. Por fim, na terceira parte de seu empreendimento, Hobbes utiliza a construção teórica desse estado no sentido de uma fundamentação filosófica da própria construção da soberania do Estado: as consequências negativas manifestas da situação duradoura de uma luta entre os homens, o temor permanente e a desconfiança recíproca, devem mostrar que só a submissão, regulada por contrato, de todos os sujeitos a um poder soberano pode ser o resultado de uma ponderação de interesses, racional com respeito a fins, por parte de cada um.[14] Na teoria de Hobbes, o contrato social só encontra sua justificação decisiva no fato de unicamente ele ser capaz de dar um fim à guerra ininterrupta de todos contra todos, que os sujeitos conduzem pela autoconservação individual.

Tanto para Hobbes como para Maquiavel, resultam dessas premissas de ontologia social, tidas em comum malgrado toda a diferença na pretensão e no procedimento científicos, as mesmas consequências relativas ao conceito subjacente de ação política; porque ambos, de maneira análoga, fazem da luta dos sujeitos por autoconservação o ponto de referência último de suas análises teó-

---

[13] Op. cit., p. 144 ss.

[14] Cf. o famoso capítulo XIII do *Leviatã*, ed. cit., p. 94 ss.

ricas, eles veem do mesmo modo como o fim supremo da práxis política impedir reiteradamente aquele conflito sempre iminente. No caso da obra de Maquiavel, essa consequência se torna visível pela radicalidade com que ele liberou a ação do soberano voltada para o poder de todos os vínculos e atribuições normativas, em detrimento da tradição da filosofia política;[15] já no caso da teoria política de Thomas Hobbes, a mesma consequência se mostra pelo fato de ele ter sacrificado afinal os conteúdos liberais de seu contrato social à forma autoritária de sua realização política.[16]

Ora, em grande parte foi justamente contra a tendência da filosofia social moderna de reduzir a ação política à imposição de poder, racional simplesmente com respeito a fins, que o jovem Hegel tentou se voltar com sua obra de filosofia política; mas a posição especial e mesmo única de seus escritos de Jena resulta do fato de ele próprio fazer uso aí do modelo conceitual hobbesiano de uma luta inter-humana para concretizar seus propósitos críticos.

---

[15] Münkler, *Machiavelli*, ed. cit.

[16] Cf. Habermas, "Die klassische Lehre von der Politik in ihrem Verhältnis zur Sozialphilosophie", in: *Theorie und Praxis*, ed. cit.; cf. também Ernst Bloch, *Naturrecht und menschliche Würde*, Frankfurt, 1961, cap. 9.

2.
CRIME E ETICIDADE:
HEGEL E O ENFOQUE NOVO
DA TEORIA DA INTERSUBJETIVIDADE

Sem dúvida, Hegel retoma o modelo conceitual de uma luta social entre os homens, que Maquiavel e Hobbes empregaram independentemente um do outro, num contexto teórico totalmente alterado. Quando ele, no seu ensaio de 1802 acerca das *Maneiras científicas de tratar o direito natural*, começa a esboçar o programa de seu trabalho futuro sobre filosofia prática e política, os cem anos de desenvolvimento intelectual que o separam do filósofo inglês já estão condensados na forma completamente diferente de pôr a questão: sob a influência da filosofia da unificação de Hölderlin, tornaram-se-lhe problemáticos nesse meio-tempo os pressupostos individualistas da doutrina moral de Kant, que até os anos de Frankfurt havia determinado ainda o horizonte de seu pensamento;[17] ao mesmo tempo, a leitura de Platão e Aristóteles o familiarizou com uma corrente da filosofia política que confere à intersubjetividade da vida pública uma importância muito maior do que nas tentativas similares de seu tempo;[18] e finalmente, pela via de uma recepção da

---

[17] Cf. a respeito Dieter Henrich, "Hegel und Hölderlin", in: *Hegel im Kontext*, Frankfurt, 1971, p. 9 ss. Cf. também id., "Historische Voraussetzungen von Hegels System", ibid., p. 41 ss, particularmente p. 61 ss.

[18] Cf. Karl-Heinz Ilting, "Hegels Auseinandersetzung mit der aristotelischen Politik", in: *Philosophisches Jahrbuch*, nº 71, 1963/64, p. 38 ss. Sobre o entusiasmo de Hegel pela *pólis*, cf. também Jacques Taminaux, *La Nostalgie de la Grèce à l'aube de l'idéalisme allemand*, La Hague, 1967, especialmente os caps. 1 e 5.

economia política inglesa, ele já havia chegado naquela época ao discernimento temperante de que toda organização futura da sociedade depende inevitavelmente de uma esfera de produção e distribuição de bens mediada pelo mercado, na qual os sujeitos não podem estar incluídos senão pela liberdade negativa do direito formal.[19] No começo do novo século, essas impressões e orientações recém-obtidas foram amadurecendo aos poucos no pensamento de Hegel, até se tornarem a convicção de que, para poder fundamentar uma ciência filosófica da sociedade, era preciso primeiramente superar os equívocos atomísticos a que estava presa a tradição inteira do direito natural moderno; o grande ensaio sobre o "Direito natural" esboça então o primeiro caminho de uma solução para as tarefas teóricas que foram postas fundamentalmente com isso.

Hegel considera que as duas versões do direito natural distinguidas em seu texto se caracterizam, apesar de toda diferença, pelo mesmo erro básico: tanto na maneira "empírica" quanto na maneira "formal" de tratar o direito natural, o "ser do singular" é pressuposto categorialmente "como o primeiro e o supremo".[20] Nesse contexto, Hegel denomina "empíricos" todos os enfoques do direito natural que partem de definições fictícias ou antropológicas da natureza humana para projetar com base nelas, e valendo-se de diversas suposições suplementares, uma organização racional do convívio social; em teorias desse tipo, as premissas atomísticas se condensam na concepção segundo a qual os modos de comportamento admitidos como "naturais" são sempre e somente atos separados de indi-

---

[19] Sobre esse complexo de problemas em seu todo, cf. Rolf-Peter Horstmann, "Über die Rolle der bürgerlichen Gesellschaft in Hegels politischer Philosophie", in: Manfred Riedel (org.), *Materialien zu Hegels Rechtsphilosophie*, vol. 2, Frankfurt, 1975, p. 276 ss. A respeito da recepção da economia política, cf. também Georg Lukács, "Der junge Hegel", in: *Werke*, vol. 8, Neuwied/Berlim, 1967, especialmente o cap. II, parte 5, e o cap. III, parte 5.

[20] Hegel, "Über die wissenschaftlichen Behandlungsarten des Naturrechts", in: *Jenaer Schriften 1801-07*, ed. cit., p. 475.

víduos isolados, aos quais acrescem depois, como que do exterior, as formas de constituição de comunidade.[21] Em princípio não procedem diferentemente os enfoques da tradição do direito natural que Hegel designa como "formal", visto que eles tomam seu ponto de partida, no lugar das definições acerca da natureza humana, num conceito transcendental de razão prática; em tais teorias, representadas sobretudo por Kant e Fichte, as premissas atomísticas dão-se a conhecer no fato de as ações éticas em geral só poderem ser pensadas na qualidade de resultado de operações racionais, purificadas de todas as inclinações e necessidades empíricas da natureza humana; também aqui a natureza do homem é representada como uma coleção de disposições egocêntricas ou, como diz Hegel, "aéticas", que o sujeito primeiro tem de reprimir em si antes de poder tomar atitudes éticas, isto é, atitudes que fomentam a comunidade.[22] Daí os dois enfoques permanecerem presos, em seus conceitos fundamentais, a um atomismo que se caracteriza por pressupor a existência de sujeitos isolados uns dos outros como uma espécie de base natural para a socialização humana; mas a partir desse dado natural já não pode mais ser desenvolvido de maneira orgânica um estado de unificação ética entre os homens; ele tem de ser exteriormente ajuntado a eles como um "outro e estranho".[23] Para Hegel, resulta daí a consequência de que, no direito natural moderno, uma "comunidade de homens" só pode ser pensada segundo o modelo abstrato dos "muitos associados",[24] isto é, uma concatenação de sujeitos

---

[21] Ibid., sobretudo pp. 446-7.

[22] Ibid., sobretudo p. 458 ss; aqui Hegel pode se referir aos resultados críticos de seu discurso sobre a "Differenz des Fichte'schen und Schelling'schen Systems der Philosophie" (1801), in: *Jenaer Schriften*, ed. cit. A respeito disso tudo, cf. Manfred Riedel, "Hegels Kritik des Naturrechts", in: *Studien zu Hegels Rechtsphilosophie*, Frankfurt, 1969, p. 42 ss.

[23] Hegel, "Über die wissenschaftlichen Behandlungsarten des Naturrechts", in: *Jenaer Schriften*, ed. cit., especialmente p. 45 ss.

[24] Ibid., p. 448.

Crime e eticidade

individuais isolados, mas não segundo o modelo de uma unidade ética de todos.

Contudo, o que importa a Hegel em sua filosofia política é a possibilidade de desenvolver na teoria um semelhante estado de totalidade ética; em seu pensamento, a ideia segundo a qual uma sociedade reconciliada só pode ser entendida de forma adequada como uma comunidade eticamente integrada de cidadãos livres remonta à época em que escrevera junto com Schelling e Hölderlin aquele texto programático que entrou na história das ideias como "O mais antigo programa de sistema do idealismo alemão".[25] Naturalmente essa intuição de juventude se desenvolvera nesse meio-tempo a ponto de não caber mais no quadro referencial estético em que havia surgido na origem e, como consequência da discussão com a teoria política clássica, acabara encontrando de certo modo na pólis um modelo político e institucional. No ensaio sobre direito natural, em toda parte onde fala em termos normativos da totalidade ética de uma sociedade, Hegel tinha em vista as relações nas antigas cidades-Estado. Nelas ele admira o fato, romanticamente glorificado, de os membros da comunidade poderem reconhecer nos costumes praticados em público uma expressão intersubjetiva de sua respectiva particularidade; e em seu texto ele reproduz, até nos detalhes da doutrina dos estamentos, a teoria na qual Platão e Aristóteles expuseram a constituição institucional daquelas cidades-Estado.

Certamente, nesse momento, Hegel já extrai do ideal concreto, que com entusiasmo acreditou ter encontrado na pólis, os traços gerais de uma coletividade ideal, e de um modo ainda suficientemente claro para que se possa extrair pelo menos uma representação

---

[25] Cf. "Das Älteste Systemprogramm des deutschen Idealismus", in: Hegel, *Werke: in zwanzig Bänden*, vol. I, ed. cit., p. 234 ss. A respeito do estado da questão, cf. Christoph Jamme, Helmut Schneider (orgs.), *Mythologie der Vernunft. Hegels "ältestes Systemprogramm" des deutschen Idealismus*, Frankfurt, 1984.

aproximada do conceito de totalidade ética que ele emprega em seu texto: o caráter único de uma tal sociedade se poderia ver em primeiro lugar, como diz ele recorrendo a uma analogia com o organismo, na "unidade viva" da "liberdade universal e individual",[26] o que deve implicar que a vida pública teria de ser considerada não o resultado de uma restrição recíproca dos espaços privados da liberdade, mas, inversamente, a possibilidade de uma realização da liberdade de todos os indivíduos em particular. Em segundo lugar, Hegel vê os costumes e os usos comunicativamente exercidos no interior de uma coletividade como o *medium* social no qual deve se efetuar a integração de liberdade geral e individual; ele escolhe o termo "costume" [*Sitte*] com cuidado, a fim de deixar claro que nem as leis prescritas pelo Estado nem as convicções morais dos sujeitos isolados, mas só os comportamentos praticados intersubjetiva e também efetivamente são capazes de fornecer uma base sólida para o exercício daquela liberdade ampliada;[27] daí também, como diz no texto, o "sistema da legislação" pública ter de expressar sempre os "costumes existentes" de fato.[28] Finalmente, em terceiro lugar, Hegel acaba dando um passo decisivo para além de Platão e Aristóteles, ao incluir na organização institucional da eticidade absoluta uma esfera que ele define provisoriamente aqui como um "sistema de propriedade e direito"; a isso está ligada a pretensão de mostrar que as atividades mediadas pelo mercado e os interesses dos indivíduos particulares — o que em seu todo será sintetizado mais tarde sob o título de "sociedade civil burguesa" [*bürgerlichen Gesellschaft*] — seriam uma "zona" realmente negativa, mas ainda assim cons-

---

[26] Hegel, "Über die wissenschaftlichen Behandlungensarten", in: *Jenaer Schriften*, ed. cit., p. 471.

[27] A respeito da posição sistemática do conceito de "costumes" nesse contexto, cf. a boa exposição de Miguel Giusti, *Hegels Kritik der modernen Welt*, Würzburg, 1987, p. 35 ss.

[28] Hegel, "Über die wissenschaftlichen Behandlungsarten", in: *Jenaer Schriften*, ed. cit., p. 508.

Crime e eticidade

titutiva do todo ético;[29] à inflexão realista que desse modo Hegel procura dar a seu ideal de sociedade corresponde no texto também o fato de, divergindo da teoria política antiga, o estamento dos não livres ser introduzido primeiramente como uma camada de cidadãos que produzem e trocam mercadorias.

Se essas determinações descrevem adequadamente o quadro teórico em que Hegel procura retomar em Jena o ideal de comunidade de sua juventude, então já está esboçado com isso também o problema que doravante ele terá de superar antes de mais nada. Pois, uma vez mostrado que a filosofia social moderna não está em condições de explicar uma forma de comunidade social de nível superior, já que permanece presa a premissas atomísticas, então isso significa primeiramente, para a constituição teórica da filosofia política, que um outro e novo sistema de categorias precisa ser desenvolvido: Hegel tem de se perguntar de que maneira devem estar constituídos os meios categoriais com apoio nos quais se pode elucidar filosoficamente a formação de uma organização social que encontraria sua coesão ética no reconhecimento solidário da liberdade individual de todos os cidadãos. O pensamento filosófico-político de Hegel em Jena está dirigido para a solução dos problemas sistemáticos que surgem dessa questão; os diversos projetos, que ele elabora no quadro do sistema emergente da lógica do espírito humano, possuem sua raiz comum nela e todos eles remetem a ela.

Certamente, em seu ensaio sobre as distintas doutrinas do direito natural, Hegel ainda não desenvolve a solução desse problema, mas já delineia a traços largos o caminho pelo qual chegará a ela. O primeiro passo que ele propõe a fim de dar à ciência filosófica da sociedade um novo fundamento consiste na substituição das categorias atomísticas por aquelas talhadas para o vínculo social entre os sujeitos: com Aristóteles, ele diz, numa passagem que se

---

[29] Cf. mais uma vez Horstmann, "Über die Rolle der bürgerlichen Gesellschaft", ed. cit. A respeito do texto de Hegel, "Über die wissenschaftlichen Behandlungsarten", cf. especialmente pp. 279-87.

tornou célebre, que "o povo [...] por natureza [é] anterior ao indivíduo; pois, se o indivíduo não é nada de autônomo isoladamente, então ele tem de estar, qual todas as partes, em uma unidade com o todo".[30] No contexto em que se encontra essa frase, Hegel quer dizer somente que toda teoria filosófica da sociedade tem de partir primeiramente dos vínculos éticos, em cujo quadro os sujeitos se movem juntos desde o princípio, em vez de partir dos atos de sujeitos isolados; portanto, diferentemente do que se passa nas doutrinas sociais atomísticas, deve ser aceito como uma espécie de base natural da socialização humana um estado que desde o início se caracteriza pela existência de formas elementares de convívio intersubjetivo. Quanto a isso, Hegel continua a se guiar de maneira bem clara pela ideia aristotélica segundo a qual na natureza do homem já estão inscritas como um substrato relações de comunidade que na pólis alcançam um desdobramento completo.[31]

Contudo, é decisivo para tudo mais o segundo passo, em que Hegel expõe de que modo ele pode explicar a passagem de um tal estado de "eticidade natural" para a forma de organização da sociedade, definida de antemão como uma relação de totalidade ética. O lugar teórico assim demarcado é ocupado, nas doutrinas criticadas do direito natural, pelas construções de um contrato social originário ou, se não, por diversas suposições sobre os efeitos civilizadores da razão prática; elas devem explicar em cada caso de que maneira vem a se dar uma relação regulada de convívio social na superação da "natureza" do homem. Mas para Hegel já não resulta a necessidade de lançar mão dessas hipóteses externas, visto que ele já pressupôs a existência de obrigações intersubjetivas na qualidade de uma condição quase natural de todo processo de socializa-

---

[30] Hegel, "Über die wissenschaftlichen Behandlungsarten", in: *Jenaer Schriften*, ed. cit., p. 505.

[31] A par do ensaio de Ilting, "Hegels Auseinandersetzung mit der aristotelischen Politik", ed. cit., cf. o texto muito claro sobre isso de Giusti, *Hegels Kritik der modernen Welt*, ed. cit., p. 49 ss.

Crime e eticidade

ção humana; daí o processo a ser explicado não apresentar a gênese dos mecanismos de formação da comunidade em geral, mas sim a transformação e a ampliação de formas primevas de comunidade social em relações mais abrangentes de interação social. Também na resposta ao problema que isso levanta, Hegel recorre de início, e mais uma vez, à ontologia aristotélica; tira-lhe a ideia de que o processo a ser definido precisa possuir a forma de um processo teleológico, através do qual uma substância originária vai se desdobrando passo a passo. Ao mesmo tempo, porém, ele já sublinha também tão enfaticamente o caráter negativo, conflituoso, desse processo teleológico, que não é difícil pressentir a ideia fundamental que nos anos subsequentes ele trabalhará em projetos sempre renovados, com base no conceito de reconhecimento. Hegel tenta conceber a via pela qual "a natureza ética alcança seu verdadeiro direito"[32] como um processo de negações a se repetirem, mediante as quais as relações éticas da sociedade devem ser sucessivamente liberadas das unilaterizações e particularizações ainda existentes: eis a "existência da diferença", como ele diz, que permite à eticidade passar de seu estágio natural primeiro e que, em uma série de reintegrações de um equilíbrio destruído, a levará finalmente a uma unidade do universal e do particular. Em sentido positivo, isso significa que a história do espírito humano é concebida como um processo de universalização conflituosa dos potenciais "morais", já inscritos na eticidade natural na qualidade de "algo envolto e não desdobrado":[33] Hegel fala nesse contexto do "vir-a-ser da eticidade" como uma "superação progressiva do negativo ou do subjetivo".[34]

Contudo, nessa ideia fundamental, continua inteiramente inexplicado de que modo podem estar constituídos os potenciais não desdobrados da eticidade humana, que, na forma de uma diferença existente, já devem estar inscritos nas primeiras estruturas da práxis

---

[32] Hegel, *Jenaer Schriften*, ed. cit.

[33] Ibid., p. 507.

[34] Ibid.

da vida social, e igualmente sem resposta permanece no texto a questão sobre que forma social deve possuir aquele processo de negações a se repetirem, através do qual os mesmos potenciais éticos poderiam depois se desenvolver até alcançar validade universal.

Na solução dos dois problemas, uma dificuldade especial surge para Hegel da necessidade de descrever os conteúdos normativos da primeira etapa de socialização de sorte que resulte daí um processo tanto de crescimento dos vínculos de comunidade quanto de aumento da liberdade individual; pois só quando o curso histórico-universal do "vir-a-ser da eticidade" é concebido como um entrelaçamento de socialização e individuação pode-se aceitar que seu resultado seria também uma forma de sociedade que encontraria sua coesão orgânica no reconhecimento intersubjetivo da particularidade de todos os indivíduos. Para a resolução dos problemas que procedem dessa difícil tarefa, porém, Hegel ainda não possui, nos primeiros anos de Jena, os meios adequados; só encontra uma resposta satisfatória depois que ele, reinterpretando a doutrina do reconhecimento de Fichte, conferiu também um novo significado ao conceito hobbesiano de luta.[35]

No começo de seus tempos de Jena, como já antes em Frankfurt, Hegel sempre se referira a Fichte de modo crítico: ele o consi-

---

[35] A importância de Fichte para a doutrina do reconhecimento do jovem Hegel foi salientada nos últimos anos por duas pesquisas excelentes, às quais devo sugestões importantes: Ludwig Siep, "Der Kampf um Anerkennung. Zu Hegels Auseinandersetzung mit Hobbes in den Jenaer Schriften", in: *Hegel Studien*, 1974, vol. 9, p. 155 ss.; e Andreas Wildt, *Autonomie und Anerkennung. Hegels Moralitätskritik im Lichte seiner Fichte-Rezeption*, Stuttgart, 1982. Precede esses dois livros o importante ensaio de Manfred Riedel, "Hegels Kritik des Naturrechts", in: *Studien zu Hegels Rechtsphilosophie*, Frankfurt, 1969, p. 42 ss. Uma outra pista da doutrina do reconhecimento de Hegel reconduz a Rousseau. Este introduziu em seu *Discours sur l'inégalité* o reconhecimento recíproco (*"s'apprécier mutuellement"*) como uma dimensão central da socialização humana e afirmou que através dela toda espécie de crime se transforma em uma forma de ofensa. Cf. Jean-Jacques Rousseau, *Diskurs über die Ungleichheit*, Paderborn, 1984, p. 189 ss. (devo essa indicação a Hinrich Fink-Eitel).

Crime e eticidade   45

derava, como tínhamos visto, um representante central daquele enfoque "formal" no interior da tradição do direito natural, que não esteve em condições de expor teoricamente uma "comunidade de relações vivas genuinamente livre".[36] Mas no *Sistema da eticidade*, que surge ainda no ano de 1802, logo depois de ele acabar o ensaio sobre o direito natural, Hegel retoma de modo positivo a teoria fichtiana do "reconhecimento" para descrever com seu auxílio a estrutura interna das formas de relação ética, que ele quis pressupor fundamentalmente a título de um "primeiro" da socialização humana. Em seu escrito sobre o *Fundamento do direito natural*, Fichte havia concebido o reconhecimento como uma "ação recíproca" entre indivíduos, subjacente à relação jurídica: no apelo recíproco à ação livre e na limitação simultânea da própria esfera de ação a favor do outro, constitui-se entre os sujeitos a consciência comum, que depois alcança validade objetiva na relação jurídica.[37] Mas Hegel subtrai primeiramente desse modelo de Fichte as implicações próprias da filosofia transcendental e o aplica diretamente sobre as distintas formas de ação recíproca entre indivíduos; desse modo, ele projeta o processo intersubjetivo de um reconhecimento mútuo para dentro das formas comunicativas de vida, que até então, com Aristóteles, se limitara a descrever como diversas formas de eticidade humana. Doravante as relações éticas de uma sociedade representam para ele as formas de uma intersubjetividade prática na qual o vínculo complementário e, com isso, a comunidade necessária dos sujeitos contrapondo-se entre si são assegurados por

---

[36] Diz Hegel em seu "Escrito da diferença": "Differenz des Fichteschen und Schellingschen Systems der Philosophie", in: *Jenaer Schriften*, ed. cit., p. 83.

[37] J. G. Fichte, "Grundlage des Naturrechts nach Prinzipien der Wissenschaftslehre", in: *Fichtes Werke* (organizadas por Immanuel Hermann Fichte), v. III, Berlim, 1971, p. 1 ss, especialmente p. 17 ss; a respeito da doutrina do "apelo" de Fichte em seu todo, cf. Ludwig Siep, *Anerkennung als Prinzip der praktischen Philosophie. Untersuchungen zu Hegels Jenaer Philosophie des Geistes*, Freiburg/Munique, 1974.

um movimento de reconhecimento. A estrutura de uma tal relação de reconhecimento recíproco é para Hegel, em todos os casos, a mesma: na medida em que se sabe reconhecido por um outro sujeito em algumas de suas capacidades e propriedades e nisso está reconciliado com ele, um sujeito sempre virá a conhecer, ao mesmo tempo, as partes de sua identidade inconfundível e, desse modo, também estará contraposto ao outro novamente como um particular. Nessa lógica da relação de reconhecimento, porém, Hegel vê inscrita ao mesmo tempo uma dinâmica interna que lhe permite ainda dar um segundo passo além do modelo inicial de Fichte: visto que os sujeitos, no quadro de uma relação já estabelecida eticamente, vêm sempre a saber algo mais acerca de sua identidade particular, pois trata-se em cada caso até mesmo de uma nova dimensão de seu Eu que veem confirmada, eles abandonam novamente a etapa da eticidade alcançada, também de modo conflituoso, para chegar de certa maneira ao reconhecimento de uma forma mais exigente de individualidade; nesse sentido, o movimento de reconhecimento que subjaz a uma relação ética entre sujeitos consiste num processo de etapas de reconciliação e de conflito ao mesmo tempo, as quais substituem umas às outras. Como não é difícil de ver, Hegel carrega desse modo o conceito aristotélico de forma de vida ética com um potencial moral que já não resulta mais simplesmente de uma natureza dos homens subjacente, mas de uma espécie particular de relação entre eles; as coordenadas de seu pensamento filosófico-político se deslocam do conceito teleológico de natureza para um conceito do social no qual uma tensão interna está constitutivamente incluída.

É essa dinamização teórica do modelo de reconhecimento de Fichte através do conflito que deixa às mãos de Hegel, em unidade com a possibilidade de uma primeira determinação do potencial interno da eticidade humana, a oportunidade de concretizar ao mesmo tempo o curso "negativo" de seu desenvolvimento. O caminho pelo qual ele chega a isso consiste em reinterpretar o modelo de uma luta originária de todos contra todos, com que Thomas Hobbes, na sequência de Maquiavel, inaugurara a história da filosofia social

Crime e eticidade

moderna:[38] se os sujeitos precisam abandonar e superar as relações éticas nas quais eles se encontram originariamente, visto que não veem plenamente reconhecida sua identidade particular, então a luta que procede daí não pode ser um confronto pela pura autoconservação de seu ser físico; antes, o conflito prático que se acende entre os sujeitos é por origem um acontecimento ético, na medida em que objetiva o reconhecimento intersubjetivo das dimensões da individualidade humana. Ou seja, um contrato entre os homens não finda o estado precário de uma luta por sobrevivência de todos contra todos, mas, inversamente, a luta como um *medium* moral leva a uma etapa mais madura de relação ética. Com essa reinterpretação do modelo hobbesiano, Hegel introduz uma versão do conceito de luta social realmente inovadora, em cuja consequência o conflito prático entre sujeitos pode ser entendido como um momento do movimento ético no interior do contexto social da vida;[39] desse modo, o conceito recriado de social inclui desde o início não somente um domínio de tensões moral, mas abrange ainda o *medium* social através do qual elas são decididas de maneira conflituosa.

Sem dúvida, a concepção teórica básica resultante da associação pessoal de motivos hobbesianos e fichtianos só aos poucos assume uma forma clara nos escritos de Jena. No *Sistema da eticidade*, o primeiro dessa série de escritos, o modelo recém-adquirido se manifesta primeiramente no fato de a construção da argumentação se relacionar com a construção do Estado no *Leviatã* como que numa imagem de espelho: em vez de fazer com que sua exposição filosófica comece por uma luta de todos contra todos, ele a principia com formas elementares de reconhecimento inter-humano, representando-as em conjunto com o título de "Eticidade natural"; e só a vio-

---

[38] Sobre a discussão de Hegel com o modelo hobbesiano de estado de natureza, cf. o excelente ensaio de Siep, "Kampf um Anerkennung", ed. cit. A respeito da discussão com Hobbes nos escritos de Jena, cf. Siep, *Anerkennung als Prinzip der praktischen Philosophie*, ed. cit., 1974.

[39] Conforme Ilting, "Hegels Auseinandersetzung mit der aristotelischen Politik", ed. cit., cap. 3.

lação daquelas relações primevas de reconhecimento por diversas formas de luta, representadas em seu todo como uma etapa intermediária sob o título de "Crime", conduz a partir daí a um estado de integração social, concebível como uma relação orgânica de pura eticidade. Se a forma de exposição muito esquemática, que Hegel, seguindo Schelling, procurou dar a seu escrito por razões de método,[40] for subtraída *a posteriori* do curso material da argumentação, virão à tona claramente os diversos passos da construção relativa à teoria da sociedade.

Hegel começa descrevendo o processo de estabelecimento das primeiras relações sociais como um processo de afastamento dos sujeitos das determinações naturais; esse aumento de "individualidade" se efetua através de duas etapas de reconhecimento recíproco, cujas diferenças se medem pelas dimensões da identidade pessoal que encontram aí uma confirmação prática. Na relação de "pais e filhos", uma relação de "ação recíproca universal e de formação dos homens", os sujeitos se reconhecem reciprocamente como seres amantes, emocionalmente carentes; o elemento da personalidade individual que encontra reconhecimento por parte do outro é o "sentimento prático", ou seja, a dependência do indivíduo relativa às dedicações e aos bens necessários para a vida. No entanto, o "trabalho" da educação, que para Hegel constitui a determinação interna da família, dirige-se à formação da "negatividade interna" e da independência do filho, de sorte que seu resultado deve ser a "superação" daquela "unificação do sentimento".[41] Depois Hegel

---

[40] Hegel emprega no *Sistema da eticidade*, como forma de sua exposição, o método da subsunção recíproca de intuição e conceito; desse procedimento resultam formalmente as três partes principais de seu escrito: o capítulo sobre a "eticidade natural" como subsunção da intuição sob o conceito, o capítulo sobre o "crime" como subsunção do conceito sob a intuição e, finalmente, o capítulo sobre a "eticidade absoluta" como "indiferença" de intuição e conceito. Mas, se vejo corretamente, esse procedimento metodológico permanece externo ao que o escrito contém em termos de filosofia social.

[41] Hegel, *System der Sittlichkeit*, ed. cit., p. 18.

Crime e eticidade

faz com que se sigam a essa forma superada de reconhecimento, como uma segunda etapa, mas ainda sob o título de "Eticidade natural", as relações de troca entre proprietários reguladas por contrato. O caminho que conduz à nova relação social é descrito como um processo de universalização jurídica: as relações práticas que os sujeitos já mantinham com o mundo na primeira etapa são arrancadas de suas condições de validade meramente particulares e transformadas em pretensões de direito universais, contratualmente garantidas. Doravante os sujeitos se reconhecem reciprocamente como portadores de pretensões legítimas à posse e desse modo se constituem como proprietários; na troca, eles se relacionam entre si como "pessoas", às quais cabe o direito "formal" de poder reagir com sim ou não a todas as transações ofertadas. Nesse sentido, o que aqui encontra reconhecimento no indivíduo particular, sob a forma de um título jurídico, é a liberdade negativamente determinada, "o oposto de si mesmo em relação a uma determinação de ser".[42]

As formulações que Hegel escolhe para descrever essa segunda etapa do reconhecimento já tornam claro por que ele as vê também como uma forma "natural" de eticidade: com o estabelecimento de relações jurídicas, é criado um estado social, marcado ele próprio por aquele "princípio da singularidade" do qual só as relações da eticidade absoluta estão completamente purificadas; pois, numa organização social caracterizada por formas jurídicas de reconhecimento, os sujeitos não estão constitutivamente incluídos senão mediante liberdades negativas, ou seja, meramente com sua capacidade de negar ofertas sociais. É verdade que o movimento socializador do reconhecimento já rompe agora os limites particularistas que em princípio lhe foram traçados pelos vínculos emocionais da família na primeira etapa; mas o progresso na universalização social é pago primeiramente com um esvaziamento e uma formalização daquilo que encontra confirmação intersubjetiva no sujeito singular; na sociedade, o indivíduo não é ainda, como diz Hegel, posto

---

[42] Ibid., p. 33.

como "totalidade", não é ainda posto como "totalidade que se reconstrói a partir da diferença".[43]

Mas o que constitui a particularidade do *Sistema da eticidade* é que Hegel contrapõe às duas formas "naturais" de reconhecimento em seu todo espécies distintas de luta, reunidas num capítulo à parte; enquanto os projetos de filosofia social dos anos seguintes serão construídos de tal modo que a luta pelo reconhecimento conduz de uma etapa da eticidade à subsequente, aqui um único estágio de lutas distintas aparece entre as duas etapas da eticidade elementar e a da eticidade absoluta. Não são fáceis de penetrar as razões teóricas que podem ter levado Hegel a essa construção peculiar, pouco plausível do ponto de vista da história social ou da lógica evolutiva; por uma parte, elas resultam talvez das pressões metodológicas que acompanham a aplicação esquemática da teoria do conhecimento de Schelling, mas, por outra parte, também da confrontação direta com Hobbes, tendo provocado a exposição homogênea de um estado "natural" de eticidade isenta de conflitos. Em todo caso, Hegel ainda não emprega aqui seu modelo de luta com a finalidade de explicar teoricamente a passagem entre as diversas etapas distinguidas até então no movimento de reconhecimento; pelo contrário, ele faz com que siga a elas todas uma única etapa de lutas diversas, cujo efeito comum consistirá em interromper de maneira reiterada e conflituosa o processo já constituído de reconhecimento recíproco. O que interessa particularmente a Hegel é a forma interna do decurso da luta que resulta em cada caso dessas perturbações no convívio social; sua análise está teoricamente ancorada numa interpretação dos atos destrutivos como manifestações de um "crime".

Para Hegel, os diversos atos de destruição, que ele procura distinguir no capítulo intermediário, representam formas diferentes de um crime.[44] Ele refere essas ações criminosas à etapa da eti-

---

[43] Ibid.

[44] Cf. Solange Mercier-Josa, "Combat pour la reconnaissance et criminalité", in: Dieter Henrich e Rolf-Peter Horstmann (orgs.), *Hegels Philosophie des Rechts*, Stuttgart, 1982, p. 75 ss.

cidade precedente, definindo-as sempre como formas de um exercício negativo da liberdade abstrata, já atribuída aos sujeitos sob as condições das relações jurídicas de reconhecimento. A relação de dependência que desse modo é afirmada para a relação de forma jurídica e atos criminosos torna-se teoricamente compreensível se consideramos também a concepção de "crime" já contida nos escritos teológicos do jovem Hegel; pois ali ele entendera o ato de crime como uma ação que está ligada ao pressuposto social das relações jurídicas, na medida em que ela resulta justamente da indeterminidade da liberdade meramente jurídica do indivíduo: em uma ação criminosa os sujeitos fazem um uso destrutivo do fato de, como portadores de direitos de liberdade, não estarem incluídos no convívio social senão negativamente.[45] Contudo, o outro aspecto das determinações teóricas desenvolvidas em seus primeiros escritos para caracterizar o crime não é retomado por Hegel no quadro referencial do novo texto; agora se evita uma consideração teórica sobre a motivação do criminoso, segundo a qual a sua ação representa uma espécie de formação reativa às abstrações e unilateralidades estruturalmente inscritas na relação jurídica como tal. Visto que falta esse elemento afirmativo, o *Sistema da eticidade* deixa sem resposta também a questão sobre os motivos que estimulam as ações criminosas em cada caso. Só em poucas passagens da argumentação se encontram indicações que sugerem uma resposta na direção tomada originariamente: por exemplo, é dito a respeito da "devastação natural" que ela se dirige contra a "abstração dos cultos"; e numa outra passagem fala-se do crime em seu todo como uma "oposição contra a oposição".[46] Se essas formulações são concentradas e relacionadas com a antiga concepção, resulta daí a suposição de que Hegel atribui a origem de um crime ao fato de um reconhecimento ter sido incompleto: nesse caso, o motivo interno do criminoso é constituí-

---

[45] Cf. as explicações de Wildt, *Autonomie und Anerkennung*", ed. cit., p. 100 ss.

[46] Hegel, *System der Sittlichkeit*, ed. cit., p. 39.

do pela experiência de não se ver reconhecido de uma maneira satisfatória na etapa estabelecida de reconhecimento mútuo.

Nesse ponto, essa teoria de longo alcance encontra ainda o reforço complementar de que, com base nela, é possível decifrar sem violência a lógica que Hegel coloca no fundamento de sua exposição das distintas formas de crime; a ordem em que ele apresenta os diversos tipos de um comportamento destrutivo mostra um sentido se acrescentamos como seu ponto de referência a atribuição do crime a formas imperfeitas de reconhecimento. Hegel começa expondo um ato de destruição ainda totalmente desprovido de direção; em atos de "devastação" ou "aniquilação" natural, como ele os denomina, os indivíduos reagem sem rumo à experiência da "abstração" de uma eticidade já formada. Contudo, não é claramente perceptível se isso deve se entender de modo que as formas elementares do desrespeito constituem aqui o motivo das ações destrutivas; acresce que esses atos de destruição cega não representam crime algum no sentido de Hegel, já que lhes falta o pressuposto social da liberdade juridicamente reconhecida.

Por sua vez, um crime no sentido estrito da acepção só é dado pelo tipo de ações negativas que Hegel introduz na segunda etapa; no roubo a outra pessoa, um sujeito fere essencialmente a forma universal de reconhecimento, já constituída sob as condições do estabelecimento das relações jurídicas. Se Hegel não concede qualquer indicação acerca dos motivos desse tipo de ações destrutivas, o contexto de sua argumentação permite supor que eles se encontram na própria experiência de um reconhecimento jurídico-abstrato. A favor disso não depõe somente o caráter ativista da formulação, na qual se fala tanto da "violação do direito" quanto do objetivo do roubo,[47] mas também a descrição do desenrolar da situação conflituosa, originada com o ato do crime predatório. É verdade que, com o crime de roubo, um sujeito é subtraído de início somente no direito à propriedade que lhe compete, mas ao mesmo tempo é atin-

---

[47] Ibid., p. 44.

Crime e eticidade

gido de tal modo que, como diz Hegel, ele é lesado como "pessoa" em seu todo; pois, visto que até agora nos movemos ainda no nível da eticidade natural, no qual também a abstração do direito "não (tem) ainda em um mesmo universal sua realidade e estabilidade",[48] isto é, falta-lhe a força de imposição da autoridade pública, todo sujeito tem de preocupar-se sozinho com a defesa de seus direitos e, por isso, é ameaçado em toda a sua identidade pelo furto.[49] Mas o sujeito afetado só pode reagir adequadamente à lesão a sua própria pessoa defendendo-se por sua vez de maneira ativa contra o agressor. Uma semelhante "repercussão" do crime sobre o seu autor na forma de uma resistência do lesado é a primeira sequência de atos no processo todo à qual Hegel confere expressamente o conceito de "luta": origina-se uma luta de "pessoa" contra "pessoa", portanto entre dois sujeitos juridicamente capazes, cujo objeto é constituído pelo reconhecimento das distintas pretensões — por um lado, a pretensão, que desencadeia o conflito, ao desdobramento desenfreado da própria subjetividade, por outro, a pretensão reativa ao respeito social dos direitos de propriedade. Mas para Hegel o desfecho que toma a luta desencadeada pela colisão dessas duas pretensões está estruturalmente pré-decidido desde o início pelo fato de só uma das partes cindidas poder referir a ameaça irrestritamente a si mesmo como personalidade, pois somente o sujeito lesado luta em sua resistência pela integridade de sua pessoa inteira, enquanto ao criminoso importa conseguir com seu ato meramente a imposição de um interesse particular. Daí só o primeiro, o sujeito agredido, poder na luta "ter prevalência", porque ele "faz da lesão pessoal a causa de sua personalidade inteira",[50] conclui Hegel sem mais.

---

[48] Ibid., p. 45.

[49] Aqui sigo a interpretação de Wildt, *Autonomie und Anerkennung*, ed. cit., p. 324; e Siep, *Anerkennung als Prinzip der praktischen Philosophie*, ed. cit., p. 39.

[50] Hegel, *System der Sittlichkeit*, ed. cit., p. 46.

Finalmente, como uma terceira etapa da negação, Hegel faz com que siga ao conflito social, que se inicia com um roubo e termina com a "sujeição" do criminoso, a luta por honra. Esse caso de conflito representa, já no que diz respeito às suas condições iniciais, a forma mais exigente de uma cisão intersubjetiva: está no seu fundamento, na qualidade de causa, a lesão não de uma pretensão de direito individual, mas da integridade de uma pessoa em seu todo. Sem dúvida, também aqui Hegel deixa indeterminados os motivos particulares do crime que desencadeia o conflito; permanece em aberto por que razões uma pessoa destrói o quadro de uma relação de reconhecimento existente, ferindo um outro sujeito em sua integridade ou ofendendo-o. Contudo, é pressuposta para as duas pessoas implicadas no conflito uma referência à totalidade, no sentido de que se trata da "totalidade" de sua existência individual, pela qual elas se engajam; isso pode ser entendido de modo que já no próprio ato de ofensa do criminoso reside o propósito de chamar a atenção publicamente para a integridade da própria pessoa e reclamar assim seu reconhecimento; mas nesse caso o ato ofensivo do criminoso já remontaria por sua vez à experiência prévia de não ser completamente reconhecido como um personalidade individuada.

Em todo caso, ambas as partes que se contrapõem no conflito emergente perseguem a meta de pôr à prova a "integridade" da própria pessoa; Hegel atribui esse propósito reciprocamente perseguido a uma necessidade de "honra", atendo-se à linguagem corrente da época. Por essa expressão é preciso entender primeiramente, como diz o texto, um tipo de atitude em relação a si próprio, "pela qual [...] o indivíduo" vem a ser "um todo e pessoal":[51] "honra" é a postura que adoto em relação a mim mesmo quando me identifico positivamente com todas as minhas qualidades e peculiaridades. Mas manifestamente só pode ocorrer uma luta por "honra" porque a possibilidade para uma tal relação afirmativa consigo próprio depende por sua vez do reconhecimento confirmador por parte dos

---

[51] Ibid., p. 47.

Crime e eticidade

outros sujeitos; um indivíduo só está em condições de identificar-se integralmente consigo mesmo na medida em que ele encontra para suas peculiaridades e qualidades aprovação e apoio também de seus parceiros na interação: o termo "honra" caracteriza, portanto, uma relação afirmativa consigo próprio, estruturalmente ligada ao pressuposto do reconhecimento intersubjetivo da particularidade sempre individual. Daí os dois sujeitos perseguirem na luta a meta de reparar sua honra, ferida por razões diferentes em cada caso, procurando convencer seu oponente de que sua própria personalidade é digna de reconhecimento; mas só o podem, supõe Hegel mais adiante, demonstrando reciprocamente a disposição de pôr em jogo a sua vida: só dispondo-me a morrer dou a conhecer publicamente que minhas metas e peculiaridades sempre individuais importam-me mais do que minha sobrevivência física. Desse modo, Hegel faz com que o conflito social resultante da ofensa transite para uma luta de vida e morte, movendo-se desde o início além da esfera das pretensões juridicamente reclamáveis, "porque o todo [de uma pessoa, A. H.] está em jogo".[52]

Por mais vagas que possam ser essas explicações em seu todo, a partir delas pode-se ter, pela primeira vez, uma visão mais exata das finalidades teóricas que Hegel vincula sistematicamente a seu capítulo intermediário sobre o crime. O fato de as pretensões de identidade dos sujeitos implicados se ampliarem passo a passo na evolução das três etapas de conflitos sociais exclui uma posição meramente negativa dos atos destrutivos apresentados; ao contrário, tomados em conjunto, os diversos conflitos parecem constituir justamente o processo que prepara a passagem da eticidade natural para a absoluta, provendo os indivíduos das qualidades e dos discernimentos necessários para tal. Hegel não quer apenas expor como as estruturas sociais do reconhecimento elementar são destruídas por atos de exteriorização negativa da liberdade; ele quer, além disso, mostrar que só por tais atos de destruição são criadas as relações de

---

[52] Ibid.

Presentificação histórica

reconhecimento eticamente mais maduras, sob cujo pressuposto se pode desenvolver então uma "comunidade de cidadãos livres" efetiva.[53] Nesse ponto, são dois aspectos da ação intersubjetiva que se deixam distinguir analiticamente, como dimensões em que Hegel atribui aos conflitos sociais uma espécie de potencial de aprendizado prático-moral. Por um lado, devido a cada novo desafio a que são compelidos progressivamente pelos diversos crimes, os sujeitos chegam a um aumento de saber sobre sua própria e inconfundível identidade; essa é a dimensão evolutiva que Hegel procura caracterizar linguisticamente valendo-se da passagem da "pessoa" para a "pessoa inteira": o termo "pessoa" se refere, como já era o caso na parte sobre a "eticidade natural", a um indivíduo que recebe sua identidade primariamente do reconhecimento intersubjetivo de sua capacidade jurídica; o termo "pessoa inteira", por sua vez, a um indivíduo que obtém sua identidade sobretudo do reconhecimento de sua "particularidade". Mas, por outro lado, pelo mesmo caminho que chegaram a uma autonomia maior, deve aumentar ao mesmo tempo nos sujeitos o saber sobre sua dependência recíproca; esta é a dimensão evolutiva que Hegel procura caracterizar fazendo com que a luta por honra transite imperceptivelmente de um conflito entre sujeitos individuais para um confronto entre comunidades sociais: finalmente, depois de terem assumido os desafios dos diversos crimes, os indivíduos já não se contrapõem mais uns aos outros como agentes egocêntricos, mas como "membros de um todo".[54]

Se essas duas dimensões evolutivas são pensadas juntas e consideradas como uma unidade, acaba se destacando o processo de formação com que Hegel tenta explicar a passagem da eticidade

---

[53] Com isso eu contradigo naturalmente a interpretação do capítulo sobre o crime que Manfred Riedel desenvolveu: "Hegels Kritik des Naturrechts", in: *Studien zu Hegels Rechtsphilosophie*, Frankfurt, 1969, p. 56; ele não crê que os fenômenos de conflito apresentados por Hegel representem de alguma maneira uma transição para a etapa da "eticidade absoluta".

[54] Hegel, *System der Sittlichkeit*, ed. cit., p. 50.

Crime e eticidade

natural para a absoluta. Sua construção é guiada pela convicção de que só através da destruição das formas jurídicas de reconhecimento se tem consciência do momento nas relações intersubjetivas que pode servir de fundamento de uma comunidade ética; pois, ferindo as pessoas primeiramente em seu direito e depois em sua honra, o criminoso faz da dependência da identidade particular de cada indivíduo em relação à comunidade o objeto de um saber universal. Nesse sentido, somente aqueles conflitos sociais nos quais a eticidade natural se despedaça permitem desenvolver nos sujeitos a disposição de reconhecer-se mutuamente como pessoas dependentes umas das outras e, ao mesmo tempo, integralmente individuadas.

Contudo, no curso de sua argumentação, Hegel ainda trata essa terceira etapa da interação social, que deve conduzir às relações de um reconhecimento qualitativo entre os membros de uma sociedade, na forma de uma condição implícita: em sua exposição da "eticidade absoluta", que se segue ao capítulo sobre o crime, é afirmada como fundamento intersubjetivo de uma coletividade futura uma relação específica entre os sujeitos, para a qual se encontra aqui a categoria de "intuição recíproca": o indivíduo se "intui" "em cada um como a si mesmo".[55] Com essa formulação, como sugere o termo "intuição", tomado de empréstimo a Schelling, Hegel tentou designar certamente uma forma de relação recíproca entre os sujeitos superior ao reconhecimento meramente cognitivo; esses modelos de um reconhecimento que se estende até o afetivo, para os quais a categoria de "solidariedade" se apresenta com o sentido mais próximo,[56] devem oferecer manifestamente a base comunicativa na

---

[55] Ibid., p. 54.

[56] A ideia de interpretar certos aspectos da teoria da eticidade do jovem Hegel com base no conceito de "solidariedade", devo-a a uma sugestão que Andreas Wildt desenvolveu em seu ensaio "Hegels Kritik des Jakobinismus", in: Oskar Negt (org.), *Aktualität und Folgen der Philosophie Hegels*, Frankfurt, 1970, p. 277 ss; mas, diferentemente dele, eu refiro o conceito mais diretamente à forma de relação social que Hegel quis destacar com seu conceito de eticidade, próprio de uma teoria do reconhecimento. Uma interpretação similar e muito

qual os indivíduos, isolados uns dos outros pela relação jurídica, podem se encontrar e reunir mais uma vez no quadro abrangente de uma comunidade ética.

Na parte restante do *Sistema da eticidade*, porém, Hegel não continua a investigar a linha fecunda de ideias assim esboçada; na realidade, nesse ponto se rompe o fio da argumentação específico da teoria do reconhecimento, e o texto se limita daí em diante a uma exposição dos elementos organizacionais que devem caracterizar a relação política da "eticidade absoluta". No entanto, com isso, as dificuldades e os problemas que a análise reconstrutiva de Hegel havia deixado objetivamente sem resposta já nas etapas precedentes acabam permanecendo em aberto até o fim do texto.

Entre as obscuridades que caracterizam o *Sistema da eticidade* em seu todo, figura primeiramente a questão sobre em que medida a história da eticidade humana deve ser aqui reconstruída realmente através do fio condutor lógico do desdobramento de relações de reconhecimento; depõe claramente contra isso o fato de o quadro referencial aristotélico do texto não estar ainda de maneira alguma conceitualmente diferenciado o bastante para poder distinguir com suficiente clareza as diversas formas de reconhecimento intersubjetivo. É verdade que a argumentação sugere em muitas passagens uma diferenciação entre três formas de reconhecimento, distintas entre si no que concerne ao "como" e também ao "o quê" da confirmação prática: na relação afetiva de reconhecimento da família, o indivíduo humano é reconhecido como ser carente concreto, na relação cognitivo-formal de reconhecimento do direito, como pessoa de direito* abstrata, e finalmente, na relação de reconhecimento

---

forte do conceito de "reconhecimento recíproco" foi proposta também por Gillian Rose; para ela, esse conceito se refere a uma forma de relação social, "which does not dominate or suppress but recognizes the difference and sameness of the other". Cf. Gillian Rose, *Hegel contra Sociology*, Londres, 1981, p. 69.

* Seguimos aqui a proposta de Flávia P. Püschel (em sua tradução do artigo de Klaus Günther, "Responsabilização na sociedade civil", in: *Novos Estudos*, nº 63, julho de 2002) de traduzir o termo *Rechtsperson* por "pessoa

do Estado, esclarecida no plano emotivo, como universal concreto, isto é, como sujeito socializado em sua unicidade. Se, além disso, diferenciamos de uma maneira mais clara entre a instituição e o modo da respectiva relação de reconhecimento, é possível reproduzir no seguinte esquema a teoria das etapas que Hegel tinha em vista:

Objeto de reconhecimento/ Modo de reconhecimento	Indivíduo (carências concretas)	Pessoa (autonomia formal)	Sujeito (particularidade individual)
Intuição (afetivo)	Família (amor)		
Conceito (cognitivo)		Sociedade civil (direito)	
Intuição intelectual (afeto que se tornou racional)			Estado (solidariedade)

Porém, para uma semelhante teoria das etapas do reconhecimento social, em que os diversos modos de reconhecimento são relacionados com os diferentes conceitos de pessoa, de sorte que resulta daí uma série de *media* de reconhecimento cada vez mais exigentes, faltam no *Sistema da eticidade* as diferenciações conceituais correspondentes, e de maneira demasiado evidente para que ela pudesse ser aceita inequivocamente como segura; se pode resultar do emprego hegeliano do modelo de conhecimento de Schelling uma distinção suficientemente clara dos três modos de reconhecimento, o texto ainda carece visivelmente de conceitos complementares da teoria da subjetividade, com os quais se poderia efetuar uma tal diferenciação também com vista ao objeto pessoal do reconhecimento.

A segunda dificuldade que o *Sistema da eticidade* deixa de considerar procede da questão sobre a posição do "crime" na his-

---

de direito". Evitamos a opção "sujeito de direito" porque o termo *Rechtssubjekt* também é usado por Axel Honneth, assim como simplesmente "pessoa", que no nosso vocabulário jurídico já se refere ao sujeito de direito, visto que assim poderíamos perder a especificidade jurídica da expressão. (N. do T.)

tória da eticidade. Muita coisa depõe a favor da tese de que Hegel atribuiu aos atos criminosos um papel construtivo no processo de formação ético, visto que são capazes de desencadear os conflitos sociais unicamente através dos quais os sujeitos se tornam atentos às relações de reconhecimento subjacentes; mas, fosse assim, caberia ao momento da "luta" no movimento de reconhecimento não só uma função negativa e transitória, mas precisamente também uma função positiva, isto é, formando a consciência: no eixo diagonal do esquema, que aponta para uma direção de "universalização" crescente, ela caracterizaria em cada caso as condições de possibilidade práticas da passagem de uma etapa de relações sociais de reconhecimento à seguinte. Depõe contra isso, porém, o fato de que Hegel deixa sem explicação teórica os motivos dos diversos crimes em seu todo, de modo que estes não poderiam ocupar uma semelhante posição sistemática; se, no interior da construção teórica, os conflitos sociais devessem ter assumido de fato o papel forte de produzir um saber sobre a reciprocidade das regras específicas de reconhecimento, teria sido necessário elucidar sua estrutura interna com maior exatidão teórica e categorial. Desse modo, é primeiramente só a traços largos que se insinua no *Sistema da eticidade* o modelo de filosofia social que Hegel elabora em Jena para explicar a história da eticidade humana; faltam-lhe ainda meios decisivos para já estar em condições de dar uma versão mais definida da mediação que estabelece entre Fichte e Hobbes.

A possibilidade de efetuar um tal passo de maior precisão surge para Hegel no momento em que ele começa a substituir o quadro aristotélico de orientação de sua filosofia política por um novo sistema referencial. Até então, com efeito, ele havia retirado os conceitos básicos de sua concepção de "eticidade" de um ideário filosófico para o qual era central a referência ontológica a uma ordem natural, pensada da maneira que fosse; por isso ele não pôde descrever as relações éticas entre os homens senão como gradações de uma semelhante natureza subjacente, de sorte que suas qualidades cognitivas e morais permaneceram peculiarmente indeterminadas. Porém, na "Filosofia do espírito", escrita em 1803-04 e proveniente do projeto de um sistema da filosofia especulativa,[57] outrora denominado de *Realphilosophie I*, o conceito de "natureza" já perde seu significado ontológico abrangente; agora Hegel já não designa mais com ele a constituição da realidade em seu todo, mas apenas aquele domínio da realidade que é oposto ao espírito como seu outro, ou seja, a natureza pré-humana, a natureza física. Ao mesmo tempo, com essa limitação do conceito de natureza, a categoria de "espírito" ou de "consciência" passa a envolver naturalmente a tarefa de caracterizar de maneira exata o princípio estrutural que delimita o mundo da vida social do homem perante a realidade natural; daí a esfera da eticidade se ver agora totalmente livre para determinações e distinções categoriais derivadas do processo de reflexão do espírito.[58] No lugar da teleologia aristotélica da natureza, da qual estava ainda atravessado o *Sistema da eticidade*, vai entrando aos poucos uma teoria filosófica da consciência.

Sem dúvida, nesse processo de transformação conceitual, que já aponta na direção do sistema definitivo, os fragmentos dos anos 1803-04 ocupam somente a posição de uma etapa intermediária; Hegel continua a se ater aqui à articulação formal de seu enfoque original, no sentido de que a relação ética do Estado constitui ainda aqui o ponto de referência central da análise reconstrutiva e, nesse aspecto, a categoria de consciência serve apenas para a explicação das formas da eticidade.[59] Mas a virada para a filosofia da consciência já basta para dar ao modelo conceitual da "luta por reconhecimento" uma versão consideravelmente distinta. Agora Hegel já não

---

[57] Acerca do estado dos textos em seu conjunto, cf. o comentário informativo de Klaus Düssing e Heinz Kimmerle, in: Hegel, *System der spekulativen Philosophie* (Introdução), Hamburgo, 1986, p. VII ss.

[58] Sobre o conjunto dessa problemática, cf. o excelente trabalho de Rolf-Peter Horstmann, "Probleme der Wandlung in Hegels Jenaer Systemkonzeption", in: *Philosophische Rundschau*, coleção 19, 1972, p. 87 ss.

[59] Ibid., p. 114 ss; cf. também Siep, *Anerkennung als Prinzip der praktischen Philosophie*, ed. cit., p. 182 ss.

pode mais compreender a via da constituição de uma coletividade política como um processo de desdobramento conflituoso de estruturas elementares de uma eticidade originária e "natural"; antes ele precisa entendê-la diretamente como um processo de formação do espírito; esse processo se efetua através da série de mediações próprias dos meios linguagem, instrumento e bem familiar, por cujo emprego a consciência aprende a conceber-se pouco a pouco como uma "unidade imediata de singularidade e universalidade"[60] e, por conseguinte, chega à compreensão de si mesma como "totalidade". No novo contexto, o termo "reconhecimento" refere-se àquele passo cognitivo que uma consciência já constituída "idealmente" em totalidade efetua no momento em que ela "se reconhece como a si mesma em uma outra totalidade, em uma outra consciência";[61] e há de ocorrer um conflito ou uma luta nessa experiência do reconhecer-se-no-outro, porque só através da violação recíproca de suas pretensões subjetivas os indivíduos podem adquirir um saber sobre se o outro também se reconhece neles como uma "totalidade": "Mas eu não posso saber se minha totalidade, como de uma consciência singular na outra consciência, será esta totalidade sendo-para-si, se ela é reconhecida, respeitada, senão pela manifestação do agir do outro contra minha totalidade, e ao mesmo tempo o outro tem de manifestar-se a mim como uma totalidade, tanto quanto eu a ele".[62]

Como mostra essa observação, Hegel tornou a derivação teórica da luta por reconhecimento um pouco mais clara do que no texto anterior da época de Jena. A virada para a filosofia da consciência permite-lhe agora transferir os motivos do começo do conflito inequivocamente para o interior do espírito humano, o qual deve estar constituído de modo que ele, para realizar-se integralmente, tem de pressupor um saber sobre seu reconhecimento pelo ou-

---

[60] Hegel, *System der spekulativen Philosophie*, ed. cit., p. 189.

[61] Ibid., p. 217.

[62] Ibid., p. 218, nº 2.

Crime e eticidade

tro, a ser adquirido somente de maneira conflituosa: o indivíduo só pode se proporcionar um sentimento de garantia a respeito de ser reconhecido por seu parceiro de interação mediante a experiência da reação prática com que aquele responde a um desafio deliberado, ou mesmo a uma provocação.[63] Por outro lado, a função social que deve assumir a luta assim desencadeada no contexto global do processo de formação ética não parece ter se alterado fundamentalmente: como no *Sistema da eticidade*, o conflito representa uma espécie de mecanismo de comunitarização social, que força os sujeitos a se reconhecerem mutuamente no respectivo outro, de modo que por fim sua consciência individual da totalidade acaba se cruzando com a de todos os outros, formando uma consciência "universal". Essa consciência que veio a ser "absoluta" fornece finalmente para Hegel, não diferentemente também do texto anterior, a base intelectual para uma coletividade futura e ideal: proveniente do reconhecimento recíproco como um *medium* da universalização social, ela constitui o "espírito do povo" e, nesse sentido, também "a substância viva" de seus costumes.[64]

Todavia, essas concordâncias aproximadas no resultado não devem levar ao engano, passando por cima das diferenças agravantes que existem entre os dois fragmentos no nível dos fundamentos. Certamente, nos dois escritos, a luta por reconhecimento é concebida como um processo social que leva a um aumento de comunitarização, no sentido de um descentramento das formas individuais da consciência; mas só o primeiro texto, o *Sistema da eticidade*, atribui à mesma luta também o significado de um *medium* de individualização, de crescimento das capacidades do eu. Esse contraste surpreendente se tornará compreensível de um ponto de vista sistemático se as divergências conceituais que resultam forçosamente dos

---

[63] Uma interpretação detalhada das implicações dessa tese no plano da teoria da consciência é oferecida por Wildt em *Autonomie und Anerkennung*, ed. cit., p. 336 ss.

[64] Hegel, *System der spekulativen Philosophie*, p. 223.

diferentes enfoques de ambos os textos forem consideradas com mais exatidão. O *Sistema da eticidade* continha, como se havia mostrado, a exposição de uma mudança gerida nas relações humanas interativas; o objeto da análise reconstrutiva representava desde o início, justamente em virtude do quadro referencial aristotélico do texto, relações comunicativas de teor normativo, unicamente a partir das quais os indivíduos se diferenciavam a fim de poderem se entender como sujeitos individuados; mas as duas coisas juntas, a emancipação dos sujeitos individuais e a comunitarização crescente entre eles, seriam desencadeadas e impelidas precisamente por aquela luta por reconhecimento que permite desenvolver nos indivíduos um sentimento racional para suas comunidades intersubjetivas, na mesma medida em que ela progressivamente chama a atenção deles para suas pretensões subjetivas. No momento em que Hegel, porém, coloca na base de sua filosofia política uma teoria da consciência, substituindo o quadro referencial aristotélico, ele precisa tomar distância da tarefa complexa assim formulada; pois, visto que agora o domínio objetual de sua análise reconstrutiva já não se compõe mais de formas de interação social, de "relações éticas", mas consiste antes em etapas de automediação da consciência individual, a relação de comunicação entre os sujeitos já não pode mais ser concebida como algo em princípio anterior aos indivíduos.

Se antes a investigação filosófica tomava seu ponto de partida nas estruturas elementares da ação comunicativa, a análise começa agora, nos fragmentos de 1803-04, com a confrontação teórica e prática do indivíduo com seu entorno; procedendo dessa confrontação e se desenvolvendo na forma de uma reflexão do espírito sobre as operações de mediação já efetuadas por ele de maneira intuitiva, o processo de formação intelectual faz surgir primeiramente no indivíduo uma consciência de totalidade, antes de ele chegar num segundo momento à etapa de universalização ou de descentramento das perspectivas do Eu, a qual vai de par com a luta por reconhecimento. Nesse sentido, o conflito entre os sujeitos perdeu a segunda dimensão significativa que ainda lhe era atribuída no *Sistema da eticidade*; pois ele não representa mais um

Crime e eticidade

medium também para a formação da consciência individual do indivíduo, conservando somente a função de um *medium* de universalização social, de comunitarização portanto. Visto que Hegel abandona, junto com o aristotelismo de seus primeiros escritos da época de Jena, a ideia de uma intersubjetividade prévia da vida humana, ele agora não pode mais pensar o processo de individualização como um processo em que o indivíduo se desliga conflituosamente das relações comunicativas já existentes; sua teoria política da eticidade chega a perder de modo geral o caráter de uma "história da sociedade", de uma análise da transformação gerida nas relações sociais, tomando aos poucos a forma de uma análise da formação do indivíduo para a sociedade.

Se essas observações são corretas, Hegel pagou o ganho teórico de sua virada para a filosofia da consciência com a renúncia a um intersubjetivismo forte. É verdade que ele obtém pela primeira vez, mediante a mudança conceitual introduzida com o projeto sistemático de 1803-04, a possibilidade teórica de distinguir entre os diversos estágios da formação da consciência individual com maior precisão conceitual; assim aparece para ele também a possibilidade de empreender aquela diferenciação de vários conceitos de pessoas que havia faltado até então à sua abordagem. Mas esse ganho na teoria da subjetividade é pago com o abandono precipitado das alternativas da teoria da comunicação, inscritas também na referência conceitual a Aristóteles; a virada para a filosofia da consciência faz com que ele perca de vista a ideia de uma intersubjetividade prévia do ser humano em geral e lhe obstrui o caminho para uma solução inteiramente diferente, que teria consistido em realizar a distinção necessária de diversos graus de autonomia pessoal dentro do próprio quadro da teoria da intersubjetividade. Porém as duas coisas, as vantagens categoriais e as perdas teóricas que esse passo representa para a sua ideia de uma "luta por reconhecimento", só podem ser examinadas adequadamente com base no escrito em que aquela reorientação conceitual chegou a um remate provisório. No projeto de uma *Realphilosophie*, realizado em 1805-06, o último texto que precede a *Fenomenologia do espíri-*

to, Hegel já efetua sua análise do processo de formação do espírito, de uma maneira consequente, no quadro do paradigma recém-obtido da filosofia da consciência; embora quase todas as ressonâncias do *Sistema da eticidade* tenham sido eliminadas, a "luta por reconhecimento" recebe mais uma vez uma posição forte, sistemática, como jamais terá novamente em sua obra posterior de filosofia política.

3.
LUTA POR RECONHECIMENTO:
A TEORIA SOCIAL DA
REALPHILOSOPHIE DE JENA

O princípio da filosofia da consciência, que nos trabalhos de Hegel até então só se efetivou de maneira incompleta, determina na *Realphilosophie* a arquitetônica e o método da exposição em seu todo. Hegel pôde chegar a esse primeiro arredondamento de sua filosofia, formando um sistema unitário, porque nesse meio-tempo obteve uma maior clareza acerca dos pressupostos teóricos do conceito de "espírito". Como seu traço fundamental e determinante, ele considera agora, sob uma influência renovada de Fichte, a capacidade particular de ser "nele mesmo ao mesmo tempo o outro de si mesmo":[65] cabe ao espírito a propriedade da autodiferenciação, no sentido de que ele é capaz de fazer de si o outro de si mesmo e retornar para si mesmo. Mas, se uma tal operação não é pensada como ato único, e sim como forma de movimento de um processo, resulta daí o princípio unitário a partir do qual Hegel pode esclarecer a construção da realidade: o que subjaz a todo processo como uma lei de formação sempre igual é aquele duplo movimento de exteriorização e de retorno a si mesmo, em cuja repetição permanente o espírito se realiza passo por passo. Mas, visto que esse processo de desenvolvimento já é em si um processo de reflexão, ou seja, já se efetua na forma de diferenciações intelectuais, a análise filosófica só precisa por sua vez reconstituí-lo com exatidão suficiente para chegar ao seu objetivo sistemático; pois, tão logo tenha reconstruído metodicamente todas as etapas daquele processo de for-

---

[65] Hegel, *Jenaer Realphilosophie*, ed. cit.

mação, ela terá chegado de modo consequente ao ponto final, em que o espírito se diferenciou completamente e, nesse sentido, alcançou um saber "absoluto" de si mesmo. Por isso a construção de todo o empreendimento hegeliano já passa a reproduzir agora o processo de realização do espírito, da mesma maneira que será o caso mais tarde, no sistema definitivo; portanto sua teoria já abrange — se não na execução, pelo menos na ideia — três grandes partes de uma lógica, de uma filosofia da natureza e de uma filosofia do espírito, nas quais o espírito é exposto segundo uma série, de início em sua constituição interna como tal, depois em sua exteriorização na objetividade da natureza e finalmente em seu retorno à esfera da própria subjetividade.

Para Hegel, essa reconfiguração de todo o seu empreendimento a partir da filosofia da consciência é acompanhada naturalmente por uma transformação do subdomínio que até então a análise da eticidade havia ocupado inteiramente. Como as partes reunidas sob o título "Filosofia do espírito" devem agora reproduzir o processo inteiro de formação que o espírito efetua, depois que ele, à força da própria reflexão, retornou a si mesmo da exteriorização na natureza, elas não podem mais se restringir à explicação somente da construção das relações éticas; pelo contrário, a terceira parte do sistema passa a incluir agora, de modo complementar, os passos conclusivos da formação nos quais o espírito obtém uma visão de sua própria constituição interna com base na "arte, religião e ciência". Nesse sentido, já não são mais as relações éticas do Estado, mas sim aqueles três *media* do conhecimento que fornecem a partir de agora o ponto de referência supremo, "absoluto", para a exposição na qual Hegel apreende o processo de formação do espírito na esfera da consciência humana; por conseguinte, a construção gradual desse processo se mede de modo geral a partir do ponto de vista de saber qual contribuição as diversas formas de consciência podem operar para o desenvolvimento da "arte, religião e ciência". Dessa maneira, no entanto, a teoria da eticidade perde a função central que lhe coube até então, visto que servia à "Filosofia do espírito" como um quadro de referências abrangente: a constituição da consciência humana deixa de ser integrada no processo de construção de relações sociais éticas como uma dimensão constitutiva, e, inversamente, as formas de relacionamento social e político dos homens passam a ser somente etapas de transição no processo de formação da consciência humana que produz os três *media* de autoconhecimento do espírito.

Em nada se expressa mais claramente a perda de função da teoria da eticidade do que nas modificações que nesse meio-tempo Hegel efetuou na articulação interna de sua "Filosofia do espírito". Tomado a fundo, seu novo princípio de construção resulta de um compromisso entre as intenções da antiga concepção, própria de uma "teoria social", e as exigências do novo quadro referencial representado pela filosofia da consciência. Desse modo, Hegel mantém sem dúvida, segundo a forma categorial, sua intenção original de reconstituir a formação do espírito no interior da esfera da consciência humana até chegar ao ponto onde começam a se delinear, na relação ética do Estado, as estruturas institucionais de uma forma bem-sucedida de socialização; não se pode explicar de outra forma o fato de ele ter continuado a intitular a última seção de sua exposição sistemática com o termo "constituição", que caracteriza basicamente, como no *Sistema da eticidade*, uma estrutura de instituições políticas. Porém, de acordo com a coisa mesma, Hegel já não faz com que o processo de realização do espírito se consuma numa situação de estabelecimento de relações políticas, mas o encerra somente com aquelas formas de saber nas quais ele alcançou "a intuição de si mesmo como si mesmo";[66] por isso, de fato, o título "Constituição" refere-se agora a algo bem diferente do que nos textos anteriores, uma vez que ele tem de subsumir em si tudo o que mais tarde se chamará, na língua da *Enciclopédia*, "espírito absoluto". Só quando este título, mais adequado, for colocado no lugar daquele, que certamente Hegel ainda empregou por motivos de continuidade teórica, tornar-se-ão compreensíveis os outros dois títulos que se encontram no texto para as etapas de formação do espírito.

---

[66] Ibid., p. 263.

O capítulo com que Hegel começa agora sua reconstrução, e que por isso ocupa o lugar antes reservado à seção sobre a "eticidade natural", foi posteriormente intitulado pelos editores dos manuscritos das lições com o termo "espírito subjetivo", extraído da sistemática da *Enciclopédia*; mas para o segundo capítulo, que, junto com a exposição da realidade social do espírito, constitui a ponte entre a etapa inicial e a esfera do "absoluto", o próprio Hegel escolheu o título de "espírito efetivo". No que tange ao estado de coisas respectivamente visado, ambos os títulos contêm, é verdade, uma série de problemas teóricos;[67] mas, tomados em conjunto, e complementados pelo título adequado ao terceiro capítulo, eles já dão a conhecer pelo menos o propósito fundamental que Hegel vinculou sistematicamente à articulação interna de sua "Filosofia do espírito": o processo de realização do espírito, que se reflete na esfera da consciência humana, deve ser exposto aqui na sequência de etapas que resulta metodicamente quando se considera primeiro a relação do indivíduo consigo próprio, depois as relações institucionalizadas dos sujeitos entre si e por fim as relações reflexivas dos sujeitos socializados com o mundo em seu todo. Contudo, essa construção gradual, que já seria sugerida pela divisão dos capítulos em espírito "subjetivo", "efetivo" e "absoluto", faz com que se ignore a construção especial que justamente distingue o curso de Jena sobre a "Filosofia do espírito" de todos os textos posteriores: aí Hegel incluiu mais uma vez o modelo estrutural social da luta por reconhecimento na primeira etapa de formação, de sorte que ele pode vir a ser a força motriz, se não da produção do espírito absoluto, pelo menos do desenvolvimento de uma comunidade ética.

Na primeira parte de sua análise filosófica, o procedimento metodológico de Hegel consiste em reconstruir o processo de formação do espírito subjetivo, ampliando-o passo a passo de modo que abarque as condições necessárias da autoexperiência da cons-

---

[67] Cf. a respeito dessas dificuldades: Habermas, "Arbeit und Interaktion", in: *Technik und Wissenschaft als "Ideologie"*, Frankfurt, 1968, p. 10, nº 3.

ciência individual; o resultado desse procedimento reconstrutivo deve esclarecer quais experiências, repletas de exigências, um sujeito precisa ter feito ao todo antes de estar em condições de conceber-se a si mesmo como uma pessoa dotada de "direitos" e, nessa medida, poder participar então na vida institucionalmente regulada de uma sociedade, isto é, no "espírito efetivo".[68] Quanto ao aspecto cognitivo desse processo de formação, Hegel começa recorrendo a um sequência de etapas que vai da intuição à capacidade de representação linguística das coisas, passando pela imaginação; nas operações que a consciência individual vai efetuando pelo caminho assim traçado, ela já aprende a entender-se como a força "negativa" que gera de forma independente a ordem da realidade e, por isso, torna-se ela própria "objeto" nesta realidade. Mas, por outro lado, uma tal experiência continua a ser para Hegel em si incompleta, pois ela só pode instruir o sujeito a respeito de sua possibilidade de produzir categorialmente o mundo, mas não acerca da possibilidade de produzi-lo praticamente, em seu "conteúdo"; nesse sentido, o processo de formação carece de uma ampliação que abarque exatamente a dimensão prática, através da qual a inteligência adquire "a consciência de seu agir", "isto é, de si mesma como do pôr do conteúdo ou do fazer-se-conteúdo".[69] Uma autoexperiência integral do sujeito, como seria dada com a consciência dos direitos intersubjetivamente vinculantes, só é possível, portanto, sob a condição de que o indivíduo aprenda a conceber-se também como um sujeito das produções práticas: daí o movimento de auto-objetivação constituir o segundo aspecto que Hegel investiga no processo de formação do espírito subjetivo; ele é construído na forma de uma sequência de passos da realização da vontade individual. Na *Realphilosophie*, o conceito de "vontade", tributário, mediante Fichte, do movimento

---

[68] Encontrei em Wildt, *Autonomie und Anerkennung*, ed. cit., p. 344 ss, a interpretação mais detalhada e clara da primeira parte da *Jenaer Realphilosophie*, também no que diz respeito aos problemas de método.

[69] Hegel, *Jenaer Realphilosophie*, ed. cit., p. 194.

do *Sturm und Drang*, representa para Hegel a chave de todo o domínio das relações práticas do sujeito com o mundo.[70] Até então o espírito subjetivo, porque considerado exclusivamente em sua relação cognitiva com a realidade, era dado apenas como "inteligência". Para Hegel, ele se torna "vontade" no momento em que abandona o horizonte das experiências puramente teóricas e obtém um acesso prático ao mundo. Aí o propósito ou a intenção que deve ser assinalada com o termo "vontade" consiste em mais do que simplesmente o ímpeto para auto-objetivação; ao contrário, com essa expressão é sublinhado o caráter especial de resolução que cabe ao propósito de experienciar-se como a si mesmo num objeto da ação: "O querente quer, isto é, quer se pôr, fazer-se como si mesmo objeto".[71] Por isso, para Hegel, o processo de formação da vontade se compõe das formas de autoexperiência que procedem do propósito resoluto de realização prática, "objetiva", das próprias intenções; mais uma vez, a divisão das etapas resulta aí daquela antecipação da "integralidade" da autoconsciência de uma pessoa de direito, da qual já havia sido obtida a articulação do desenvolvimento da consciência teórica.

Hegel faz com que o aspecto prático do processo da consciência individual comece com a autoexperiência instrumental do sujeito; esta está inscrita para ele no nexo interno entre ação de trabalho, instrumento e produto. Diferentemente do animal, o espírito humano não reage ao "sentimento de escassez", à sensação de carências insatisfeitas, com um ato de consumo direto dos objetos; no lugar dessa "mera satisfação do desejo", aparece nele a ação do trabalho "refletida em si", que adia o processo de satisfação dos impulsos ao produzir os objetos de um consumo independente da situação atual, isto é, futuramente possível. A atividade do trabalho vai de par com uma "cisão do eu que é impulso" [*Triebseiendes*

---

[70] A respeito da teoria da vontade do Hegel de Jena, cf. Wildt, *Autonomie und Anerkennung*, ed. cit., p. 344 ss.

[71] Hegel, *Jenaer Realphilosophie*, ed. cit., p. 194.

Ich],[72] porque ela requer dele energias e disciplinas que só podem ser conseguidas mediante uma interrupção da satisfação imediata das carências; no entanto, as energias que são liberadas pela repressão dos impulsos e que influem no trabalho encontram apoio no "instrumento", um meio de poupar forças, no qual por sua vez se condensam as experiências generalizadas de elaboração de objetos. Hegel considera a "obra" o resultado da atividade do trabalho mediada pelo uso do instrumento; nela o sujeito experiencia agora, pela primeira vez, que não só é capaz de constituir a realidade categorialmente, mas que, além disso, "o conteúdo enquanto tal é por meio dele".[73] Nessa medida, no produto da ação instrumental, a inteligência chega justamente à "consciência de seu agir", que permanecera interdita a ela enquanto se referira ao mundo só cognitivamente; ela vem a saber de sua capacidade para a produção prática de objetos no momento em que tem perante os olhos, na obra, um resultado de sua própria atividade. Contudo, o tipo de agir prático que lhe reflete o produto do trabalho enquanto uma realização autônoma é de caráter apenas limitado, visto que só pode ser levado a cabo sob a coação da autodisciplina; no resultado da atividade do trabalho, o espírito subjetivo se experiencia como um ser capaz de atividade por autocoerção. Daí Hegel falar do trabalho, resumidamente, como de uma experiência do "fazer-se-coisa".[74]

Se essa formulação é interpretada no sentido forte que sugere o conceito ontológico de "coisa", então não é difícil ver por que Hegel tem de considerar incompleta a primeira etapa da experiência da vontade, a instrumental: uma vez que o espírito subjetivo só pode se conhecer na execução do trabalho como uma "coisa" ativa, isto é, como um ser que só obtém capacidade de ação mediante

---

[72] Ibid., p. 197.

[73] Ibid., p. 196.

[74] Ibid., p. 197; sobre a problemática do modelo hegeliano do trabalho como exteriorização, cf. Ernst Michael Lange, *Das Prinzip Arbeit*, Frankfurt/Berlim/Viena, 1980, sobretudo os capítulos 1.3 e 1.4.

a adaptação à causalidade natural, essa experiência está ainda longe de ser suficiente para chegar a uma consciência de si mesmo como de uma pessoa de direito; pois uma tal autocompreensão pressuporia no mínimo o aprendizado de conceber-se como ser intersubjetivo, que existe entre pessoas com pretensões concorrentes. Daí o processo de formação do espírito subjetivo, quando deve ser explicada a consciência individual do direito, carecer da ampliação que abarca uma dimensão complementar da relação prática com o mundo; Hegel a procura agora numa primeira forma de reconhecimento recíproco.

Nas dificuldades que ele encontra para introduzir essa dimensão nova, intersubjetiva, da "vontade", transparece toda a extensão em que Hegel submeteu seu pensamento às premissas monológicas da filosofia da consciência. Do ponto de vista do método, a passagem às formas intersubjetivas da realização da vontade preenche, sem dúvida alguma, a função de introduzir exatamente aquela dimensão da experiência cuja ausência havia deixado incompleta a autoexperiência instrumental do espírito subjetivo; mas, de acordo com sua autocompreensão, que já é aquela da filosofia da consciência, Hegel se sente visivelmente compelido a apresentar aquela passagem ainda como uma etapa material no processo de formação do espírito, e não como o próprio resultado de uma operação metodológica. Com isso, a tarefa suplementar de que ele se encarrega é resolvida no texto com base na construção aventureira, e a rigor misógina, da "astúcia", considerada uma propriedade do caráter feminino: com a substituição do instrumento pela máquina, a consciência subjetiva torna-se "astuta", porque sabe aplicar as forças naturais, por assim dizer passivamente, para os próprios fins da elaboração da natureza; porém, a capacidade de fazer "o outro inverter-se a si mesmo em seu agir" é atribuída somente à psique feminina; por isso, com a astúcia, a vontade deve ter-se "cindido" nos "dois extremos" do masculino e do feminino e, daí em diante, escapado de sua "existência solitária".[75] Se da linha argumentativa da exposição excluirmos *a*

---

[75] Hegel, *Jenaer Realphilosophie*, ed. cit., pp. 199-200.

Presentificação histórica

posteriori essa "dedução" do parceiro feminino da interação, permanecerá como resultado teórico que Hegel amplia objetivamente aqui a esfera do espírito subjetivo, incluindo a relação sexual; e o motivo sistemático que o faz efetuar essa ampliação só pode ser visto então no fato de que, junto com a forma sexual de interação entre homem e mulher, deve ser introduzida uma condição constitutiva complementar da autoconsciência de uma pessoa de direito.

O que há de específico no conteúdo de experiência com que a relação sexual vai além da atividade instrumental, Hegel o vê, com razão, na reciprocidade de um saber-se-no-outro: na forma sexual de interação, ambos os sujeitos podem reconhecer-se em seu parceiro, visto que desejam reciprocamente o desejo do outro. Enquanto na execução e no resultado de seu trabalho o Eu se dera somente como um sujeito de ação coisificado, no desejo que seu defrontante lhe manifesta ele se experiencia como a mesma subjetividade vivente e desejante que ele deseja no outro. Desse modo, a sexualidade representa uma primeira forma de unificação de sujeitos opostos uns aos outros: "Cada um é igual ao outro justamente aí onde está oposto a ele; ou o outro, por aquilo que lhe é outro, é ele mesmo".[76] Mas essa experiência recíproca do saber-se-no-outro só se desenvolve até chegar a uma relação de amor real na medida em que é capaz de tornar-se um conhecimento das duas partes, intersubjetivamente partilhado; pois só quando todo sujeito vem a saber de seu defrontante que ele "igualmente se sabe em seu outro", ele pode possuir a "confiança" segura de que "o outro" é "para mim". Para designar essa relação mútua de conhecer-se-no-outro, Hegel emprega agora, pela primeira vez, o conceito de "reconhecimento": na relação amorosa, escreve ele em uma nota marginal, é o "si não cultivado, natural", que é "reconhecido".[77]

---

[76] Ibid., p. 201; não mencionarei aqui outra complicação dessa tese, que surge do fato de Hegel atribuir primeiramente aos dois sexos espécies distintas de desejo; em todo caso, cf. Wildt, *Autonomie und Anerkennung*, ed. cit., pp. 354-6.

[77] Hegel, *Jenaer Realphilosophie*, ed. cit., p. 202, n. 1.

Não diferentemente do *Sistema da eticidade*, Hegel concebe o amor como uma relação de reconhecimento mútuo na qual a individualidade dos sujeitos encontra primeiramente confirmação; no entanto, aqui é atribuída a essa determinação, ainda mais claramente do que antes, o significado, oriundo da teoria da subjetividade, de que só na própria experiência de ser amado o sujeito querente é capaz de experienciar-se a si mesmo pela primeira vez como um sujeito carente e desejante. Se essa segunda tese for generalizada, resultará daí a premissa teórica de que o desenvolvimento da identidade pessoal de um sujeito está ligado fundamentalmente à pressuposição de determinadas formas de reconhecimento por outros sujeitos; pois, com efeito, a superioridade da relação interpessoal sobre a ação instrumental consistira manifestamente em que ela abre reciprocamente para os sujeitos comunicantes a possibilidade de se experienciar em seu parceiro de comunicação como o gênero de pessoa que eles reconhecem nele a partir de si mesmos. Contudo, a linha de pensamento de Hegel, inscrita nesse argumento, dá um passo importante para além da mera afirmação da teoria da socialização, segundo a qual a formação da identidade do sujeito deve estar vinculada de modo necessário à experiência do reconhecimento intersubjetivo; pois sua consideração implica também na ilação de que um indivíduo que não reconhece seu parceiro de interação como um determinado gênero de pessoa tampouco pode experienciar-se a si mesmo integral ou irrestritamente como um tal gênero de pessoa. Para a relação de reconhecimento, isso só pode significar que está embutida nela, de certo modo, uma pressão para a reciprocidade, que sem violência obriga os sujeitos que se deparam a reconhecerem também seu defrontante social de uma determinada maneira: se eu não reconheço meu parceiro de interação como um determinado gênero de pessoa, eu tampouco posso me ver reconhecido em suas reações como o mesmo gênero de pessoa, já que lhe foram negadas por mim justamente aquelas propriedades e capacidades nas quais eu quis me sentir confirmado por ele.

Mas no momento Hegel não está de modo algum interessado em conclusões dessa espécie, com as quais se poderia mostrar que a relação de reconhecimento coloca implicitamente aos sujeitos pretensões recíprocas; o que em primeiro lugar o ocupa sobretudo na relação de reconhecimento do "amor" é a função especial que lhe há de caber no processo de formação da autoconsciência de uma pessoa de direito. Naquela passagem a que havia se referido à nota marginal sobre o "reconhecimento", diz-se programaticamente que o amor é "o elemento da eticidade", "não ainda ela própria"; ele representa, completa Hegel, só "o pressentimento dela", o "pressentimento do ideal na realidade".[78] Nas duas formulações, portanto, o significado do amor para o processo individual de formação é definido apenas negativamente, pela via de uma determinação de sua distância para com a relação social da eticidade; com isso, Hegel quer evidentemente fazer frente àquele mal-entendido a que ele próprio sucumbira na juventude, quando tentara ainda construir a coesão afetiva de uma sociedade em seu todo segundo o modelo de relações amorosas quase eróticas; daí o *Sistema da eticidade* já ter colocado no lugar que o amor ocupara nos trabalhos teológicos de juventude como força de integração social o sentimento mais abstrato, por assim dizer racional, da solidariedade. Porém, se as duas formulações mencionadas da *Realphilosophie* forem invertidas num sentido positivo, elas já permitirão reconhecer discernimentos significativos acerca da função que deve competir à relação de reconhecimento do amor no processo de formação do sujeito. Falar do amor como um "elemento" da eticidade pode significar em nosso contexto que a experiência de ser amado constitui para cada sujeito um pressuposto necessário da participação na vida pública de uma coletividade. Essa tese se tornará plausível se for entendida no sentido de um enunciado sobre as condições emotivas de um desenvolvimento bem-sucedido do ego: só o sentimento de ser reconhecido e aprovado fundamentalmente em sua natureza instintiva particular faz surgir num sujeito de modo geral a medida de autoconfiança que capacita para a participação igual na formação política

---

[78] Ibid., p. 202.

da vontade.[79] Além disso, o fato de Hegel designar o "amor" também como um "pressentimento" da eticidade pode significar em nosso contexto que ele o considera o campo de experiência primário no qual o ser humano adquire um senso para a possibilidade de unificar sujeitos opostos entre si: sem o sentimento de ser amado, não poderia absolutamente se formar um referente intrapsíquico para a noção associada ao conceito de comunidade ética. Contudo, justamente essa segunda tese não está isenta das ressonâncias daquele erro inicial, que consistira em equiparar o vínculo social e o amor sexual; por isso, na continuidade de sua investigação, Hegel precisará estar atento, com todo rigor, à delimitação suficientemente clara entre a forma de integração da comunidade ética e a relação emotiva entre homem e mulher.

Para a relação de reconhecimento do amor, ou seja, da primeira etapa de formação, na qual a vontade individual pode se experienciar como subjetividade vivente, Hegel ainda afirma duas formas de intensificação de seu potencial de experiência interno. Consolidando-se a relação erótica no amor, o recíproco saber-se-no-outro se desenvolvera, como vimos, até tornar-se um conhecimento comum dos dois parceiros. Através da atividade cooperativa na relação institucionalizada do casamento, esse saber intersubjetivamente partilhado assume novamente, por sua vez, uma forma reflexiva, já que se realiza num "terceiro" objetivo: como o trabalho individual no instrumento, o amor conjugal encontra na "posse familiar" um *medium* no qual ele pode ser intuído como a "possibilidade permanente de sua existência".[80] No entanto, a posse familiar também partilha com o instrumento a limitação de ser apenas uma expressão insuficiente, porque morta e sem emoção, do conteúdo de experiência que deve se corporificar nele: "Mas esse objeto ainda não tem nele o amor, o amor está nos extremos. [...] O próprio amor

---

[79] Andreas Wildt interpreta essa tese de modo análogo; cf. Wildt, *Autonomie und Anerkennung*, ed. cit., p. 356.

[80] Hegel, *Jenaer Realphilosophie*, ed. cit., p. 203.

não é ainda o objeto".[81] Por isso, para poder chegar a uma intuição ilimitada de seu próprio amor num *medium* exterior, é preciso ainda, do lado do par que se ama, um outro passo de objetivação comum; pois só com o nascimento de um descendente o amor torna-se um "conhecer cognoscente", visto que daí em diante os parceiros de casamento têm perante os olhos, no filho, um testemunho vivo de seu saber recíproco da afeição do outro. Hegel, neste ponto totalmente um teórico clássico da família burguesa,[82] considera o filho a corporificação máxima do amor entre o homem e a mulher: "Nele, eles intuem o amor; (ele é) sua unidade consciente de si enquanto consciente de si".[83]

Naturalmente, para Hegel, nenhuma dessas diversas formas de desdobramento do amor já representa em si um campo de experiência que estaria constituído de tal modo que o espírito subjetivo poderia aprender a conceber-se aí como uma pessoa de direito. É verdade que na relação amorosa amadure uma primeira relação de reconhecimento recíproco, constituindo um pressuposto necessário para todo o desenvolvimento posterior da identidade, uma vez que confirma o indivíduo em sua natureza instintiva particular, propiciando-lhe com isso uma medida indispensável de autoconfiança; mas por outro lado, em um quadro de interação estreitamente limitado como o da família, nada está preparado a instruir o sujeito acerca das funções que os direitos intersubjetivamente garantidos devem assumir no contexto da vida social. Sob o ponto de vista inscrito na questão sobre as condições de constituição de uma pessoa de direito, a relação de reconhecimento do amor se revela ainda um domínio de experiência incompleto; pois, na relação amo-

---

[81] Ibid.

[82] Para o conjunto dessa problemática, cf. o estudo esclarecedor de Siegfried Blasche, "Natürliche Sittlichkeit und bürgerliche Gesellschaft. Hegels Konstruktion der Familie als sittliche Intimität im entsittlichten Leben", in: Manfred Riedel (org.), *Materialien*, vol. 2, ed. cit., p. 312 ss.

[83] Hegel, *Jenaer Realphilosophie*, ed. cit., p. 204.

rosa com os membros da família, o espírito subjetivo não é perturbado em princípio por conflitos do tipo que poderia obrigá-lo a refletir sobre as normas abrangentes, gerais, da regulação do relacionamento social; mas, sem uma consciência sobre essas normas universalizadas de interação, ele não aprenderá a se conceber a si mesmo como uma pessoa dotada de direitos intersubjetivamente válidos. Daí Hegel ser forçado mais uma vez a ampliar o processo de formação do sujeito, abarcando uma dimensão suplementar da relação prática com o mundo. Para esse fim, ele retoma agora, no contexto de sua *Realphilosophie*, o meio construtivo de uma "luta por reconhecimento".

Certamente, o recurso a esse modelo conceitual familiar recebe uma significação especial pelo fato de Hegel introduzi-lo aqui, pela primeira vez, imediatamente na forma de uma crítica da teoria hobbesiana do estado de natureza. Até esse momento, as implicações críticas que a doutrina da "luta por reconhecimento" continha no que se refere à concepção antropológica de Hobbes puderam ser percebidas apenas indiretamente, a partir do modo de situá-la na construção teórica do *Sistema da eticidade*; agora, ao contrário, Hegel faz valer as premissas de seu modelo da luta, próprio da teoria da comunicação, em confronto direto com a ideia de um estado originário de "guerra de todos contra todos. A passagem para toda a problemática ligada à ideia de estado de natureza coincide no texto com o passo metodológico mediante o qual a esfera de realização da vontade individual deve ser complementada por uma dimensão suplementar: visto que o sujeito não pôde ainda se experienciar na relação de reconhecimento da família como uma pessoa de direito, Hegel o transfere teoricamente para dentro de um meio social cuja imagem fenomênica coincide, pelo menos exteriormente, com aquela da situação descrita nas teorias do estado de natureza. Todavia, nesse ponto de sua argumentação, ele é mais prudente do que antes, no sentido de que não tenta mais fundamentar a entrada na nova esfera da vontade com um ato do próprio espírito, mas a apresenta sobriamente como uma simples operação de método: ao lado da totalidade de uma família é colocada, de certo modo analiticamente, uma série de identidades familiares semelhantes, de sorte que resulta daí um primeiro estado de convívio social; na medida em que cada uma das famílias coexistentes deve se "apoderar de uma porção da terra" para seu "bem" econômico,[84] ela exclui necessariamente a outra do uso comum da própria terra; por isso, com a pluralidade de diversas famílias, surge uma espécie de relação de concorrência social que, à primeira vista, corresponde àquela descrita nas tradições do direito natural: "Essa relação é o que se chama habitualmente de estado de natureza: o ser livre e indiferente de indivíduos uns para com os outros, e o direito natural deve responder ao que, segundo essa relação, os indivíduos têm por direitos e deveres uns para com os outros".[85]

Portanto, Hegel invoca a doutrina do estado de natureza primeiramente porque ela contém um modelo conceitual que parece reproduzir de maneira adequada a situação social iniciativa que ele procura introduzir sistematicamente como um outro campo de experiência da vontade individual; e ele chega a dar um passo além, citando com assentimento a famosa formulação de Thomas Hobbes, para sinalizar a tarefa que forçosamente se coloca aos sujeitos em vista da situação ameaçadora de concorrência recíproca: "A única relação deles [isto é, dos indivíduos, A. H.] é, porém, precisamente superar essa relação: *exeundum e statu naturae*".[86] É só depois de ter seguido a doutrina hobbesiana até esse ponto decisivo que Hegel

---

[84] Ibid., p. 205.

[85] Ibid.; a seguir eu trato com minúcias a passagem do texto em que Hegel desenvolve sua crítica à doutrina do direito natural porque nela vêm à tona da forma mais pregnante as premissas teóricas de seu modelo de uma "luta por reconhecimento"; sobre esse ponto preciso, cf. Siep, *Kampf um Anerkennung*, ed. cit.; além disso, é impressionante a reconstrução da descrição hegeliana do estado de natureza que Steven B. Smith apresenta em *Hegel's Critique of Liberalism*, Chicago, 1989, p. 155 ss; para uma visão mais geral, cf. também Norberto Bobbio, "Hegel und die Naturrechtslehre", in: Manfred Riedel (org.), *Materialien*, vol. 2, ed. cit., p. 81 ss.

[86] Ibid.

Luta por reconhecimento

desenvolve agora, num segundo passo, uma crítica teórica, cuja substância argumentativa coincide aproximadamente com as considerações que já se encontraram no ensaio sobre o direito natural; pois, como no texto anterior, sua objeção central consiste também na demonstração de que Hobbes não é capaz de conceber a passagem ao contrato social como um processo praticamente necessário, sob as próprias condições artificiais do estado de natureza. Para qualquer um que parta da ficção metodológica de um estado de natureza entre os homens, coloca-se fundamentalmente o mesmo problema teórico: como os indivíduos, em uma situação social marcada por relações de concorrência recíproca, chegam a uma ideia de "direitos e deveres" intersubjetivos? Para Hegel, as respostas que foram dadas a essa questão nas diversas tradições do direito natural possuem todas elas a mesma propriedade negativa: a "determinação do direito" é sempre trazida, de alguma maneira, de fora, na medida em que o ato de fechar o contrato é posto ou como um preceito da prudência (Hobbes) ou como um postulado da moral (Kant, Fichte). É típico das soluções filosóficas dessa espécie que a passagem para o contrato social seja aqui algo que incide "em mim": "é o movimento de meu pensamento",[87] unicamente mediante o qual a necessidade da conclusão do contrato penetra a estrutura daquela situação que se chama de "estado de natureza". Em contraposição a isso, Hegel gostaria então de mostrar que a realização do contrato social e, por conseguinte, o surgimento de relações jurídicas é um processo prático que procede com necessidade da própria situação social iniciativa; em certa medida, já não se trata mais de uma necessidade teórica, mas empírica, com a qual se chega ao fechamento do contrato no interior da estrutura daquela situação de concorrência recíproca. No entanto, para torná-lo plausível, seria necessária uma descrição totalmente diferente do processo social que teria lugar sob as condições artificiais de um estado de natureza entre os homens: "O direito é a *relação* da pessoa em seu procedimento

---

[87] Ibid., p. 206.

para com o outro, o elemento universal de seu ser livre ou a determinação, limitação de sua liberdade vazia. Essa relação ou limitação, eu não tenho por minha parte de maquiná-la ou introduzi-la de fora, o próprio objeto é esse produzir do direito em geral, isto é, da relação que *reconhece*".[88]

A última frase já dá uma indicação de como Hegel procura imaginar o quadro referencial dessa descrição, com a qual o desenrolar da ação no estado de natureza deve se deixar apreender de maneira diferente dos enfoques teóricos tradicionais. Sua linha de pensamento pode ser entendida do seguinte modo: se, em contraposição à tradição predominante, deve ser mostrado que os sujeitos, mesmo sob as condições sociais da concorrência hostil, alcançam uma solução jurídica do conflito como a formulada na ideia de contrato social, então a atenção teórica deve ser deslocada para aquelas relações sociais intersubjetivas através das quais um consenso normativo mínimo é previamente garantido desde o começo; pois apenas nessas relações pré-contratuais de reconhecimento recíproco, ainda subjacentes às relações de concorrência social, pode estar ancorado o potencial moral, que depois se efetiva de forma positiva na disposição individual de limitar reciprocamente a própria esfera de liberdade. Nesse sentido, o quadro de referências no plano da ontologia social, dentro do qual é feita aquela descrição da situação, carece da ampliação categorial que abarca uma dimensão suplementar da vida social: entre as circunstâncias sociais que caracterizam o estado de natureza, deve ser contado necessariamente o fato de que os sujeitos precisam ter-se reconhecido mutuamente de alguma maneira antes de todo conflito. Por conseguinte, logo após a frase em que indicara o significado da "relação que reconhece", segue a afirmação francamente programática: "No reconhecer o si cessa de ser esse singular; ele está juridicamente no reconhecer, isto é, não está mais em seu ser-aí imediato. O reconhecido é reconhecido como válido imediatamente, por seu ser, mas precisamente esse ser é gerado

---

[88] Ibid.

a partir do conceito; é ser reconhecido. O homem é necessariamente reconhecido e é necessariamente reconhecente. Essa necessidade é a sua própria, não o nosso pensamento em oposição ao conteúdo. Como reconhecer, ele próprio é o movimento, e esse movimento supera justamente seu estado de natureza: ele é reconhecer".[89]

Hegel explicita desse modo o que significa incluir no estado de natureza a pressão para o reconhecimento recíproco como um fato social. Por ora, seu argumento decisivo afirma somente que todo convívio humano pressupõe uma espécie de afirmação mútua elementar, visto que de outro modo um ser-com-o-outro [*Miteinandersein*], seja como for constituído, não poderia se dar absolutamente; nesse sentido, um tal afirmação recíproca inclui desde o começo uma certa medida de autolimitação individual; trata-se aí de uma primeira e ainda implícita forma de consciência do direito; mas nesse caso a passagem para o contrato social deve ser entendida como um processo prático, que os sujeitos efetuam no momento em que podem tornar-se conscientes de suas relações prévias de reconhecimento, elevando-as expressamente a uma relação jurídica intersubjetivamente partilhada. Certamente, partindo dessa linha de pensamento, torna-se agora retrospectivamente compreensível por que Hegel pôde ter de modo geral o propósito de levar a cabo a análise da nova etapa de experiência da vontade individual na forma de uma crítica imanente da tradição do direito natural: se fosse possível mostrar de fato que as relações sociais no estado de natureza levam como que a partir de si mesmas à realização intersubjetiva de um contrato social, então seria apreendido com isso também aquele processo de experiência através do qual os sujeitos aprendem a se conceber como pessoas de direito. A crítica imanente da doutrina do estado de natureza coincidiria de certo modo com a análise da constituição da pessoa de direito: uma descrição correta, acertada, daqueles processos de ação que se realizam sob as condições sociais da concorrência hostil teria justamente de expor o processo de forma-

---

[89] Ibid.

ção no qual os indivíduos aprendem a se perceberem como seres dotados de direitos intersubjetivamente válidos. Por isso, depois de ter esboçado com suficiente clareza seus propósitos teóricos, Hegel é obrigado então a fazer essa descrição alternativa do estado de natureza; ele adota em seu texto a forma de uma exposição na qual o conflito em torno da tomada de posse unilateral é interpretado como uma "luta por reconhecimento", e não como uma "luta por autoafirmação".

De maneira coerente, Hegel já interpreta o ponto de partida do processo conflituoso, que deve marcar de ponta a ponta o fictício estado de natureza, de um modo diferente do que é comumente o caso na tradição que remonta a Hobbes: a tomada de posse exclusiva de uma família apresenta-se em sua descrição, desde o começo, como uma sensível perturbação no convívio social. Ele pode chegar a essa interpretação porque se serve de um método expositivo no qual o incidente que desencadeia o conflito é apreendido de início apenas unilateralmente, sob o ângulo de visão que ocupam os sujeitos passivamente implicados; considerado a partir de sua perspectiva, esse ato de tomada de posse imediata se dá a conhecer como um fenômeno por meio do qual eles próprios são excluídos de seu contexto de interação existente e, por conseguinte, passam à condição de meros indivíduos isolados, "sendo-para-si": "pois ele [isto é, o sujeito passivamente implicado, A. H.] é sendo-para-si, porque ele não é para o outro, porque ele é excluído do ser pelo outro".[90] É particularmente decisivo nessa imagem inicial o fato de Hegel derivar a formação reativa dos sujeitos excluídos de uma constelação de motivos cujo núcleo é constituído pela desilusão das expectativas positivas em relação ao parceiro de interação: diferentemente da descrição de Hobbes, o indivíduo reage aqui à tomada de posse não com o sentimento de medo de ser ameaçado futuramente em sua autoconservação, mas com a percepção de ser ignorado por seu defrontante social. Na estrutura das relações humanas de interação,

---

[90] Ibid., p. 209.

está inscrita a expectativa normativa de deparar com o reconhecimento dos outros sujeitos, pelo menos na forma da pressuposição implícita de encontrar nos planos de ação do outro uma consideração positiva. Por isso, para Hegel, também a ação agressiva com que o sujeito excluído responde em seguida ao ato de tomada de posse realizado por seu defrontante se apresenta sob uma luz totalmente diferente do que na doutrina do estado de natureza de Hobbes: em contra-ataque, o indivíduo socialmente ignorado não tenta lesar a propriedade alheia porque ele quer satisfazer suas necessidades sensíveis, mas sim para de certo modo dar-se a conhecer novamente ao outro. Hegel interpreta a reação destrutiva da parte excluída como um ato cujo objetivo verdadeiro é recuperar a atenção do outro: "O excluído lesa a posse do outro; ele coloca seu ser-para-si excluído nisso, seu meu [*sein Mein*]. Ele destrói algo nisso, [um] aniquilar como o do desejo, para dar-se seu sentimento de si, mas não seu sentimento de si vazio, senão que pondo seu si em um outro si, no saber de um outro".[91] De maneira ainda mais pregnante, diz-se logo em seguida da reação prática do sujeito excluído que ela tem por fim "não o negativo, a coisa, mas o saber-se do outro".[92]

Desse modo, depois de Hegel ter reconstruído o curso do conflito primeiramente da perspectiva da parte sem posses, o próximo passo de sua descrição consiste em fazer o mesmo desde o ângulo de visão da parte possuidora. No sujeito atacado, a experiência da destruição de sua posse desencadeia igualmente uma espécie de transtorno normativo: na reação agressiva de seu defrontante, ele toma consciência retrospectivamente de que deve caber à própria atitude, isto é, à tomada de posse inicial, um conteúdo semântico diferente do que ele mesmo lhe conferira originalmente. Em primeiro lugar, o sujeito que faz a tomada de posse se referira em sua ação unicamente a si mesmo; ele efetuara o ato de tomada de posse com a consciência egocêntrica de multiplicar seu bem econômico, ape-

---

[91] Ibid., pp. 209-10.

[92] Ibid., p. 210.

nas acrescentando-lhe um outro objeto. Só a contrarreação de seu parceiro de interação coloca-lhe diante dos olhos, retrospectivamente, que em sua ação ele tinha uma relação indireta também com o seu entorno social, na medida em que ele o excluíra do uso daquele objeto. Nesse sentido, daí em diante o outro está constitutivamente incluído também na autopercepção do sujeito possuidor, visto que este chega através dele a um descentramento de seu modo de ver, inicialmente egocêntrico: "Ele [isto é, o sujeito da tomada de posse, A. H.] toma consciência de que ele fez algo totalmente diferente do que visava: seu meu era o puro relacionar de seu ser consigo mesmo, seu ser-para-si desimpedido".[93]

Sem dúvida, o sujeito atacado, na medida em que descentraliza sua orientação de ação, toma ao mesmo tempo consciência do fato de que o ataque de seu parceiro de interação não se refere à sua pretensa posse, mas a ele mesmo como pessoa; ele aprende a interpretar o ato de destruição como uma ação através da qual seu defrontante procura impingir-lhe provocativamente uma reação. Por isso, do incidente inicial da tomada de posse acaba nascendo por fim uma situação de conflito na qual duas partes se defrontam com hostilidade, sabendo ambas reciprocamente da sua dependência social em relação ao respectivo outro: "Assim incitados, ambos se defrontam, isto é, o segundo como ofensor, o primeiro como o ofendido, pois este não visava àquele em sua tomada de posse; mas este ofendeu, pois visava a ele: o que ele aniquilou não foi a própria forma da coisa, mas a forma do trabalho ou do agir do outro".[94]

Essa tentativa de reproduzir a situação inicial do estado de natureza desde a perspectiva performativa dos sujeitos implicados leva a uma primeira conclusão, que já se deixa entender como uma objeção radical contra a doutrina hobbesiana: se o significado social do conflito nascente só pode ser entendido adequadamente se for imputado às duas partes um saber sobre a dependência em re-

---

[93] Ibid.

[94] Ibid.

Luta por reconhecimento

lação ao respectivo outro, então os sujeitos cindidos não devem ser apreendidos como seres que agem apenas egocentricamente, isolados uns dos outros. Pelo contrário, ambos os sujeitos já haviam incluído de maneira positiva seu defrontante nas próprias orientações da ação, antes que se opusessem com hostilidade no conflito; pois os dois já aceitaram de antemão o respectivo outro como um parceiro de interação, fazendo seu próprio agir depender dele. No caso do sujeito sem posse, essa aceitação prévia se torna patente na desilusão com que reage à tomada de posse inescrupulosa do outro; no caso do sujeito possuidor, ao contrário, essa mesma aceitação prévia se mostra na disposição com que ele assume a definição da situação de seu defrontante para a própria interpretação da ação. Portanto, já em razão do conteúdo proposicional de suas respectivas orientações de ação, ambos os partidos se reconheceram mutuamente, mesmo que essa concordância social possa não estar presente a eles na qualidade de tema.

Com razão, Hegel pode concluir daí que no estado de natureza se antepõe ao conflito um acordo implícito entre os sujeitos, o qual consiste na aceitação recíproca do parceiro de interação: "A superação da exclusão já aconteceu; ambos são no exterior de si, ambos são um saber, são para si objeto; cada um está consciente de si mesmo no outro, como um superado, é verdade, mas a positividade está igualmente do lado de cada um... Cada um é no exterior de si".[95]

Em contraste, porém, com essa pressuposição não tematizada de sua interação, as duas partes encontram-se essencialmente de início numa situação de oposição direta. Hegel define a aceitação intersubjetiva que existe entre os sujeitos cindidos, depois de destruído o objeto da posse, como uma relação de "desigualdade": enquanto o sujeito primeiramente excluído faz o defrontante tomar consciência dele com o ato de destruição da posse alheia, possuindo desse modo um saber intersubjetivamente fortalecido de si mes-

---

[95] Ibid.

mo, aquele outro deve sentir-se justamente privado de um tal saber, visto que sua própria interpretação da situação não encontrou anuência intersubjetiva; a ele, cuja atenção e confirmação seu parceiro de interação acabou de obter à força, falta agora, por sua vez, toda possibilidade de um resseguro de sua vontade individual no reconhecimento por um defrontante. Para explicar a continuidade prática que essa constelação de relações assimétricas tomará, Hegel volta a resumir sucintamente o que está implicado na sua argumentação: faz parte da "efetividade" de um ser-para-si "ser reconhecido pelo outro, ser considerado por ele como absoluto".[96] Se no momento falta ao sujeito atacado qualquer experiência de uma confirmação por seu defrontante, ele só poderá readquirir uma compreensão de si mesmo intersubjetivamente certificada ao tentar fazer o mesmo que seu parceiro de interação empreendera antes em relação a ele: ele precisa ter em vista "não mais produzir seu ser-aí, mas seu saber de si, isto é, tornar-se reconhecido".[97] Mas, diferentemente de seu parceiro, já não basta mais para o sujeito atacado fazer de certo modo com que outro lembre-se dele por um ato de provocação; pelo contrário, ele tem de colocar à prova que a destruição hostil da posse não o ofendeu por causa da posse simplesmente, mas por causa da interpretação equivocada de suas intenções; mas ele só pode encontrar o reconhecimento de seu defrontante para essa convicção quando demonstra, pela disposição de uma luta de vida ou morte, que a legitimidade de suas pretensões vale mais para ele do que a existência física. Por isso, no processo conflituoso do estado de natureza, Hegel vê como continuidade daquele estágio intermediário uma luta a que o sujeito atacado força seu parceiro de interação para provar-lhe a incondicionalidade moral de sua vontade e, ao mesmo tempo, que sua pessoa é digna de reconhecimento: "Mas, para que ele valha como absoluto, é preciso que ele mesmo se apresente [como] absoluto, como vontade, isto é, como

---

[96] Ibid., p. 211.

[97] Ibid.

uma vontade para a qual vale não mais seu ser-aí, que ele tinha como posse, mas esse seu ser-para-si sabido, cujo ser tem o puro significado do saber de si e desse modo vem à existência. Mas tal apresentar-se é o superar, efetuado por si mesmo, do ser-aí que lhe pertencia por si mesmo [...]. Como consciência, parece-lhe que se trata da morte de um outro; mas se trata da sua própria; [é] suicídio, na medida em que se expõe ao perigo".[98]

Na reconstrução hegeliana, é atribuída uma posição de destaque à luta de vida e morte, à qual o sujeito ofendido força seu defrontante com a ameaça de morte; ela marca aquela etapa da experiência no processo de formação individual através da qual os sujeitos aprendem a conceber definitivamente como pessoas dotadas de "direitos". É digno de nota, porém, que Hegel dá uma resposta longe de ser satisfatória à questão decisiva acerca de quais devem ser as qualidades especiais da experiência que conferem àquela luta uma tal força prático-moral; a parte concisa e conclusiva de sua exposição da constituição do espírito subjetivo se limita à afirmação apodíctica de que, na situação de ameaça recíproca de morte, resulta forçosamente do reconhecimento já operado de forma implícita uma relação de direito intersubjetivamente sabida. Na experiência da finitude da vida, aquele processo de formação da vontade individual, decorrido até então através das etapas do uso do instrumento e do amor, deve chegar ao seu fim definitivo; pois, uma vez que os dois sujeitos viram na luta de vida e morte "o outro como puro si-mesmo", eles possuem de imediato um "saber da vontade",[99] em que seu defrontante é incluído fundamentalmente como uma pessoa dotada de direitos. Não se encontra mais do que esse único indício na passagem em que Hegel coloca a produção intersubjetiva da relação jurídica numa interdependência constitutiva com a experiência da morte; por isso sempre se precisou de interpretações cada vez mais suplementares e fortes para fazer dessa

---

[98] Ibid.

[99] Ibid., p. 212.

sugestão instigante uma linha de pensamento argumentativamente compreensível.

Uma primeira interpretação dessa espécie decorre da tese desenvolvida por Andreas Wildt, segundo a qual Hegel não fala aqui da "luta de vida e morte" num sentido literal, mas somente figurado; a metáfora drástica refere-se àqueles momentos de uma "ameaça" existencial, nos quais um sujeito tem de constatar que uma vida plena de sentido só lhe é possível no "contexto do reconhecimento de direitos e deveres".[100] O segundo enfoque partilha com essa proposta de interpretação a premissa relativa à situação de experiência monológica de um sujeito confrontado com a própria vida. Da maneira mais impressionante, Alexandre Kojève defendeu a tese de que Hegel, com sua ideia de uma "luta de vida e morte", já antecipou as linhas da filosofia existencialista, visto que a possibilidade da liberdade individual está ligada aí à certeza antecipada da própria morte.[101] Em contraposição a isso, numa terceira interpretação, baseada na teoria da intersubjetividade, não é a própria morte, mas a morte possível do parceiro da interação que aparece no ponto central;[101a] pois as explicações de Hegel podem ser entendidas também no sentido de que só com a antecipação da finitude do outro toma-se consciência daquela comunidade existencial com base na qual os dois sujeitos aprendem reciprocamente a considerar-se seres vulneráveis e ameaçados.

Contudo, nem essa proposta de interpretação nem muito menos aquela de Kojève explicam por que a antecipação da própria morte ou a da alheia deve levar justamente ao reconhecimento da pretensão a direitos individuais. Porém, em seu texto, Hegel partiu disso, sem uma fundamentação extensa, é verdade, mas de manei-

---

[100] Wildt, *Autonomie und Anerkennung*, ed. cit., p. 361.

[101] Alexandre Kojève, *Hegel*, Frankfurt, 1975, p. 217 ss; cf. além disso Thomas H. Macho, *Todesmetaphern*, Frankfurt, 1987, cap. II.

[101a] A respeito dessa abordagem, cf. por exemplo Emmanuel Lévinas, *La Mort et le temps*, Paris, 1991.

ra suficientemente inequívoca: percebendo reciprocamente sua mortalidade, os sujeitos que lutam entre si descobrem que eles já se reconheceram previamente em seus direitos fundamentais e que dessa forma já criaram implicitamente o fundamento social para uma relação jurídica intersubjetivamente vinculante. Porém, para a explicação dessa operação posterior de descoberta, a referência à dimensão existencial da morte não parece ser por sua vez absolutamente necessária; pois só o fato de um contra-ataque moralmente decidido de seu parceiro de interação já põe à vista do sujeito agressor que aquele lhe manifestou expectativas normativas como as que ele já havia nutrido antes em relação a ele. Somente o fato de que o outro defenda seus direitos individuais, mas não o modo de fazê-lo, faz com que os dois sujeitos reconheçam em seu defrontante a pessoa moralmente vulnerável, chegando assim à aceitação recíproca de suas pretensões fundamentais de integridade; nesse sentido, é a experiência social da vulnerabilidade moral do parceiro de interação, e não aquela existencial da mortalidade do outro, o que pode conscientizar os indivíduos daquela camada de relações de reconhecimento prévias cujo núcleo normativo assume na relação jurídica uma forma intersubjetivamente vinculante. Em contrapartida, Hegel transgrediu um pouco o quadro do estado de coisas a ser explicado por ele quando ligou a presentificação intersubjetiva da legitimidade dos direitos individuais à pressuposição da experiência da morte; certamente, as dificuldades teóricas que a passagem causa à forma de reconhecimento transjurídica mostram que poderia ter havido para essa referência à finitude do indivíduo um lugar mais adequado em sua construção.

Com as poucas indicações sobre o desfecho da luta mortalmente arriscada, está terminada para Hegel a tarefa que ele havia se colocado com o capítulo acerca do processo de formação do espírito subjetivo: visto que a vontade individual pode se conceber agora, com base nas reações de cada outro indivíduo, como uma pessoa dotada de direitos, ela está capacitada para a participação naquela esfera universal em cujo quadro se realiza a reprodução da vida social. Contudo, o fato de Hegel fazer com que o processo de formação individual alcance aqui o seu final não deve induzir à ideia errônea de que essa esfera do universal seria algo em princípio estranho ou superior aos sujeitos; pelo contrário, a "efetividade espiritual" da sociedade, a "vontade universal", é concebida por Hegel como um *medium* englobante, capaz de se reproduzir unicamente através da práxis intersubjetiva do reconhecimento recíproco. A esfera do "ser-reconhecido" se forma pela via de uma acumulação dos resultados de todos os processos de formação individual tomados conjuntamente e por sua vez é mantida em vida somente pela nova constituição dos indivíduos em pessoas de direito. Na sequência, Hegel chega a dar um passo decisivo para além desse modelo mais estático, voltando a incluir em sua exposição da realidade social os próprios esforços dos sujeitos por reconhecimento, como uma força produtiva, transformadora: a luta por reconhecimento não somente contribui como elemento constitutivo de todo processo de formação para a reprodução do elemento espiritual da sociedade civil como influi também de forma inovadora sobre a configuração interna dela, no sentido de uma pressão normativa para o desenvolvimento do direito.

O quadro teórico em que essa determinação mais ampla da luta por reconhecimento é desenvolvida resulta das tarefas específicas do capítulo que se segue à análise do "espírito subjetivo". Conforme a lógica da exposição a que obedece o todo de seu empreendimento, Hegel precisa reconstruir aí o processo de formação do espírito na nova etapa, alcançada com o ingresso da vontade individual na realidade social; mas, na medida em que a esfera da sociedade deve ser constituída somente pela relação do direito, e essa relação permaneceu até aqui completamente indeterminada, impõe-se a ele a exigência especial de reconstituir a construção da realidade social como um processo de realização do direito. Para a vida social, a relação jurídica representa uma espécie de base intersubjetiva, porque obriga cada sujeito a tratar todos os outros segundo suas pretensões legítimas; pois, diferentemente do amor, o direito representa para Hegel uma forma de reconhecimento recíproco que não admite estruturalmente uma limitação ao domínio particular das relações sociais próximas. Por isso, só com o estabelecimento da "pessoa de direito" é dada numa sociedade também a medida mínima de concordância comunicativa, de "vontade geral", que permite uma reprodução comum de suas instituições centrais; pois, só quando todos os membros da sociedade respeitam mutuamente suas pretensões legítimas, eles podem se relacionar socialmente entre si da maneira isenta de conflitos que é necessária para a solução cooperativa das tarefas sociais. Todavia, para isso, o mero princípio da relação jurídica com que até o momento tivemos de lidar não oferece ainda nenhuma base adequada, visto que, enquanto tal, ele deixa totalmente indefinido quais direitos o sujeito de fato dispõe em particular; no ponto de interseção do "ser-reconhecido abstrato", onde os processos de formação individual de todos os membros da sociedade acabam coincidindo por fim, permanece em aberto de certo modo em que aspecto e em que medida eles têm de se reconhecer reciprocamente como pessoas de direito.[102] Por essa razão, Hegel reconstitui no segundo capítulo de sua "Filosofia do espírito" a construção da realidade social como um processo de formação através do qual a relação abstrata de reconhecimento jurídico se amplia pouco a pouco, abarcando conteúdos materiais; a sociedade civil é considerada por ele uma estrutura institucional que procede da acumulação de formas sempre novas de concretização da relação jurídica.

É fácil resolver a tarefa assim esboçada enquanto se trata apenas da explicação das pretensões jurídicas individuais que seguem de imediato da integração do espírito subjetivo na esfera do "ser-reconhecido". Porque o indivíduo humano pôde ser determinado de início abstratamente como um ser "que frui e trabalha",[103] está fora de questão para Hegel que o processo de formação de instituições sociais precisa começar com a generalização jurídica dessas duas

---

[102] Wildt também vai numa direção análoga: *Autonomie und Anerkennung*, ed. cit., pp. 364-5.

[103] Hegel, *Jenaer Realphilosophie*, ed. cit., p. 213.

propriedades: para o "desejo" do indivíduo, isso significa que ele recebe o "direito" de "manifestar-se",[104] isto é, de ser transformado numa carência cuja satisfação o indivíduo pode aguardar legitimamente; por outro lado, para a atividade laboral do indivíduo, segue-se daí que ela se converte numa forma de atividade social que não tem mais de servir concretamente à satisfação das carências próprias, mas "abstratamente" para a satisfação das alheias. A transformação das carências em interesses legítimos de consumo requer uma dissociação entre a execução do trabalho e a finalidade direta da satisfação das carências: "Cada um satisfaz, portanto, as carências de muitos e a satisfação de suas muitas carências particulares é o trabalho de muitos outros".[105] No entanto, para que os bens abstratamente produzidos possam em geral encontrar acesso às carências anonimamente ligadas a eles, é necessária a pressuposição de uma outra concretização do reconhecimento jurídico: os sujeitos precisam ter reconhecido mutuamente a legitimidade de sua posse gerada pelo trabalho e assim ter-se transformado em proprietários uns para os outros, a fim de trocar uma parte correspondente de sua riqueza legítima por um produto de sua escolha. Na troca, Hegel vê o protótipo de uma ação recíproca entre pessoas de direito, o valor de troca representa para ele a corporificação espiritual da concordância entre os sujeitos implicados: "O universal é o valor, o movimento enquanto sensível é a troca. A mesma universalidade é a mediação na propriedade, ou seja, no ter imediato, que é mediatizado pelo ser-reconhecido ou seu ser-aí é essência espiritual".[106]

Também as instituições da propriedade e da troca, que constituem, tomadas em conjunto, as condições funcionais do sistema do trabalho social, ainda são concebidas por Hegel como os resultados imediatos de uma integração das relações elementares dos homens com a realidade na relação do reconhecimento jurídico. Essa

---

[104] Ibid.

[105] Ibid., p. 215.

[106] Ibid., p. 216.

esfera da "imediatez do ser-reconhecido" só é abandonada definitivamente com a introdução do "contrato"; pois nele a consciência da reciprocidade das orientações da ação, já inscrita na troca, adquire a forma reflexiva de um saber linguisticamente mediatizado. No contrato, a ação de troca factual é substituída por uma obrigação reciprocamente articulada de realizações futuras: "É uma troca do declarar, não mais de coisas, mas ele vale tanto quanto a coisa mesma. Para os dois, a vontade do outro vale enquanto tal — a vontade voltou a seu conceito".[107]

Nesse sentido, com a introdução da relação de contrato, amplia-se ao mesmo tempo o conteúdo material da forma institucionalizada de reconhecimento; pois é na capacidade particular de saber-se vinculado ao conteúdo moral de suas manifestações performativas que o sujeito de direito encontra confirmação como parceiro de contrato: "O reconhecer de minha pessoa no contrato *me* faz valer justamente como sendo-aí, minha palavra vale já pela realização; isto é, o Eu, minha simples vontade, não está separado de meu ser-aí; ambos [são] iguais".[108] Todavia, para Hegel, está associada também a essa nova etapa na concreção do reconhecimento jurídico a possibilidade inversa da injustiça. Entre a relação contratual e a violação do direito, ele supõe, como já nos textos anteriores, um vínculo de afinidade estrutural. Mas desta vez ele vê a razão disso no fato de o contrato conceder ao sujeito a possibilidade de quebrar posteriormente a palavra, visto que faz surgir um lapso de tempo entre a garantia formal e o cumprimento factual de prestações: é a "indiferença em face do ser-aí e do tempo"[109] que particularmente expõe a relação contratual ao risco da violação do direito.

Hegel interpreta a violação do contrato, sem manifestamente estudar a possibilidade de que se pode tratar aí também de um engodo premeditado, como uma separação "da vontade singular e

---

[107] Ibid., p. 218.

[108] Ibid., p. 222.

[109] Ibid., p. 219.

comum": "Eu posso romper unilateralmente o contrato, pois minha vontade singular vale como tal, não só na medida em que ela é comum, mas a vontade comum só é ela mesma na medida em que minha singular é [...] Pondo-se efetivamente a distinção, eu rompo o contrato".[110] O emprego de meios para a coerção legítima representa a reação adequada a essa guinada egocêntrica para fora da relação de contrato; com base neles, a sociedade constituída por relações jurídicas procura forçar o sujeito que quebrou a palavra a cumprir posteriormente suas obrigações assumidas no contrato. Sem rodeios, Hegel deriva a legitimidade desse emprego de coerção do conteúdo normativo que possuem aquelas regras que asseguram a reciprocidade do reconhecimento na etapa alcançada: sem a adoção das obrigações resultantes do consentimento no contrato, o sujeito infringiria as regras de reconhecimento às quais ele mesmo deve antes de tudo seu *status* de pessoa de direito. Nesse sentido, o emprego da coerção é o último meio que ainda pode impedir o indivíduo que quebra a palavra de escapar do contexto interativo da sociedade: "Minha palavra tem de valer, não por razões morais de que eu permaneço igual a mim internamente, que não devo alterar meus princípios, minha convicção e assim por diante, mas porque eu posso alterá-los; mas minha vontade existe como vontade reconhecida. Eu não só me contradigo como também contradigo que minha vontade é reconhecimento. Não se pode fiar em minha palavra, isto é, minha vontade é meramente minha, mera opinião [...] Eu sou forçado a ser pessoa".[111]

Mas é exatamente com o constrangimento jurídico sobre aquele que rompe o contrato que começa o processo conflituoso, levando Hegel a supor uma luta por reconhecimento também para a etapa da relação jurídica; até chegar a essa conclusão decisiva, é preciso ainda um outro passo, definindo o emprego da coerção jurídica como algo que deve desencadear no sujeito atingido um sentimento

---

[110] Ibid.

[111] Ibid., p. 220.

também de desrespeito. Hegel desenvolve uma tese com tal recorte ao tentar estabelecer uma relação motivacional entre a sujeição à coerção jurídica e a prática de um crime: segundo ele, a experiência da coerção jurídica significa, para aquele que se sabe socialmente garantido em suas pretensões enquanto sujeito de direito, uma espécie de lesão à própria personalidade; mas, porquanto o indivíduo que quebra a palavra pode também se conceber como um sujeito protegido dessa forma, ele reagirá consequentemente com indignação às medidas coercitivas da sociedade; um sentimento dessa espécie, porém, só encontra a expressão adequada no ato do crime. Hegel está tão seguro da dedução assim traçada que ele, com uma só frase, acredita poder deixar de lado todas as tentativas de explicação que procuram atribuir o crime a um outro motivo que não o do desrespeito social: "A fonte interna do crime é a coerção do direito; necessidade, etc., são causas externas, que pertencem à carência animal, mas o crime como tal vai contra a pessoa como tal e contra seu saber dele, pois o criminoso é inteligência. Sua justificação interna é a coerção, o contrapor de sua vontade singular de poder, valer, ser reconhecido. Ele quer ser algo (como Herostrato), não exatamente célebre, mas realizar sua vontade a despeito da vontade geral".[112]

A interpretação do crime que se encontra sintetizada nessas frases, e que se dá nos termos de uma teoria do reconhecimento, não explica somente por que Hegel pode partir de uma revivescência da luta por reconhecimento no interior da esfera do direito; ela fecha *a posteriori* também a lacuna teórica que o *Sistema da eticidade* havia legado, visto que aí a motivação objetivamente necessária do crime havia passado em branco. O crime representa o ato deliberado de uma lesão no "ser-reconhecido universal"; da parte do autor do crime, ele acontece com a consciência irrestrita do fato "de que ele lesa uma pessoa, um ser tal que é reconhecido em si".[113] Na qualidade de causa motivacional, subjaz a essa ação o sentimento de não

---

[112] Ibid., p. 224.

[113] Ibid., pp. 224-5.

100   Presentificação histórica

ser reconhecido na particularidade da "própria vontade" pelo emprego da coerção jurídica; assim, efetua-se no crime, na etapa avançada do direito, o mesmo que na luta de vida e morte, sob as condições do processo de formação individual: um sujeito procura, mediante uma ação provocadora, levar o outro indivíduo ou os muitos associados a respeitar o que não foi ainda reconhecido nas próprias expectativas pelas formas de relacionamento social. No primeiro caso, o do processo de formação individual, aquela camada da personalidade ainda não reconhecida se compusera das pretensões que se dirigem à disposição autônoma dos meios para a reprodução da própria vida; por conseguinte, o desfecho do reconhecimento bem-sucedido era acompanhado também de um progresso no modo de socialização, pois em seguida cada indivíduo podia saber-se ao mesmo tempo como uma pessoa de direito autônoma e como o membro social de uma comunidade jurídica. Por sua vez, no segundo caso, o do processo de formação da "vontade geral", aquela camada do ainda-não-reconhecido consiste visivelmente das pretensões que se referem à realização de finalidades individuais, sob as condições de direitos e deveres iguais; nesse sentido ainda muito vago, é possível pelo menos entender o enunciado em que a afirmação da "própria vontade" é qualificada como o objetivo do crime. Mas Hegel dificulta ainda mais o que tem em vista porque de acréscimo associa a experiência do desrespeito da unicidade individual à pressuposição do emprego da coerção jurídica; pois o que significa que um sujeito deve sentir-se lesado em sua pretensão à realização da própria vontade no instante mesmo em que é legitimamente forçado a cumprir seus deveres contratualmente combinados?

Como não é difícil de ver, com a resposta a essa questão já é prejulgada ao mesmo tempo a maneira de interpretar o papel da luta por reconhecimento para a relação do direito em seu todo. Com efeito, Hegel concebe o processo de formação da "vontade geral", e por conseguinte a constituição da sociedade, como um processo de concretização gradativa dos conteúdos do reconhecimento jurídico; não diferentemente do *Sistema da eticidade*, deve se atribuir aqui ao ato do crime a função catalisadora de uma provocação moral, através da qual a "vontade geral" dos sujeitos de direito associados é compelida a dar um novo passo de diferenciação; mas em que consiste seu conteúdo em particular só é possível medir, por sua vez, pelas expectativas normativas que o sujeito desrespeitado procura expor à sociedade na forma cifrada do crime. Daí a resposta à questão acerca do papel que a luta por reconhecimento assume no nível da realidade social depender da solução das dificuldades de entendimento provocadas pela tese de Hegel sobre a "fonte interna do crime'.

Apresentam-se duas possibilidades de reinterpretar as explicações sucintas, e além do mais vagas, de Hegel, de sorte que rendam uma hipótese objetivamente consistente no que se refere ao problema traçado. Por um lado, o desrespeito especial que o sujeito que quebrou a palavra deve experienciar com o constrangimento jurídico pode ser entendido no sentido de uma abstração das condições concretas de seu caso particular; a "vontade singular" ficaria então sem reconhecimento social, porque a aplicação de normas jurídicas institucionalizadas com a relação contratual procederia de forma tão abstrata que os motivos contextualmente específicos e individuais não poderiam ser levados em conta. Portanto, no quadro dessa primeira interpretação, a qualidade lesiva da coerção jurídica se mede pelo falso formalismo de uma aplicação de normas que crê poder abstrair de todas as circunstâncias particulares de uma situação concreta; e o passo de aprendizado com que os sujeitos de direito associados teriam de reagir à provocação do criminoso deveria consistir, consequentemente, num ganho em sensibilidade para o contexto na aplicação de normas jurídicas. Mas, por outro lado, aquele desrespeito particular que deve estar vinculado à prática da coerção jurídica pode ser entendido também no sentido de uma abstração das condições materiais da realização de propósitos individuais;[114] a "vontade singular" ficaria sem reconhecimento so-

---

[114] Wildt faz essa proposta em *Autonomie und Anerkennung*, ed. cit., pp. 364-5.

cial nesse caso, porque as normas jurídicas institucionalizadas com a relação contratual são apreendidas, no plano do conteúdo, de forma tão abstrata que as diferenças nas chances individuais de realizar as liberdades juridicamente garantidas não são levadas em conta. No quadro dessa segunda interpretação, a qualidade lesiva da coerção jurídica se mede, consequentemente, pelo falso formalismo, não da aplicação de normas, mas do próprio conteúdo das normas jurídicas; e o passo de aprendizado que teria de se seguir à provocação moral do criminoso deveria consistir, por isso, na ampliação das normas jurídicas pela dimensão da igualdade material de chances.

Contudo, uma decisão acerca da questão sobre qual das duas possibilidades de interpretação reproduz mais adequadamente o estado de coisas visado dependeria certamente, no essencial, do próprio prosseguimento da argumentação hegeliana; pois, sabendo-se em que consiste o próximo passo da concretização da relação jurídica, a causa motivacional do crime também se esclareceria retrospectivamente, e dessa forma se poderia definir o tipo de desrespeito social. De modo surpreendente, porém, Hegel constata que a única novidade que a provocação moral do crime pode implicar é a reestruturação institucional do direito, indo da relação informal à relação organizada pelo Estado, ou seja, a passagem do direito natural para o positivo; a sua análise não trata dos progressos que concernem ao próprio conteúdo ou à própria estrutura do reconhecimento jurídico. Como Kant em sua doutrina do direito,[115] Hegel constrói de uma maneira bem esquemática a passagem para o sistema jurídico politicamente constituído, recorrendo ao elo representado pela "pena": visto que o crime representa o ato individualista de uma lesão na vontade geral, a reação desta tem por objetivo, inversamente, fazer valer de novo seu poder intersubjetivo em face

---

[115] Cf. Immanuel Kant, "Der Rechtslehre Zweiter Theil. Das öffentliche Recht", in: *Kants Gesammelte Schriften*, Königlich Preussische Akademie der Wissenschaften, vol. VI, *Metaphysik der Sitten*, Berlim, 1914, p. 309 ss.

do indivíduo desgarrado; mas isso, a "inversão do ser-reconhecido universal lesado",[116] só pode acontecer na forma de uma punição do criminoso, pela qual o seu ato é revidado de tal modo que a relação destruída do reconhecimento jurídico é restabelecida em seguida; no entanto, com a execução da pena, entram no mundo dos fenômenos externos aquelas normas morais que até o momento subjaziam à vida social somente na qualidade de um elemento espiritual; daí que, na execução da penalidade, os sujeitos de direito associados contemplam pela primeira vez seus pontos normativos comuns na forma objetivada de uma lei; esta representa, por sua vez, a quintessência de todas as prescrições negativas através das quais as relações jurídicas entre os sujeitos são formalmente reguladas, sob a ameaça de sanções do Estado. Na evolução assim traçada, os progressos se condensam, como dissemos, somente no plano institucional da relação jurídica: as normas jurídicas assumem, sob a pressão do crime, o caráter de prescrições legais publicamente controladas, ganham, portanto, o poder de sanção do Estado, mas não são concretizadas ou diferenciadas mais além em seu conteúdo moral. Porém, se as novidades que o crime deve ter provocado praticamente na relação jurídica tivessem de se restringir só a essa única e institucional dimensão, então a verdadeira exigência de seu ato não receberia aí justamente uma consideração social; pois sua meta oculta mas determinante tem de ser em todo caso — portanto também independentemente de como ela deva ser interpretada em particular — a superação de um formalismo jurídico cujo efeito lesivo não pode ser precisamente anulado pela mera criação de uma instância de sanção estatal. O crime tem sua origem no sentimento de um desrespeito, cujas causas normativas, portanto, não podem ser realmente eliminadas pelas inovações jurídicas que ele mesmo deve poder forçar; pois para isso teriam sido necessárias aquelas alterações com as quais seria corrigido o erro, seja de um uso demasiado abstrato, seja de um conteúdo demasiado formalista do direito. Mas, nessa

---

[116] Hegel, *Jenaer Realphilosophie*, ed. cit., p. 224.

medida, a continuidade do texto hegeliano não nega apenas qualquer informação a respeito de qual das duas possibilidades exegéticas pode conter a interpretação mais adequada do crime; além disso, nessa passagem, sua análise não cumpre suas próprias pretensões, visto que ela começa interpretando a todo custo o ato do criminoso como uma exigência radical de reconhecimento jurídico, para em seguida não poder mais integrá-la no próprio quadro da relação jurídica. Hegel faz com que a luta por reconhecimento, que ele volta a conceber na etapa da vontade geral como uma força motriz do processo de formação, produza exigências morais para as quais ele mesmo não sabe indicar formas adequadas de resolução jurídica; daí a ideia fecunda que contivera a proposta de atribuir mais uma vez o próprio desenvolvimento da relação jurídica à pressão normativa de uma luta por reconhecimento permanecer, no todo de seu texto, apenas uma simples sugestão.

Todavia, contra essa tese é possível levantar a objeção de que só a relação ética do Estado é considerada por Hegel o verdadeiro lugar de um reconhecimento da "vontade singular"; com efeito, já no *Sistema da eticidade* a pretensão do sujeito de ser respeitado também na particularidade individual da própria vida não fora satisfeita imediatamente na esfera do direito, senão que recebera confirmação só na esfera do espírito do povo representado pelo Estado. A fundamentação teórica que se pudera encontrar para isso no texto anterior deve ter ainda validade, segundo sua substância conceitual, também na *Realphilosophie*: uma vez que o direito representa uma relação de reconhecimento recíproco através da qual cada pessoa experiencia, como portador das mesmas pretensões, o mesmo respeito, ela não pode servir justamente como um *medium* de respeito da biografia particular de cada indivíduo; pelo contrário, uma tal forma de reconhecimento, de certo modo individualizada, pressupõe ainda, além da operação cognitiva do conhecimento, um elemento da participação emotiva que torna experienciável a vida do outro como uma tentativa arriscada de autorrealização individual. Se atribuirmos essa tese ao capítulo sobre o "espírito efetivo", ficará um pouco mais compreensível por que Hegel faz com que a exigência implícita do criminoso não seja cumprida no interior da própria relação jurídica: um respeito para como a "vontade" da pessoa individual, tal como é exigido no ato criminoso, deve se realizar completamente só na relação de reconhecimento que, diferentemente da relação do direito, é acompanhada dos sentimentos de participação social. É verdade que, com isso, ainda permanece obscuro por que Hegel não continuou a perseguir as formas de concretização da relação jurídica através das quais seu formalismo de origem poderia ter sido mitigado como que por dentro, pela via de uma inclusão fortalecida da situação particular do indivíduo; desse modo, não somente conteúdos novos, sociais, do direito teriam adentrado seu campo de visão, mas também formas de aplicação do direito sensíveis ao contexto. Mas pelo menos aquela tese torna provável que Hegel não ignorou por completo o problema como tal, e sim que acreditou poder solucioná-lo adequadamente só num outro lugar de sua investigação.

Esse outro lugar deve ser encontrado, conforme o que foi dito até agora, ali onde Hegel inicia a tentativa de expor a integração da vida social na esfera da eticidade; pois só em seu quadro institucional é que se pode desdobrar claramente, como mostrou o *Sistema da eticidade*, o tipo de reconhecimento recíproco pelo qual a "vontade singular" do sujeito recebe confirmação social. No entanto, própria da filosofia da consciência, a arquitetônica a que obedece a concepção da *Realphilosophie* confere de antemão a essa esfera um lugar totalmente diferente do que ela havia ocupado no esquema aristotélico do escrito anterior: agora ela não se refere mais ao ponto supremo de um enfeixamento espiritual de todas as potências da vida social, mas designa a etapa no processo de formação na qual o espírito começa a retornar a seu próprio *medium*. Com o título de "espírito efetivo", Hegel perseguiu a exteriorização do espírito na objetividade da realidade social até o limiar em que, com o surgimento do Poder Legislativo, se formaram os órgãos institucionais do Estado; para ele, a relação do reconhecimento jurídico, do elemento espiritual da vida social portanto, libertou-se aí de todos os resíduos do arbítrio subjetivo, na medida em que chegou à realização completa de si mesma; por isso, aqui pode tomar seu ponto de partida aquela nova etapa do processo de formação em que o espírito retorna da objetividade social para seu próprio *medium*. Mas o primeiro passo desse retorno a si mesmo, prossegue Hegel em conformidade com as suas premissas iniciais, o espírito só pode efetuá-lo expondo-se a si mesmo uma vez mais na etapa de formação deixada por último; e é exatamente essa autorreflexão do espírito no *medium* da realidade consumada do direito o que caracteriza para ele, de agora em diante, o processo de formação do Estado e, desse modo, a constituição da eticidade.

Contudo, se a construção da esfera ética é concebida segundo esse modelo de autorreflexão do espírito, então isso não pode deixar de influir sobre as representações desenvolvidas acerca das relações sociais no interior dessa esfera. Com efeito, a remissão ao *Sistema da eticidade* está ligada à expectativa sistemática de que Hegel elucida mais pormenorizadamente na *Realphilosophie*, junto com a ideia de uma coletividade ideal, o modo particular segundo o qual deve efetuar-se o reconhecimento intersubjetivo da unicidade biográfica de todos os sujeitos; por conseguinte, seria preciso encontrar no contexto teórico ampliado uma descrição mais precisa da forma de respeito recíproco que no escrito anterior fora definida só vagamente com o conceito de "intuição intelectual". Além disso, aquela expectativa encontra apoio na constatação de que os processos de formação do espírito "subjetivo" e do "efetivo" foram pensados na *Realphilosophie*, em princípio, como etapas nas quais um novo potencial de relação de reconhecimento recíproca se desdobra respectivamente, formando estruturas: a experiência do espírito na primeira etapa de formação se deixava entender, em grande medida, como uma realização progressiva da relação amorosa; na segunda etapa de formação, só podia ser interpretada como uma realização conflituosa da relação jurídica. Se Hegel tentasse dar conta das expectativas assim sugeridas, ele teria de conceber a esfera ética do Estado como uma relação intersubjetiva na qual os membros da sociedade podem saber-se reconciliados uns com os outros justamente sob a medida de um reconhecimento recíproco de sua unicidade — o respeito de cada pessoa pela particularidade biográfica de todo outro formaria de certo modo o fermento habitual dos costumes coletivos de uma sociedade. Mas é precisamente um semelhante conceito de eticidade que Hegel já não pode mais pensar agora; esse conceito escapa fundamentalmente à sua exposição porque ele concebe a organização da esfera ética conforme o modelo de uma autoexteriorização do espírito. No fim da *Realphilosophie*, a arquitetônica própria da filosofia da consciência acaba se impondo contra a substância da obra, própria de uma teoria do reconhecimento. Hegel sujeita-se à pressão de projetar na forma de organização social da comunidade ética o esquema hierárquico do todo e de suas partes, de acordo com o qual já havia ajustado a constituição dela a um ato de reflexão do espírito sobre seus próprios momentos de exteriorização.

Um conceito de eticidade próprio da teoria do reconhecimento parte da premissa de que a integração social de uma coletividade política só pode ter êxito irrestrito na medida em que lhe correspondem, pelo lado dos membros da sociedade, hábitos culturais que têm a ver com a forma de seu relacionamento recíproco; daí os conceitos fundamentais com que são circunscritas as pressuposições de existência de uma tal formação da comunidade terem de ser talhados para as propriedades normativas das relações comunicativas; o conceito de "reconhecimento" representa para isso um meio especialmente apropriado porque torna distinguíveis de modo sistemático as formas de interação social, com vista ao modelo de respeito para com a outra pessoa nele contido. No entanto, Hegel, a quem se deve de modo geral um tal conceito, estabelece sua própria teoria da eticidade na *Realphilosophie* de uma maneira categorialmente distinta. As categorias com que ele opera referem-se somente às relações dos membros da sociedade com a instância superior do Estado, e não às suas relações interativas. Aqui o Estado é para Hegel, como já dissemos, a corporificação institucional do ato de reflexão pelo qual o espírito se expõe uma vez mais na etapa da realidade jurídica de que saíra; mas, se aquele tem de desempenhar as tarefas do espírito de maneira substitutiva, ele precisa fazer daquelas relações de interação que os sujeitos entretêm em paridade na esfera jurídica momentos de sua própria objetivação; a construção da esfera ética se efetua, por conseguinte, como um processo de transformação de todos os elementos da vida social em componentes de um Estado englobante. Desse modo, porém, surge entre ele e os membros da sociedade um desnível de dependência da mesma espécie que existe fundamentalmente entre o espírito e os produtos de sua exteriorização: no Estado a vontade geral se contrai em "um Um",[117] no ponto de uma única instância de poder, que por sua vez se refere a seus portadores, às pessoas de direito portanto, da mesma maneira que se refere às formas de sua própria produção espiritual. Por consequência, Hegel não pode senão desenvolver a esfera da eticidade com base na relação positiva que os sujeitos socializados entretêm, não entre si precisamente, mas com o Estado, na qualidade de corporificação do espírito; são os hábitos culturais fundados em tal relação de autoridade que assumem inopinadamente em sua abordagem o papel que, na verdade, teria de ser desempenhado por certas formas extremamente exigentes de reconhecimento recíproco, num conceito de eticidade próprio da teoria do reconhecimento.

Contudo, em todos os planos de análise de Hegel, precipitam-se as consequências daquele outro e substancialista modelo de eticidade,[118] à qual ele tem de chegar, em detrimento das tendências de sua própria argumentação, porque emprega para a construção do Estado uma figura de pensamento próprio da filosofia da consciência. Primeiramente, a fundação do Estado já não é mais atribuída

---

[117] Ibid., p. 245.

[118] Essa designação eu devo à caracterização pregnante do último modelo de eticidade de Hegel feita por Vittorio Hösle, *Hegels System*, vol. 2: *Philosophie der Natur und des Geistes*, Hamburgo, 1987, pp. 471-2. Hösle se apoia nos resultados do estudo brilhante de Michael Theunissen, "Die verdrängte Intersubjektivität in Hegels Philosophie des Rechts", in: Dieter Henrich e Rolf-Peter Horstmann (orgs.), *Hegels Philosophie des Rechts*, ed. cit., p. 317 ss.

a um processo de conflito intersubjetivo, como era antes no caso do surgimento da relação jurídica, mas explicada através do poder tirânico de personalidades dirigentes e carismáticas; visto que a "vontade absoluta" do espírito se pressente apenas em sua energia singular para agir, somente elas estão em condição de forçar a disposição social para a obediência, a qual deve preceder o desdobramento do poder político. A subjetividade do espírito se espelha somente na singularidade de um herói único, que por sua vez oferece uma prefiguração da autoridade monolítica do Estado: "Desse modo, todos os Estados foram fundados pelo poder sublime de grandes homens, não pela força física, pois muitos são fisicamente mais fortes do que um. [...] Eis a superioridade do grande homem: saber, expressar a vontade absoluta. Todos se reúnem em torno de sua bandeira, ele é seu deus".[119] No contexto dessa linha de pensamento, situa-se também uma das pouquíssimas passagens de sua obra em que Hegel faz uma menção positiva ao pensamento político de Maquiavel; uma vez que nesse meio-tempo ele passa a pensar o Estado segundo o modelo do espírito se realizando, e assim concebe a fundação do Estado como um ato de submissão unilateral, ou seja, aproximando-se um pouco mais da geração dos fundadores da filosofia social moderna em seu todo, Hegel reprime em si todas as reservas do teórico do reconhecimento, demonstrando um alto e irrestrito respeito pelo *Príncipe*: "*O príncipe* de Maquiavel foi escrito nesse sentido profundo de que, na constituição do Estado em geral, o que se chama de assassinato à traição, astúcia, crueldade etc. não tem o significado do mal, mas [o] do reconciliado consigo mesmo".[120] As mesmas razões que Hegel aduziu, no primeiro passo de sua análise, para a explicação do surgimento do Estado, são também as que ele apresenta, no passo seguinte, para sua fundamentação da forma monarquista de organização do Estado: visto que a subjetividade do espírito, a qual o Estado tem de

---

[119] Hegel, *Jenaer Realphilosophie*, ed. cit., p. 246.

[120] Ibid.

representar institucionalmente, só pode reproduzir-se no interior da sociedade numa pessoa singular, um monarca definido pela sucessão sobressai aos órgãos representativos do governo. Hegel é incapaz de pensar o modo de formação política da vontade segundo um modelo distinto daquele da monarquia constitucional, porque sua construção do Estado no plano da filosofia da consciência requer um último enfeixamento de todo o poder nas mãos de um único indivíduo: "O universal livre é o ponto da individualidade; esta, tão livre do saber de todos, não é uma individualidade construída por eles, portanto, é, como extremo do governo, uma imediata, uma natural: eis o monarca hereditário. Ele é o nó firme, imediato, do todo".[121]

Mas, finalmente, nada expressa com mais evidência quanto Hegel expurgou nesse meio-tempo a esfera da eticidade de toda a intersubjetividade do que a parte de sua análise em que ele se ocupa com o papel do cidadão eticamente formado. Assim que a coletividade política se estabelece por meio da relação jurídica, a pessoa assume duas funções, para as quais se já encontra aqui o par conceitual de *bourgeois* e *citoyen*: na primeira função, o indivíduo tem "o singular por fim", ou seja, persegue seus interesses privados no quadro das relações de troca juridicamente regulado; na segunda, ao contrário, ele tem "o universal como tal por fim",[122] portanto participa ativamente nos assuntos da formação política da vontade. Mas, enquanto o *status* do sujeito que é apto para a relação contratual e que age racionalmente com respeito a fins, precisamente o *status* do *bourgeois*, foi derivado por Hegel diretamente da relação intersubjetiva do reconhecimento jurídico, para ele o *status* do cidadão se determina agora somente na relação com o universal superior do Estado. Em oposição ao sujeito de direito, o *citoyen* já não é concebido como uma pessoa social que deve suas capacidades particulares e propriedades somente a uma interação bem-su-

---

[121] Ibid., p. 250.

[122] Ibid., p. 249.

cedida com indivíduos que se sabem igualmente *citoyens*; a auto-consciência do cidadão se constitui antes na relação reflexiva do sujeito solitário com a parte de si mesmo na qual a ideia do todo ético é objetivamente representada: a relação ética "é o movimento dos formados para a obediência em face da comunidade. Reside como fundamento essa essência sendo-aí. O segundo é a confiança que intervém, isto é, de que o singular sabe aí seu Eu tanto quanto seu ser, de que se encontra conservado aí, todavia sem compreender e discernir como ele seria conservado aí, por qual relação e por qual organização".[123]

Naturalmente, essa definição não faz mais que selar por fim o resultado negativo ao qual a travessia pelo capítulo da *Realphilosophie* sobre a eticidade nos fizera chegar de todo modo. Hegel não compreende o espaço de ação do Estado, conforme se poderia realmente ter esperado, como o lugar de uma realização das relações de reconhecimento que conferem respeito ao indivíduo em sua unicidade biográfica; ele não está em condições de fazê-lo porque concebe a esfera ética no seu tudo como uma forma de objetivação da autorreflexão do espírito, de sorte que, no lugar de relações intersubjetivas, devem entrar do começo ao fim relações entre um sujeito e seus momentos de exteriorização: dito brevemente, a eticidade tornou-se uma forma do espírito constituindo-se monologicamente e já não compõe uma forma particularmente exigente de intersubjetividade. No entanto, se Hegel quis que já se entendesse a constituição da pessoa de direito e também a da realidade social como etapas respectivas de um processo de formação que o espírito efetua de maneira abrangente, na forma de um movimento de exteriorização e retorno a si mesmo, isso não o impediu de, no interior do quadro determinado pela filosofia da consciência, fortalecer de tal modo as relações interativas entre os sujeitos que elas se tornaram *media* dos respectivos processos de formação. Dessa maneira, Hegel pôde expor em sua *Realphilosophie* a construção do mundo

---

[123] Ibid., p. 248.

112   Presentificação histórica

social mais uma vez, como já antes no *Sistema da eticidade*, como um processo de aprendizagem ético que conduz, passando por diversas etapas de uma luta, a relações cada vez mais exigentes de reconhecimento recíproco. Se ele tivesse seguido o mesmo processo de modo coerente até a constituição da comunidade ética, então lhe teria ficado patente também a forma de uma interação social na qual cada pessoa pode contar, para sua particularidade individual, com um sentimento de reconhecimento solidário; além disso, a experiência da morte, cujo significado emotivo para o encontro com o outro Hegel observou muito bem, poderia ter encontrado aí um lugar mais adequado do que na relação intersubjetiva cujo tema de conflito são os direitos do indivíduo. Esse passo, porém, a guinada consequente para um conceito de eticidade próprio de uma teoria do reconhecimento, Hegel não o efetuou; no final, o programa da filosofia da consciência obteve tanto predomínio sobre as intuições da teoria do reconhecimento que, na última etapa do processo de formação, até mesmo seu conteúdo material acabou sendo pensado inteiramente conforme o modelo de uma autorrelação do espírito. Mas, por isso, na *Realphilosophie* permanecem igualmente em suspenso, até o fim, dois pontos: o destino da "vontade singular", ao qual o próprio Hegel se remetera em sua interpretação do "crime", e as perspectivas daquela visão de uma "comunidade genuinamente livre", da qual ele havia partido em seus escritos de Jena. Para a solução dos dois problemas teria sido necessária a pressuposição de um conceito intersubjetivista de "eticidade", do qual Hegel já não pode mais dispor, depois de quase consumada a passagem para a filosofia da consciência.

Nunca mais Hegel retomou em sua forma original o programa esplêndido que ele seguiu em seus escritos de Jena com abordagens sempre novas e também sempre fragmentárias. Na obra teórica com que ele, logo depois da *Realphilosophie*, conclui seu trabalho em Jena e que define a rota de sua criação futura, encontra-se uma sistemática destituída de um ponto decisivo: a *Fenomenologia do espírito* deixa para a luta por reconhecimento, que até então foi a força motriz moral que havia impulsionado o processo de socialização do espírito através de todas as etapas, tão somente a função única de formar a autoconsciência; além disso, restrita a esse único significado, representado na dialética do senhor e do escravo, a luta entre os sujeitos que pugnam por reconhecimento é ligada tão intimamente à experiência da confirmação prática no trabalho que sua lógica específica acabou quase saindo inteiramente de vista.[124] Por isso, a nova concepção da *Fenomenologia*, certamente superior do ponto de vista do método, teve o efeito de um corte profundo na trajetória do pensamento de Hegel; ela lhe obstruiu daí em diante o recurso à mais forte de suas antigas intuições, o modelo, ainda inacabado, da "luta por reconhecimento". Consequentemente, nas grandes obras que iriam se seguir, não se encontram senão sinais de uma reminiscência do programa perseguido em Jena: mas nem o conceito intersubjetivista de identidade humana, nem a distinção de diversos *media* de reconhecimento, nem a diferenciação correspondente de relações de reconhecimento gradualmente escalonadas, nem muito menos a ideia de um papel historicamente produtivo da luta moral voltam a assumir uma função sistemática na filosofia política de Hegel.

---

[124] Hegel, *Werke*, vol. 3., ed. cit.

II.
ATUALIZAÇÃO SISTEMÁTICA: A ESTRUTURA DAS RELAÇÕES SOCIAIS DE RECONHECIMENTO

Hegel abandonou a meio caminho seu propósito original de reconstituir filosoficamente a construção de uma coletividade ética como uma sequência de etapas de uma luta por reconhecimento; ainda antes que a ideia, resultante de uma reinterpretação da doutrina hobbesiana do estado de natureza nos termos da teoria da intersubjetividade, fosse desenvolvida em seus contornos, ele a sacrificou ao objetivo de erigir um sistema próprio à filosofia da consciência, deixando-a para trás, incompleta. Mas o fato de a primeira teoria do reconhecimento de Hegel ter permanecido um fragmento constitui somente o menor obstáculo que se coloca no caminho da tentativa de atualizar hoje seu conteúdo sistemático; de peso incomparavelmente maior são antes as dificuldades que resultam do fato de sua linha de raciocínio central estar presa a premissas metafísicas que já não podem, sem mais, compatibilizar com as condições teóricas do pensamento atual.

Certamente, a parte I de nossa investigação mostrou que o jovem Hegel, muito além do espírito da época, seguiu em seus escritos de Jena um programa que soa quase materialista: reconstruir o processo de formação ética do gênero humano como um processo em que, passando pelas etapas de um conflito, se realiza um potencial moral inscrito estruturalmente nas relações comunicativas entre os sujeitos. Mas, como é evidente, essa construção se encontra ainda sob a pressuposição idealista de que o processo conflituoso a ser investigado é determinado por uma marcha objetiva da razão, que ou desdobra, aristotelicamente, a natureza comunitária do homem ou, nos termos da filosofia da consciência, a autorrelação do espírito. Hegel não concebeu o processo de formação, descrito na qualidade de um movimento de reconhecimento mediado pela experiência da luta, como um processo intramundano, realizando-se sob as condições iniciais contingentes da socialização humana; mas isso o poupou de aduzir argumentos para as afirmações fortes que se referem às propriedades concretas dos sujeitos da ação, historicamente situados; em vez disso, suas construções, por mais que nos escritos de Jena sejam concretas e mesmo próximas da ação, tomam de empréstimo uma grande parte de suas condições de validade da certeza metafísica de fundo acerca do processo englobante da razão. Porém, uma vez iniciado aquele movimento intelectual que começou a desmontar os pressupostos teóricos do idealismo alemão para avançar rumo a um conceito de razão mundanizado, repleto de experiência, essa retaguarda metafísica da filosofia hegeliana viu-se perdida: junto com o fundamento do conceito idealista de espírito, ela também perdeu a carta branca que até então protegia seus argumentos contra um exame na realidade empírica.[1] Daí em diante, o processo que a primeira geração dos discípulos de Hegel, que Feuerbach, Marx e Kierkegaard colocaram em marcha com sua crítica do idealismo da razão, não pôde mais ser detido por nenhum contramovimento: no curso da discussão ulterior, vieram à luz, passo por passo, novas condições da finitude do espírito humano, das quais Hegel abstraíra em seu conceito de razão; e, inversamente, toda abordagem que buscava uma revivescência de sua teoria filosófica encontrava-se de agora em diante na obrigação de estabelecer um contato com as ciências empíricas, para estar a salvo, desde o início, do perigo de uma recaída na metafísica. Por esse caminho, formaram-se na história do pensamento pós-hegeliano premissas teóricas que hoje nenhuma tentativa de reconstrução atualizadora de sua obra pode ferir levianamente: por isso, se seu modelo original de uma "luta por reconhecimento" não deve ser retomado com o

---

[1] Cf., para a questão em seu todo, Jürgen Habermas, *Der philosophische Diskurs der Moderne*, Frankfurt, 1985, cap. III.

propósito de uma teoria normativa das instituições,[2] nem somente com o objetivo de uma concepção de moral ampliada no plano da teoria da subjetividade,[3] mas sim na perspectiva de uma teoria social de teor normativo, então vão de par com isso três tarefas fundamentais, resultantes da situação teórica que se deslocou em relação a Hegel:

1) O modelo de Hegel toma seu ponto de partida da tese especulativa segundo a qual a formação do Eu prático está ligada à pressuposição do reconhecimento recíproco entre dois sujeitos: só

---

[2] É dessa maneira que entendo o propósito que Ludwig Siep perseguiu com sua excelente reconstrução da doutrina do reconhecimento dos escritos de Jena de Hegel (Siep, *Anerkennung als Prinzip der praktischen Philosophie*, ed. cit.). Siep está convencido de que pelo critério do reconhecimento integral pode-se realizar uma espécie de "gênese normativa" da formação das instituições sociais: com base no "quadro de juízo" que fornece o princípio de reconhecimento, explicitado teleologicamente por Hegel, pode-se julgar de forma reconstrutiva se cabe às instituições historicamente constituídas uma função necessária e, nesse sentido, legítima no processo de formação do gênero humano (ibid., p. 259 ss) Com esse projeto eu partilho a ideia de que a doutrina do reconhecimento de Hegel pode ser compreendida no sentido de uma teoria da condição necessária da socialização humana, mas só depois de ser transformada num quadro pós-metafísico; querer derivar daí, diretamente, um critério normativo para julgar as instituições parece-me equivocado, visto que não possuímos em princípio nenhum saber completo a respeito de que forma institucional pode assumir o cumprimento de determinadas e necessárias operações de reconhecimento. Siep confia demais no conteúdo que a filosofia prática hegeliana possui em termos de ciência social, quando pretende desenvolver a partir dela uma teoria normativa das instituições. A diferença decisiva entre o projeto de Siep e o trabalho aqui apresentado resulta, porém, do fato de que eu gostaria de fazer das pressuposições normativas da relação de reconhecimento também o ponto de referência de uma explicação dos processos de transformação histórica e empírica da sociedade; daí resulta para mim uma pressão maior na direção de uma "sociologização" do modelo conceitual hegeliano do que existe para Siep.

[3] Uma tal ampliação da moral nos termos da teoria da subjetividade é manifestamente o objetivo que Andreas Wildt vincula à sua reconstrução da

quando dois indivíduos se veem confirmados em sua autonomia por seu respectivo defrontante, eles podem chegar de maneira complementária a uma compreensão de si mesmos como um Eu autonomamente agente e individuado. Para Hegel, essa tese tem de constituir o ponto de partida, porque ela torna acessível de certo modo o traço estrutural do domínio do objeto social que lhe interessa em sua teoria da eticidade; mas sua reflexão permanece ligada à pressuposição da tradição metafísica, visto que não considera a relação intersubjetiva como um curso empírico no interior do mundo social, mas a estiliza num processo de formação entre inteligências singulares. Porém, uma abordagem que pretenda adotar o modelo de

---

doutrina do reconhecimento do jovem Hegel (Wildt, *Autonomie und Anerkennung*, ed. cit.). Wildt está interessado nas "condições necessárias da identidade qualitativa do Eu" (ibid., p. 9); para esse fim, ele analisa, inteiramente no sentido de uma psicologia filosófica, a doutrina hegeliana sob o ponto de vista diretivo de saber quais etapas do reconhecimento recíproco devem ser pensadas em conjunto para poder se chegar à representação de uma formação bem-sucedida da subjetividade prática. O cerne de sua reconstrução é a ideia de que os elementos estáveis da "moralidade não legal", isto é, as atitudes, não reclamáveis juridicamente, de benquerer, de assistência e de amizade, representam condições necessárias do desenvolvimento da identidade qualitativa. De acordo com essa tese diretriz, Wildt está fortemente inclinado em sua interpretação a uma psicologização da doutrina hegeliana do reconhecimento; ele entende a afirmação de uma "luta por reconhecimento" a se repetir iterativamente no sentido de uma hipótese acerca dos conflitos necessários no processo de socialização do indivíduo. Portanto, em oposição a Siep, mas também em oposição à minha própria proposta de interpretação, Wildt não está absolutamente interessado nas implicações da doutrina hegeliana para a teoria social; enquanto eu interpreto os escritos de Jena como projetos teóricos sobre o desenvolvimento moral das sociedades (no sentido de Mead ou de Durkheim), Andreas Wildt quer visivelmente entendê-los como forma embrionária de uma teoria da formação moral do Eu. O sentido da "luta" é, por consequência, completamente distinto nas duas abordagens interpretativas: em Wildt, referência ao processo conflituoso intrapsíquico; em meu trabalho, esboço de uma lógica dos conflitos sociais. Não sem semelhança no objetivo, embora menos pregnante e, além disso, mais modesto no plano da filosofia moral, é a interpretação de Edith Düsing, *Intersubjektivität und Selbstbewußtsein*, Colônia, 1986.

Hegel como estímulo para uma teoria social de teor normativo não pode se dar por satisfeita com esse fundamento meramente especulativo; daí ser preciso primeiramente uma reconstrução de sua tese inicial à luz de uma psicologia social empiricamente sustentada.

2) Mas, antes de tudo, é constitutiva do modelo conceitual de Hegel a segunda tese, na qual se afirma, partindo das premissas da teoria da intersubjetividade, a existência de formas diversas de reconhecimento recíproco, que devem distinguir-se umas das outras segundo o grau de autonomia possibilitada ao sujeito em cada caso: tanto no *Sistema da eticidade* como na *Realphilosophie*, estava inscrita pelo menos a tendência de supor, com o "amor", o "direito" e a "eticidade", uma série de três relações de reconhecimento, em cujo quadro os indivíduos se confirmam reciprocamente como pessoas autônomas e individuadas, em uma medida cada vez maior. Para Hegel, esse leque sistemático de formas de reconhecimento representa uma necessidade, uma vez que só com sua ajuda ele pode obter o quadro categorial para uma teoria capaz de explicar o processo de formação da eticidade como uma sequência de etapas de relações intersubjetivas; mas suas propostas de distinção permanecem ligadas à pressuposição da metafísica, na medida em que elas se devem meramente a uma transferência de relações construídas de maneira puramente conceitual para a realidade empírica. Portanto, antes que se possa retomar hoje essa tipologia no sentido de uma reconstrução atualizadora, é necessária uma fenomenologia empiricamente controlada de formas de reconhecimento, mediante a qual a proposta de Hegel pode ser examinada e, se for o caso, corrigida.

3) Por fim, o modelo conceitual hegeliano encontra seu fechamento teórico na terceira tese, que reivindica para a série de três formas de reconhecimento a lógica de um processo de formação mediado pelas etapas de uma luta moral: no curso da formação de sua identidade e a cada etapa alcançada da comunitarização, os sujeitos são compelidos, de certa maneira transcendentalmente, a entrar num conflito intersubjetivo, cujo resultado é o reconhecimento

de sua pretensão de autonomia, até então ainda não confirmada socialmente. Nessa tese de Hegel, que certamente se delineara nos escritos investigados só a traços largos, entram duas afirmações igualmente fortes: em primeiro lugar, que faz parte da condição de um desenvolvimento bem-sucedido do Eu uma sequência de formas de reconhecimento recíproco, cuja ausência, em segundo lugar, se dá a saber aos sujeitos pela experiência de um desrespeito, de sorte que eles se veem levados a uma "luta por reconhecimento"; as duas hipóteses permanecem ligadas às premissas da tradição metafísica porque estão engatadas no quadro teleológico de uma teoria evolutiva que faz o processo ontogênico da formação da identidade passar diretamente à formação da estrutura social. Para a tentativa de retomar hoje mais uma vez o modelo conceitual de Hegel sob as novas condições teóricas, esse complexo de afirmações difíceis de desemaranhar e altamente especulativas representa o maior desafio; ele só pode ser vencido se as diversas hipóteses são submetidas a um exame em separado: nesse caso, é preciso investigar primeiramente a questão se a hipótese de Hegel de uma sequência ordenada de etapas de reconhecimento pode resistir a considerações empíricas; se é possível atribuir às respectivas formas de reconhecimento recíproco experiências correspondentes de desrespeito social; e se, finalmente, podem ser encontradas comprovações históricas e sociológicas para a ideia de que essas formas de desrespeito social foram de fato fonte motivacional de confrontos sociais. A resposta a essas questões conflui em seu todo à solução da tarefa de apresentar, pelo menos a traços largos, a lógica moral dos conflitos sociais. Contudo, isso não será possível sem antes retomar o fio condutor da história teórica que atravessara a parte I de meu estudo: pois Hegel deixou a experiência da luta social a tal ponto no horizonte de uma teoria idealista da razão, que só a virada histórico-materialista de seus sucessores pôde-lhe conferir um lugar na realidade social.

Dos três grandes problemas que assim se colocam — se é que o modelo de Hegel deve ser atualizado mais uma vez sob as condições do pensamento pós-metafísico —, eu gostaria, na parte II dessa investigação, de tentar solucionar só os dois primeiros; na parte III, eu vou abordar as difíceis questões que a resposta do terceiro complexo de problemas levanta, na forma de perspectivas para a filosofia social. Uma teoria que constitui uma ponte entre a ideia original de Hegel e nossa situação intelectual encontra-se na psicologia social de George Herbert Mead; visto que seus escritos permitem traduzir a teoria hegeliana da intersubjetividade em uma linguagem teórica pós-metafísica, eles podem preparar o caminho para a tentativa aqui empreendida.

4.
RECONHECIMENTO E SOCIALIZAÇÃO: MEAD E A TRANSFORMAÇÃO NATURALISTA DA IDEIA HEGELIANA

Em nenhuma outra teoria, a ideia de que os sujeitos humanos devem sua identidade à experiência de um reconhecimento intersubjetivo foi desenvolvida de maneira tão consequente sob os pressupostos conceituais naturalistas como na psicologia social de George Herbert Mead;[4] seus escritos contêm até hoje os meios mais apropriados para reconstruir as intuições da teoria da intersubjetividade do jovem Hegel num quadro teórico pós-metafísico. No entanto, Mead partilha com o Hegel do período de Jena mais do que simplesmente a ideia de uma gênese social da identidade do Eu; e, em suas abordagens filosófico-políticas, ambos os pensadores estão de acordo não só na crítica ao atomismo da tradição contratualista. A indeslindável psicologia social de Mead, na maior parte transmitida somente na forma de transcrições de lições, demonstra coincidências com a obra de juventude de Hegel até mesmo na parte essencial que nos interessa: ela também procura fazer da luta por reconhecimento o ponto referencial de uma construção teórica que deve explicar a evolução moral da sociedade.[5]

---

[4] Para a questão em seu todo, cf. H. Joas, *Praktische Intersubjektivität. Die Entwicklung des Werkes von G. H. Mead*, Frankfurt, 1980; além disso, Habermas, "Individuierung durch Vergesellschaftung. Zu G. H. Meads Theorie der Subjektivität", in: *Nachmetaphysisches Denken*, Frankfurt, 1988, p. 187 ss.

[5] Eu me apoio neste capítulo sobretudo em George Herbert Mead, *Geist, Identität und Gesellschaft*, Frankfurt, 1973; na reconstrução da constituição da concepção de reconhecimento de Mead, valho-me principalmente do volume I dos ensaios reunidos: George Herbert Mead, *Gesammelte Aufsätze* (ed. por Hans Joas), vol. I, Frankfurt, 1980.

Mead chega às premissas de sua teoria da intersubjetividade tomando o atalho de um exame epistemológico do domínio objetual da psicologia. Seu interesse pela pesquisa psicológica é desde o início determinado pela necessidade de clarificar os problemas filosóficos do idealismo alemão de modo não especulativo; Mead partilha com muitos filósofos de sua época a esperança de que uma psicologia que proceda empiricamente possa contribuir a elevar nosso saber sobre as operações cognitivas particulares do ser humano.[6] No centro de sua atenção, coloca-se rapidamente um problema teórico de fundamentação: como a pesquisa psicológica pode obter um acesso a seu objeto específico, ao psíquico? Da resposta a essa questão ele espera uma contribuição para uma explicação não redutora da subjetividade humana, recuperando as intuições do idealismo alemão. Na tentativa de encontrá-la, Mead retoma primeiramente a ideia fundamental pragmatista, herdada de Peirce por intermédio de Dewey, segundo a qual são justamente as situações de problematização de ações que se tornaram habituais que o ser humano aproveita em suas operações cognitivas: para o sujeito individual, só surge um mundo de vivências psíquicas no momento em que, explicitando um problema prático preconcebido, ele entra de tal modo em dificuldades que suas interpretações da situação, até então objetivamente comprovadas, acabam sendo privadas de sua validade e separadas da realidade restante a título de meras representações subjetivas: o "psíquico" é de certo modo a experiência que um sujeito faz consigo próprio quando um problema que se apresenta praticamente o impede de um cumprimento habitual de sua atividade. Por conseguinte, a psicologia obtém um acesso ao seu domínio objetual desde a perspectiva de um ator que se conscientiza de sua subjetividade porque ele, sob a pressão de um problema prático a ser solucionado, é forçado a reelaborar criativamente suas interpretações da situação: "O domínio objetual da psicologia fun-

---

[6] Acerca da história das ideias que constitui o pano de fundo da teoria de Mead, cf. Joas, *Praktische Intersubjektivität*, ed. cit., caps. II e III.

cionalista é aquele estágio da experiência no interior do qual nós temos uma consciência imediata dos impulsos conflitantes da ação, os quais tiram do objeto seu caráter de objeto e, nessa medida, nos deixa numa atitude de subjetividade, durante a qual, porém, surge um novo objeto-estímulo em razão de nossa atividade reconstrutiva, que pertence ao conceito do sujeito Eu".[7] Logo em seguida, Mead levanta contra si mesmo a objeção de que uma tal "definição do psíquico" não é suficiente para a demonstração exigida da acessibilidade ao mundo subjetivo. Certamente um ator, no momento do distúrbio de uma execução instrumental da ação, obtém de fato uma consciência do caráter subjetivo de suas interpretações da situação atual; sua atenção, porém, não é dirigida primariamente à atividade do próprio Eu na solução dos problemas, mas "à determinação mais precisa dos objetos que constituem o estímulo".[8] Uma vez que requerem do sujeito, no caso de um distúrbio, somente a adaptação criativa à realidade mal-avaliada, as ações instrumentais não são o modelo apropriado para a explicação buscada do psíquico; para poder colocar a psicologia na mesma perspectiva em que o ator chega à consciência de sua subjetividade, seria necessária, pelo contrário, a orientação por um tipo de ação na qual é funcional para os agentes, no momento do distúrbio, refletir sobre a própria atitude subjetiva. Mead consegue chegar a esse outro tipo de ação, mais apropriado para o propósito de sua explicação, no momento em que ele começa a ampliar o modelo darwinista da relação de si mesmo com o ambiente, abarcando uma dimensão social: assim que imaginamos uma interação entre vários organismos, temos ante os olhos o caso de um processo de ação que, no momento de crise, exige funcionalmente de todos os implicados uma reconsideração sobre sua própria atitude reativa.

---

[7] George Herbert Mead, "Die Definition des Psychischen", in: *Gesammelte Aufsätze*, vol. I, ed. cit., p. 143.

[8] George Herbert Mead, "Soziales Bewußtsein und das Bewußtsein von Bedeutung", in: *Gesammelte Aufsätze*, vol. I, ed. cit., p. 218.

Para os fins da psicologia, o comportamento humano de interação representa até mesmo um ponto de apoio particularmente apropriado, visto que força os sujeitos a se conscientizarem de sua própria subjetividade, no caso do surgimento de problemas: "Se alguém reage às condições climáticas, isso não tem nenhuma influência sobre o próprio clima. Para o sucesso de seu comportamento, não é importante que se torne consciente de suas próprias atitudes e de seus hábitos de resposta, mas o indício de chuva ou de bom tempo. O comportamento social bem-sucedido, ao contrário, leva a um domínio em que a consciência de suas próprias atitudes auxilia no controle do comportamento de outros".[9]

Esse princípio funcionalista serve a Mead para esboçar o quadro metodológico dentro do qual ele procura doravante perseguir seus verdadeiros interesses de pesquisa: se a psicologia se coloca na perspectiva que um ator adota no relacionamento sempre ameaçado com seu parceiro de interação, então ela pode obter uma visão interna dos mecanismos através dos quais surge uma consciência da própria subjetividade. Todavia, é preciso primeiramente, para a solução da tarefa colocada dessa maneira, uma resposta à questão muito mais fundamental de como um sujeito pode de modo geral alcançar uma consciência do significado social de suas manifestações práticas; pois, para estar em condições de um "controle do comportamento de outros", um ator precisa possuir desde já conhecimentos acerca do sentido que cabe a seu próprio comportamento na situação comum da ação para o respectivo parceiro de interação. Em relação à constituição da autoconsciência, o surgimento de um saber sobre o significado das próprias reações comportamentais é o fenômeno mais originário; portanto, a psicologia social tem de esclarecer antes o mecanismo através do qual pôde desenvolver-se na interação humana uma consciência do significado das ações sociais. A explicação de Mead toma seu ponto de partida na observação de que um sujeito somente dispõe de um saber sobre o signi-

---

[9] Ibid., p. 219.

ficado intersubjetivo de suas ações quando ele está em condições de desencadear em si próprio a mesma reação que sua manifestação comportamental causou, como estímulo, no seu defrontante: do que meu gesto significa para o outro, eu posso me conscientizar ao produzir em mim mesmo, simultaneamente, seu comportamento de resposta. Essa capacidade de desencadear em si mesmo o comportamento reativo causado no outro está ligada para Mead, porém, ao pressuposto evolucionário do surgimento de um nova forma de comportamento humano; pois, como Herder já tinha visto, e mais tarde Gehlen, só ao "gesto vocal", diferentemente de todos os meios não vocais de entendimento, cabe a propriedade especial de influir sobre o agente no mesmo momento e da mesma maneira que no seu defrontante: "Enquanto se sente apenas imperfeitamente o valor da própria expressão facial ou do da própria postura corporal para com os outros, escuta-se com os próprios ouvidos o gesto vocal, na mesma forma que ele possui para um próximo".[10] Se um sujeito influi sobre seu parceiro de interação por meio de seu gesto vocal, ele é capaz ao mesmo tempo de desencadear em si mesmo a reação dele, visto que sua própria expressão é perceptível a ele próprio como um estímulo vindo de fora; mas por isso seu gesto vocal, a que ele pode reagir da mesma maneira que qualquer outro ouvinte, contém para ele o mesmo significado que possui para seu destinatário.

Mead, que tem em vista tanto processos ontogenéticos como processos da história da espécie, tira então desse discernimento, próprio da teoria da comunicação, inferências acerca da questão sobre as condições de surgimento da autoconsciência humana. À constituição de uma consciência de si mesmo está ligado o desenvolvimento da consciência de significados, de sorte que ele lhe prepara de certo modo o caminho no processo da experiência individual: através da capacidade de suscitar em si o significado que a própria ação tem para o outro, abre-se para o sujeito, ao mesmo

---

[10] Mead, "Der Mechanismus des Sozialen Bewußtseins", in: *Gesammelte Aufsätze*, vol. I, ed. cit., p. 235.

Reconhecimento e socialização

tempo, a possibilidade de considerar-se a si mesmo como um objeto social das ações de seu parceiro de interação. Reagindo a mim mesmo, na percepção de meu próprio gesto vocal, da mesma maneira como meu defrontante o faz, eu me coloco numa perspectiva excêntrica, a partir da qual posso obter uma imagem de mim mesmo e, desse modo, chegar a uma consciência de minha identidade: "O fato de que o animal humano pode estimular a si mesmo da mesma maneira que os outros e reagir aos seus estímulos da mesma maneira que aos estímulos dos outros insere em seu comportamento a forma de um objeto social da qual pode surgir um "Me", a que podem ser referidas as assim chamadas experiências subjetivas".[11]

O conceito de "Me", que Mead emprega aqui para caracterizar o resultado dessa autorrelação originária, deve tornar terminologicamente claro que o indivíduo só pode se conscientizar de si mesmo na posição do objeto; pois o *Self* que entra em seu campo de visão quando ele reage a si mesmo é sempre o parceiro da interação, percebido da perspectiva de seu defrontante, mas nunca o sujeito atualmente ativo das próprias manifestações práticas. Por isso, Mead distingue do "Me", que conserva minha atividade momentânea tão somente como algo já passado, uma vez que ele representa a imagem que o outro tem de mim, o "Eu", que é a fonte não regulamentada de todas as minhas ações atuais. O conceito de "Eu" deve ser referido à instância na personalidade humana responsável pela resposta criativa aos problemas práticos, sem poder jamais entrar como tal, porém, no campo de visão; no entanto, em sua atividade espontânea, esse "Eu" não só precede a consciência que o sujeito possui de si mesmo do ângulo de visão de seu parceiro de interação, como também se refere sempre de novo às manifestações práticas mantidas conscientemente no "Me", comentando-as. Portanto, entre o "Eu" e o "Me", existe, na personalidade do indivíduo, uma relação comparável ao relacionamento entre parceiros de um diálogo. "O "Eu não pode [...] nunca existir como um

---

[11] Ibid., p. 238.

130   Atualização sistemática

objeto na consciência. Mas ele é justamente o caráter dialógico de nossa experiência interna, precisamente o processo em cujo curso respondemos à nossa própria fala e que implica um "Eu" que responde, atrás do palco, aos gestos e símbolos que aparecem em nossa consciência. [...] A identidade consciente de si mesma, de fato operante no relacionamento social, é um "Me" objetivo, ou são vários "Mes", num processo de reação contínuo. Eles implicam um "Eu" fictício, que nunca entra no próprio campo de visão".[12]

Com a referência aos "vários Mes", que se formam no "processo de reação contínuo", Mead já dá a conhecer a direção que devem tomar na sequência suas investigações acerca do desenvolvimento da identidade humana. Até aqui seus estudos, em grande parte ligados ainda às questões de fundamentação da psicologia, fizeram-no chegar a uma concepção intersubjetivista da autoconsciência humana: um sujeito só pode adquirir uma consciência de si mesmo na medida em que ele aprende a perceber sua própria ação da perspectiva, simbolicamente representada, de uma segunda pessoa. Essa tese representa o primeiro passo para uma fundamentação naturalista da teoria do reconhecimento de Hegel, no sentido de que pode indicar o mecanismo psíquico que torna o desenvolvimento da autoconsciência dependente da existência de um segundo sujeito: sem a experiência de um parceiro de interação que lhe reagisse, um indivíduo não estaria em condições de influir sobre si mesmo com base em manifestações autoperceptíveis, de modo que aprendesse a entender aí suas reações como produções da própria pessoa. Como o jovem Hegel, mas com os meios das ciências empíricas, Mead inverte a relação de Eu e mundo social e afirma uma precedência da percepção do outro sobre o desenvolvimento da autoconsciência: "Um tal 'Me' não é, portanto, uma formação primeira que depois fosse projetada e ejetada nos corpos de outros seres humanos para lhes conferir a plenitude da vida humana. É antes uma importação do campo dos objetos sociais para o campo amorfo, de-

---

[12] Ibid., p. 240.

Reconhecimento e socialização

sorganizado, do que nós designamos experiência interna. Através da organização desse objeto, da identidade do Eu, esse material é por sua vez organizado e colocado na forma da assim chamada autoconsciência, sob o controle de um indivíduo".[13] Contudo, o Hegel do período de Jena perseguiu, com sua teoria do reconhecimento, um objetivo mais abrangente do que está inscrito na explicação da possibilidade da autoconsciência; com efeito, o conceito de "reconhecimento" já assinala com toda evidência que lhe interessava bem menos a relação cognitiva de interação, por meio da qual um sujeito chega a uma consciência de si mesmo, do que as formas de confirmação prática mediante as quais ele adquire uma compreensão normativa de si mesmo como um determinado gênero de pessoa. No quadro dos escritos em que elaborou seu modelo de "luta por reconhecimento", Hegel está interessado sobretudo nas condições intersubjetivas da autorrelação prática do homem; por sua vez, o desenvolvimento da autorrelação epistêmica representa aí somente um pressuposto — necessário, é verdade, mas insuficiente —, em cuja base a identidade do Eu prático pode se constituir.[14] Para esse cerne da doutrina do reconhecimento de Hegel, a teoria de Mead tem também à disposição os meios de uma tradução naturalista; pois, depois que ele avançou até a um conceito intersubjetivista de autoconsciência, seus escritos se movem igualmente na direção de uma investigação da autorrelação prática do ser humano. A formação da identidade prático-moral do sujeito é o tema ao qual Mead se dedica logo depois de ter concluído seus primeiros artigos, voltados para a problemática da autoconsciência; ele se ori-

---

[13] Ibid., p. 239.

[14] A propósito dessa distinção, cf. Habermas, "Individuierung durch Vergesellschaftung. Zu George Herbert Meads Theorie der Subjektivität", in: *Nachmetaphysisches Denken*, ed. cit., particularmente p. 217 ss. Habermas reporta-se aqui a uma interpretação de Ernst Tugendhat: *Selbstbewußtsein und Selbstbestimmung*, Frankfurt, 1979. Os capítulos 11 e 12 têm em vista Mead (p. 245 ss; p. 264 ss).

gina da tentativa de transferir a distinção conceitual de "Eu" e "Me" para a dimensão normativa do desenvolvimento individual.

Com a categoria "Me", Mead designou até aqui a imagem cognitiva que o sujeito recebe de si mesmo, tão logo aprenda a perceber-se da perspectiva de uma segunda pessoa. Ele chega a uma nova etapa na preparação de sua psicologia social, tão logo inclua na consideração da relação interativa o aspecto das normas morais; pois, desse modo, impõe-se-lhe a questão de como aquela autoimagem firmada no "Me" deve estar constituída, quando se trata, nas reações do parceiro de interação, não mais simplesmente das exigências cognitivas do comportamento, e sim de expectativas normativas. A primeira referência ao modo mais amplo de colocar o problema já se encontra no ensaio com que Mead concluiu a série de seus artigos dedicados à explicação da autoconsciência; numa passagem, ali ele traça brevemente o mecanismo por meio do qual uma criança aprende as formas elementares do juízo moral: "Uma criança só pode julgar seu comportamento como bom ou mau quando do ela reage a suas próprias ações lembrando as palavras de seus pais".[15] Nesse caso, as reações comportamentais com que um sujeito tenta influir sobre si mesmo, no papel de seu parceiro de interação, contêm as expectativas normativas de seu ambiente pessoal; mas, de acordo com isso, também o "Me", ao qual ele se volta aqui desde a perspectiva da segunda pessoa, não pode mais ser a instância neutra da resolução cognitiva de problemas, senão que deve incorporar a instância moral da solução intersubjetiva de conflitos. Com a ampliação do comportamento reativo social até os nexos normativos da ação, o "Me" se transforma de uma autoimagem cognitiva numa autoimagem prática: ao se colocar na perspectiva normativa de seu parceiro de interação, o outro sujeito assume suas referências axiológicas morais, aplicando-as na relação prática consigo mesmo.

---

[15] Mead, "Die soziale Identität", in: *Gesammelte Aufsätze*, vol. I, ed. cit., p. 246.

Em seus trabalhos posteriores, Mead faz rapidamente dessa ideia fundamental o ponto de apoio para uma explicação da formação da identidade humana. A ideia pela qual ele se deixa guiar aí é a de uma generalização gradual do "Me" no curso do desenvolvimento social da criança: se o mecanismo de desenvolvimento da personalidade consiste em que o sujeito aprende a conceber-se a si mesmo desde a perspectiva normativa de seu defrontante, então, com o círculo de parceiros de ação, o quadro de referência de sua autoimagem prática deve também se ampliar gradativamente. Em seu curso sobre psicologia social, que nos foi transmitido na forma de uma transcrição intitulada *Mind, Self, and Society*,[16] Mead ilustra essa direção evolutiva geral, como se sabe, recorrendo primeiramente a duas fases da atividade lúdica infantil: na etapa do *play*, do jogo dos papéis, a criança se comunica consigo mesma imitando o comportamento de um parceiro concreto da interação, para depois reagir a isso complementariamente na própria ação; por sua vez, a segunda etapa, a do jogo de competição ou do *game*, requer da criança em desenvolvimento que ela represente em si mesma, simultaneamente, as expectativas de comportamento de todos os seus companheiros de jogo para poder perceber o próprio papel no contexto da ação funcionalmente organizado. A diferença entre as duas etapas do jogo mede-se pela diferença no grau de universalidade das expectativas normativas de comportamento que a criança tem de antecipar respectivamente em si mesma: no primeiro caso, é o padrão concreto de comportamento de uma pessoa social que serve de referência, no segundo caso, ao contrário, são os padrões socialmente generalizados de comportamento de todo um grupo que devem ser incluídos na própria ação como expectativas normativas, exercendo uma espécie de controle. Portanto, na passagem da primeira à segunda etapa do jogo infantil, migram para dentro da autoimagem prática da criança em desenvolvimento as normas sociais de ação de um outro generalizado: "A diferença fundamental entre

---

[16] Mead, *Geist, Identität und Gesellschaft*, ed. cit.

o jogo e a competição reside em que no último a criança precisa ter em si mesma a atitude de todos os outros participantes. As atitudes dos companheiros que o participante assume organizam-se formando uma certa unidade, e é essa organização que controla a reação do indivíduo. Nós colocamos o exemplo do jogador de beisebol. Cada uma de suas ações é determinada pelas assunções das ações previsíveis dos próprios jogadores. Sua maneira de agir é controlada a partir do fato de que ele é simultaneamente todo outro membro do time, ao menos na medida em que essas atitudes influenciam suas próprias atitudes específicas. Desse modo, deparamos um 'outro' que é uma organização das atitudes de todas aquelas pessoas que estão inseridas no mesmo processo".[17] Do material ilustrativo concreto fornecido pela mudança no comportamento lúdico infantil, Mead extrai um mecanismo de desenvolvimento que deve estar na base do processo de socialização do ser humano em seu todo. O elo conceitual entre o campo mais estreito e o mais amplo a ser explicado é representado para Mead pela categoria do "outro generalizado": assim como a criança, com a passagem para o *game*, adquire a capacidade de orientar seu próprio comportamento por uma regra que ela obtève da sintetização das perspectivas de todos os companheiros, o processo de socialização em geral se efetua na forma de uma interiorização de normas de ação, provenientes da generalização das expectativas de comportamento de todos os membros da sociedade. Ao aprender a generalizar em si mesmo as expectativas normativas de um número cada vez maior de parceiros de interação, a ponto de chegar à representação das normas sociais de ação, o sujeito adquire a capacidade abstrata de poder participar nas interações normativamente reguladas de seu meio; pois aquelas normas interiorizadas lhe dizem quais são as expectativas que pode dirigir legitimamente todos os outros, assim como quais são as obrigações que ele tem de cumprir justificadamente em relação a eles. Em remissão à questão de como o "Me" se altera no processo

---

[17] Ibid., p. 196.

de desenvolvimento social, isso significa que o indivíduo aprende a se conceber, desde a perspectiva de um outro generalizado, como o membro de um sociedade organizada pela divisão do trabalho: "Essa inserção da extensa atividade do respectivo todo social ou da sociedade organizada no domínio de experiências de cada indivíduo envolvido ou incluído nesse todo é a base ou o pressuposto decisivo para o desenvolvimento pleno da identidade do indivíduo: só na medida em que ele assume as atitudes do grupo social organizado ao qual ele pertence em relação às atividades sociais organizadas e baseadas na cooperação com que esse grupo se ocupa, ele pode desenvolver uma identidade completa e possuir a que ele desenvolveu".[18]

Se o sujeito, pelo fato de aprender a assumir as normas sociais de ação do "outro generalizado", deve alcançar a identidade de um membro socialmente aceito de sua coletividade, então tem todo o sentido empregar para essa relação intersubjetiva o conceito de "reconhecimento": na medida em que a criança em desenvolvimento reconhece seus parceiros de interação pela via da interiorização de suas atitudes normativas, ela própria pode saber-se reconhecida como um membro de seu contexto social de cooperação. A própria proposta de Mead é falar aqui de uma relação de reconhecimento mútuo: "É esta identidade que se pode manter na comunidade, que é reconhecida na comunidade na medida em que ela reconhece as outras".[19] É claro que, nesse contexto, as explicações de Mead se aproximam bem mais do que foi visado por Hegel do que deixa supor a mera coincidência no uso do termo "reconhecimento"; pois, não diferentemente de Hegel, ele também quer que a compreensão que aquele que aprende a conceber-se da perspectiva do outro generalizado tem de si mesmo seja entendida como a compreensão de uma pessoa de direito. Com a adoção das normas sociais que regulam as relações de cooperação da coletividade, o indivíduo em crescimento não aprende só quais obrigações ele tem de cumprir em

---

[18] Ibid., p. 197.

[19] Ibid., p. 240.

relação aos membros da sociedade; ele adquire, além disso, um saber sobre os direitos que lhe pertencem, de modo que ele pode contar legitimamente com o respeito de algumas de suas exigências: direitos são de certa maneira as pretensões individuais das quais posso estar seguro que o outro generalizado as satisfará. Nesse sentido, pela concessão social desses direitos, é possível medir se um sujeito pode conceber-se como membro completamente aceito de sua coletividade; é por isso que lhes cabe, no processo de formação do Eu prático, um papel particularmente significante: "Se alguém quer manter sua propriedade na comunidade, é da maior importância que ele seja um membro dessa comunidade, uma vez que a adoção da atitude dos outros garante que os próprios direitos sejam reconhecidos. [...] Com isso recebe-se uma posição, consegue-se a dignidade de ser membro da comunidade".[20]

Não é por acaso que Mead fala nessa passagem de "dignidade", com a qual um sujeito se vê dotado no momento em que ele, pela concessão de direitos, é reconhecido como um membro da sociedade; pois com a expressão está implicitamente associada a afirmação sistemática de que corresponde à experiência de reconhecimento um modo de autorrelação prática, no qual o indivíduo pode estar seguro do valor social de sua identidade. O conceito geral que Mead escolhe para caracterizar uma tal consciência do próprio valor é o de "autorrespeito"; ele refere-se à atitude positiva para consigo mesmo que um indivíduo pode adotar quando reconhecido pelos membros de sua coletividade como um determinado gênero de pessoa. Por sua vez, o grau de autorrespeito depende da medida em que são individualizadas as respectivas propriedades ou capacidades para as quais o sujeito encontra confirmação por parte de seus parceiros de interação; visto que "direitos" são algo por meio do qual cada ser humano pode saber-se reconhecido em pro-

---

[20] Ibid., pp. 242-3; a respeito do conceito de direito de Mead, próprio da teoria do reconhecimento, cf. também: George Herbert Mead, *Movements of Thought in the Nineteenth Century*, Chicago, 1972, p. 21 ss.

Reconhecimento e socialização

priedades que todos os outros membros de sua coletividade partilham necessariamente com ele, eles representam para Mead uma base muito geral, embora sólida, para o autorrespeito: "É muito interessante recorrer à própria consciência mais íntima e buscar aquilo de que depende a preservação de nosso autorrespeito. Naturalmente, há fundamentos profundos e sólidos. Manter a palavra, cumprir as obrigações. Isso já dá uma base para o autorrespeito. Mas trata-se aqui de propriedades que devem ser atribuídas à maioria dos membros de nossa comunidade. Todos nós falhamos às vezes, mas no geral respondemos por nossa palavra. Pertencemos a uma comunidade, e nosso autorespeito depende de que nós nos vejamos como cidadãos seguros de si".[21]

Até esse ponto, a reconstrução de Mead da formação prática da identidade pode ser entendida ainda como uma versão da teoria do reconhecimento do jovem Hegel, precisada nos termos da psicologia social. É verdade que falta em *Mind, Self, and Society* qualquer referência a uma etapa de reconhecimento recíproco como a que Hegel tentou caracterizar com seu conceito romântico de "amor"; talvez seja essa a razão também de as explicações de Mead terem poupado a forma elementar de autorrespeito dada com a formação de uma confiança emocional nas próprias capacidades.[22] Mas, com vista à relação de reconhecimento que Hegel introduziu em seu modelo evolutivo como uma segunda etapa, sob o conceito genérico de "direito", a concepção de "outro generalizado" não representa apenas uma complementação teórica, mas também um aprofundamento objetivo: reconhecer-se reciprocamente como pessoa de direito significa que ambos os sujeitos incluem em sua própria ação, com efeito de controle, a vontade comunitária incorporada nas normas intersubjetivamente reconhecidas de uma sociedade. Pois, com

---

[21] Ibid., pp. 248-9.

[22] Tugendhat também aponta para esse *deficit*, se o entendo corretamente na passagem correspondente de *Selbstbewußtsein und Selbstbestimmung*, ed. cit., p. 275.

a adoção comum da perspectiva normativa do "outro generalizado", os parceiros da interação sabem reciprocamente quais obrigações eles têm de observar em relação ao respectivo outro; por conseguinte, eles podem se conceber ambos, inversamente, como portadores de pretensões individuais, a cuja satisfação seu defrontante sabe que está normativamente obrigado. A experiência de ser reconhecido pelos membros da coletividade como uma pessoa de direito significa para o sujeito individual poder adotar em relação a si mesmo uma atitude positiva; pois, inversamente, aqueles lhe conferem, pelo fato de saberem-se obrigados a respeitar seus direitos, as propriedades de um ator moralmente imputável. Porém, uma vez que o sujeito partilha necessariamente as capacidades vinculadas a isso com todos os seus concidadãos, ele não pode se referir positivamente ainda, como pessoa de direito, àquelas propriedades suas em que ele se distingue justamente de seus parceiros de interação; para tanto se precisaria de uma forma de reconhecimento mútuo que propiciasse confirmação a cada um não apenas como membro de uma coletividade, mas também como sujeito biograficamente individuado. Mead coincide com Hegel também na constatação de que a relação jurídica de reconhecimento é ainda incompleta se não puder expressar positivamente as diferenças individuais entre os cidadãos de uma coletividade.

No entanto, Mead transgride esse quadro referencial, ainda partilhado com Hegel, no momento em que ele passa a incluir em sua consideração da formação da identidade o potencial criativo do "Eu"; comparada ao programa hegeliano, a ampliação temática que ele efetua desse modo pode ser entendida no sentido de que é conferida posteriormente ao movimento de reconhecimento a força psíquica que torna explicável a sua dinâmica interna. Até o momento, Mead considerou o desenvolvimento da autorrelação prática exclusivamente do ponto de vista de quais alterações se realizam no "Me" do sujeito individual quando ele entra em contato, no processo de desenvolvimento, com um círculo continuamente crescente de parceiros de interação social; em contrapartida, o "Eu", isto é, a instância das formações reativas espontâneas, que como tal não

Reconhecimento e socialização

deve ser apreendida em termos cognitivos, é provisoriamente excluído por ele do quadro de sua análise. Porém, a par do aspecto do controle normativo do comportamento, também faz parte da explicação integral do que sucede no processo de formação do sujeito moral uma consideração das divergências criativas com que reagimos habitualmente às obrigações sociais em nosso agir cotidiano: "O 'Eu' contrapõe-se ao 'Me'. O indivíduo não tem somente direitos, mas também deveres; ele não é apenas um cidadão, um membro da comunidade, ele reage também a essa comunidade e a muda em suas reações, como vimos na conversação de gestos. O 'Eu' é a reação do indivíduo à atitude da comunidade, tal como esta transparece em sua experiência. Sua reação a essa atitude organizada altera, por sua vez, esta".[23] A espontaneidade prática que marca nosso agir no cotidiano se atribui às operações de um "Eu" que está contraposto ao "Me", como no caso da autorrelação cognitiva, na qualidade de uma força inconsciente: enquanto este hospeda as normas sociais através das quais um sujeito controla seu comportamento em conformidade com as expectativas sociais, aquele é o receptáculo de todos os impulsos internos que se expressam nas reações involuntárias aos desafios sociais. Porém, tanto quanto o "Eu" do autoconhecimento, o "Eu" da formação prática não é uma instância que como tal se possa penetrar diretamente; pois, do que nos perturba em manifestações práticas espontâneas, só podemos saber a parte que se dá a conhecer como desvio dos padrões de comportamento normativamente exigidos. Daí estar sempre aderido ao conceito de "Eu" que se encontra em *Mind, Self, and Society* algo de impreciso e ambíguo, e isto por boas razões; ele designa a experiência repentina de um afluxo de impulsos internos, dos quais não se pode mais divisar se nascem da natureza pulsional pré-social, da imaginação criadora ou da sensibilidade moral. Com seu conceito, Mead quer, como ele diz reportando-se a William James, chamar a atenção para um reservatório de energias psíquicas que dota

---

[23] Mead, *Geist, Identität und Gesellschaft*, ed. cit., p. 240.

todo sujeito de um grande número de possibilidades inesgotadas de identidade: "As possibilidades em nossa natureza, essas energias a que William James gostava tanto de se referir, representam possibilidades de identidades que residem além de nossa própria apresentação imediata. Nós não sabemos exatamente como elas estão constituídas. Em certo sentido, são os conteúdos mais fascinantes que temos — até onde podemos apreendê-los".[24]

Mas, se esse potencial de reação criativa do "Eu" é concebido como contraparte psíquica do "Me", então salta à vista rapidamente que a mera interiorização da perspectiva do "outro generalizado" não pode bastar na formação da identidade moral; pelo contrário, o sujeito sentirá em si, reiteradamente, o afluxo de exigências incompatíveis com as normas intersubjetivamente reconhecidas de seu meio social, de sorte que ele tem de pôr em dúvida seu próprio "Me". Esse atrito interno entre "Eu" e "Me" representa para Mead as linhas gerais do conflito que deve explicar o desenvolvimento moral tanto dos indivíduos como das sociedades: o "Me" incorpora, em defesa da respectiva coletividade, as normas convencionais que o sujeito procura constantemente ampliar por si mesmo, a fim de poder conferir expressão social à impulsividade e criatividade do seu "Eu". Mead insere na autorrelação prática uma tensão entre a vontade global internalizada e as pretensões da individuação, a qual deve levar a um conflito moral entre o sujeito e seu ambiente social; pois, para poder pôr em prática as exigências que afluem do íntimo, é preciso em princípio o assentimento de todos os membros da sociedade, visto que a vontade comum controla a própria ação até mesmo como norma interiorizada. É a existência do "Me" que força o sujeito a engajar-se, no interesse de seu "Eu", por novas formas de reconhecimento social.

Mead elucida primeiramente a estrutura desses conflitos morais lançando mão de exemplos que se referem a pretensões internas cuja satisfação pressuporia uma ampliação dos direitos indivi-

---

[24] Ibid., p. 248.

Reconhecimento e socialização

duais. A escolha desse ponto de partida se baseia em uma distinção implícita, da qual não é inteiramente claro à primeira vista se deve distinguir as etapas ou as dimensões da formação da identidade umas das outras: as exigências do "Eu" são distinguíveis de fora, pelo fato de poderem ser classificadas, em relação à via de seu cumprimento, ou no domínio da autonomia individual ou no da autorrealização pessoal; no primeiro caso, trata-se da "liberdade de leis"; no segundo caso, ao contrário, da "realização da identidade". No momento, a distinção assim alcançada não tem ainda, como tal, interesse, mas somente o fato de a elucidação de Mead tomar seu ponto de partida daquela primeira classe de pretensões do "Eu"; ou seja, ele tem em vista situações em que um sujeito sente em si impulsos para agir, de cuja realização ele se vê impedido pelas normas rígidas de seu meio social. Mead enxerga então a especificidade dos casos desse gênero no fato de fazerem o indivíduo concernido chegar a uma solução ativa de seu conflito moral somente por meio de uma operação especial de idealização: ele precisa, se quiser realizar as exigências de seu "Eu", antecipar uma coletividade na qual lhe cabe uma pretensão à realização do desejo correspondente. Essa pressão surge porque, dada a dúvida acerca das normas intersubjetivamente vigentes, perde-se também o parceiro do diálogo interno, perante o qual o sujeito podia até então justificar sua ação; no lugar do "outro generalizado" da coletividade existente entra, portanto, aquele de uma sociedade futura, na qual as pretensões individuais encontrarão presumivelmente assentimento. Nesse sentido, a finalidade prática de maior liberdade de ação já está ligada à suposição contrafática de um reconhecimento ampliado de direitos: "A exigência é por liberdade de convenções, de leis. Naturalmente, uma tal situação só é possível quando o indivíduo se volta de uma sociedade estreita e limitada para uma mais abrangente, mais abrangente no sentido lógico de que há nela mais direitos que são menos restritos. Desviamo-nos de convenções fixas, que não têm mais sentido para uma sociedade onde os direitos devem ser publicamente reconhecidos, e apelamos para uma outra sob a assunção de que há um grupo de outros organizados que reagem ao próprio apelo — mesmo que ele deva estar dirigido à posteridade".[25]

Como diz Mead, o sujeito só está em condições de uma "autoafirmação", isto é, de uma defesa das pretensões de seu "Eu" em face do meio social, quando se coloca na perspectiva de uma comunidade jurídica ampliada, e não naquela da vontade global existente; o "Me" ideal, que a institui desse modo em si mesmo, concede-lhe, para além da ruptura moral com a coletividade, o reconhecimento intersubjetivo, sem o qual ele não pode preservar a identidade pessoal. Mas, visto que a impulsividade do "Eu" não pode ser aplacada, junto com ela migra um elemento da idealização normativa para toda a práxis social; os sujeitos não podem outra coisa senão se assegurar reiteradamente, na defesa de suas pretensões espontaneamente vivenciadas, do assentimento de uma coletividade contrafaticamente suposta, que lhes faculta, comparada à relação de reconhecimento estabelecida, um maior número de direitos à liberdade. Da imensidade dessas divergências morais, que constantemente recobrem de certa maneira o processo de vida social com uma rede de ideais normativos, resulta para Mead o movimento que constitui o processo de evolução social: "Essa é a maneira pela qual a sociedade continua a se desenvolver, a saber: por uma influência recíproca, como a que se efetua ali onde uma pessoa pensa algo até o fim. Mudamos constantemente, em alguns aspectos, nosso sistema social, e podemos fazê-lo com inteligência, porque podemos pensar".[26]

Essa tese contém a chave teórica para um conceito de evolução social que propicia à ideia hegeliana de uma "luta por reconhecimento", de modo surpreendente, uma base na psicologia social. Mead estabelece um vínculo sistemático entre o afluxo ininterrupto do "Eu" e o processo de vida social, adicionando o grande número de divergências morais à soma de uma força histórica: em toda época histórica acumulam-se novamente antecipações de relações de re-

---

[25] Ibid. p. 243.

[26] Ibid., p. 211.

Reconhecimento e socialização

conhecimento ampliadas, formando um sistema de pretensões normativas cuja sucessão força a evolução social em seu todo a uma permanente adaptação ao processo de individuação progressiva. Pois, uma vez que os sujeitos, mesmo após a efetuação de reformas sociais, só podem defender as exigências de seu "Eu" antecipando uma coletividade que concede mais espaço de liberdade, origina-se uma cadeia histórica de ideais normativos que apontam na direção de um crescimento em autonomia pessoal. Sob a pressão desse padrão evolutivo, por assim dizer coletivamente antecipado, o processo de civilização seguiu, como diz Mead, uma tendência à "liberação da individualidade": "Uma das diferenças entre uma sociedade humana primitiva e uma civilizada é que na sociedade primitiva a identidade individual é determinada, em relação a seu pensamento e comportamento, de uma maneira muito mais ampla pelo padrão geral da atividade social organizada desenvolvida pelo respectivo grupo social do que é o caso na sociedade civilizada. Em outras palavras, a sociedade humana primitiva oferece muito menos espaço para a individualidade — para o pensamento e o comportamento original, único ou criativo por parte da identidade individual dentro dela — do que a sociedade civilizada. De fato, a evolução da sociedade civilizada a partir da primitiva se deve em grande parte à liberação social progressiva da identidade individual e de seu comportamento, às modificações e refinamentos do processo social que resultaram daí e que foram possibilitados por essa liberação".[27]

Assim como Hegel em relação ao processo de formação da "vontade comum", Mead concebe a evolução moral das sociedades como um processo de ampliação gradual dos conteúdos do reconhecimento jurídico; ambos os pensadores estão de acordo quanto ao desencadeamento histórico do potencial da individualidade pela via de um aumento do espaço de liberdade juridicamente concedida. Da mesma maneira que Hegel, Mead também vê como motor dessas modificações geridas uma luta através da qual os sujeitos

---

[27] Ibid., pp. 265-6.

procuram ininterruptamente ampliar a extensão dos direitos que lhes são intersubjetivamente garantidos e, nesse sentido, elevar o grau de autonomia pessoal; a liberação histórica da individualidade se efetua por isso, para os dois pensadores, como uma luta por reconhecimento de longo alcance. Mas, diferentemente de Hegel, Mead oferece para o processo evolutivo assim circunscrito uma explicação que o torna transparente em seus fundamentos motivacionais: as forças que impelem reiterada e inovadoramente o "movimento de reconhecimento" são representadas pelas camadas incontroláveis do "Eu", que só podem se exteriorizar livre e espontaneamente quando encontram o assentimento de um "outro generalizado". Porque os sujeitos, sob a pressão de seu "Eu", são compelidos a uma deslimitação contínua das normas incorporadas no "outro generalizado", eles se encontram de certo modo sob a necessidade psíquica de engajar-se por uma ampliação da relação de reconhecimento jurídica; a práxis social que resulta da união de esforços por um tal "enriquecimento da comunidade" é o que se pode chamar, na psicologia social de Mead, "luta por reconhecimento".

O fato de Mead não hesitar em derivar de sua própria abordagem consequências sociais dessa espécie é o que se dá a conhecer em seu curso nas passagens onde ele vem a falar sobre as transformações sociais de épocas passadas. Seus exemplos se referem de hábito a situações históricas em que conceitos normativamente ampliados de comunidade social puderam tornar-se o cerne motivacional de movimentos sociais: a "luta por reconhecimento" toma seu ponto de partida de ideias morais em que personalidades dotadas de carisma souberam ampliar o "outro generalizado" de seu meio social, de um modo que estava em concordância com as expectativas intuitivas dos contemporâneos; assim que essas inovações intelectuais puderam influir sobre a consciência de grupos maiores, procedeu daí uma luta por reconhecimento de pretensões jurídicas, que acabou colocando em questão a ordem institucionalizada. Mead apela com ênfase especial e repetidas vezes para a influência sociorrevolucionária de Jesus, a fim de ilustrar historicamente sua tese: "Foram grandes homens aqueles que, com seu papel na comunidade, a modificaram. Eles enriqueceram e ampliaram a comunidade. Grandes figuras religiosas da história ampliaram, com seu papel na comunidade, suas dimensões possíveis. Jesus generalizou em suas parábolas sobre o próximo o conceito de comunidade, recorrendo ao exemplo da família. Mesmo o homem fora da comunidade pode agora adotar em relação a ela essa atitude familial generalizada. Ele faz dos indivíduos ligados a ele desse modo membros de sua comunidade, da comunidade da religião universal".[28]

Contudo, esse exemplo mostra também que Mead associa dois processos muitos distintos à ideia de uma ampliação, obtida à luta, da relação de reconhecimento jurídica. Por um lado, o conceito abrange nele o processo no qual todo membro de uma coletividade ganha em autonomia pessoal, estendendo os direitos que lhe cabem; a comunidade "amplia-se", portanto, no sentido objetivo de que nela aumenta a dimensão do espaço para a liberdade individual. Por outro lado, o mesmo conceito refere-se, porém, àquele processo em que os direitos existentes numa determinada coletividade são transmitidos a um círculo cada vez maior de pessoas; nesse caso, circunscrito com o exemplo citado, a comunidade se "amplia" no sentido social de que são incluídos nela um número crescente de sujeitos pela adjudicação de pretensões jurídicas. Mead não distingue com suficiente clareza entre a generalização de normas sociais e a ampliação de direitos à liberdade individual; isso torna muito restrita a aplicação do conceito de relação jurídica social, que ele tenta introduzir, como Hegel, nos termos da teoria do reconhecimento.

Ora, diferentemente de Mead, Hegel não só fez nos seus primeiros escritos que a relação amorosa precedesse, na qualidade de uma primeira etapa de reconhecimento, a relação jurídica, como também distinguiu dela uma outra relação de reconhecimento, na qual a particularidade do sujeito individual deve obter confirmação. Para o que é visado com isso, encontra-se na psicologia social de Mead uma correspondência teórica na passagem onde ele inclui no

---

[28] Ibid., pp. 260-1.

quadro de seu exame aquela classe de exigências do "Eu" que ele procura diferenciar categorialmente do tipo de pretensões tratadas até então; como vimos, deve tratar-se aí de impulsos do "Eu" cuja satisfação não está ligada à condição do crescimento de autonomia pessoal, e sim à pressuposição de chances para autorrealização individual. Mead deixa em aberto se ele quer designar com essa segunda classe de pretensões uma dimensão ou uma etapa da formação prática da identidade; em todo caso, porém, ele parece partir de que tais exigências só podem aparecer em separado quando um sujeito já se sabe reconhecido, de uma maneira elementar, como membro de uma coletividade: "Mas isso não nos basta, já que queremos nos reconhecer em nossas diferenças em relação a outras pessoas. Naturalmente, temos um determinado *status* econômico e social, que nos possibilita essa distinção... Apoiamo-nos nas maneiras de falar e de vestir, na boa memória, nisso e naquilo — mas sempre em algo pelo qual nos distinguimos com vantagem em relação a outras pessoas".[29]

Mead conta com impulsos no ser humano dirigidos à distinção em face de todos os outros parceiros da interação para que se alcance uma consciência da unicidade individual; como a satisfação de tais impulsos está ligada a pressupostos diferentes do que seriam dados com a ampliação da relação de reconhecimento jurídica, ele as atribui a uma classe independente de pretensões do "Eu". Mas também o ímpeto para a autorrealização depende, como Mead acentua de imediato, da condição de uma espécie particular de reconhecimento: "Já que se trata de uma identidade social, ela realiza-se em sua relação com os outros. Ela tem de ser reconhecida pelos outros para receber aqueles valores que nós gostaríamos de ver atribuídos a ela".[30]

Por autorrealização Mead entende o processo em que um sujeito desenvolve capacidades e propriedades de cujo valor para o

---

[29] Ibid., p. 249.

[30] Ibid., p. 248.

meio social ele pode se convencer com base nas reações de reconhecimento de seu parceiro de interação. A espécie de confirmação de que depende um tal sujeito não pode, por isso, ser aquela que ele encontra como portador de direitos e deveres normativamente regulados; pois as propriedades que lhe são adjudicadas como pessoa de direito, ele as partilha justamente como todos os outros membros de sua coletividade. O "Me" da autorrealização não é aquela instância do controle normativo do comportamento que um sujeito adquire ao aprender a assumir as expectativas morais de um círculo cada vez maior de parceiros de interação; pois, da perspectiva que ele adota em relação a si mesmo com a interiorização desse "outro generalizado", ele só pode conceber-se como uma pessoa a quem cabe, como a todos os outros membros da sociedade, as propriedades de um ator moralmente imputável. Em oposição a isso, porém, o "Me" da autorrealização individual requer poder entender-se a si próprio como personalidade única e insubstituível; nesse sentido, essa nova instância refere-se a um órgão de autocertificação ética que contém as convicções axiológicas de uma coletividade, a cuja luz um sujeito pode certificar-se da importância social de suas capacidades individuais.

Se a autorrealização individual depende, nesse sentido, da existência de um "Me" valorativo, então impenderia a Mead investigar no próximo passo de seu estudo a constituição dele no sujeito individual, com o mesmo cuidado que ele analisou a do "Me" moral. Até mesmo a instância da autocertificação ética precisa percorrer um processo de generalização, na medida em que se amplia, para a criança em desenvolvimento, o círculo dos parceiros de interação: a estima que de início a criança experiencia diretamente com a dedicação afetiva do outro concreto tem de se fluidificar numa forma de reconhecimento que confere confirmação intersubjetiva ao indivíduo em seu modo de vida individualmente escolhido. Para poder chegar a um "Me" que opere um semelhante resseguro ético, todo sujeito tem de aprender a generalizar a tal ponto as convicções axiológicas de todos os seus parceiros de interação, que ele acaba obtendo uma representação abstrata das finalidades comuns de sua coletividade; pois só no horizonte desses valores partilhados em comum ele é capaz de conceber-se a si mesmo como uma pessoa que se distingue de todas as demais ao trazer uma contribuição, reconhecida como única, para o processo da vida social. Se Mead tivesse seguido de fato as tarefas de pesquisa esboçadas dessa maneira, ele teria deparado rapidamente com o problema de filosofia social a que o primeiro Hegel tentou responder com seu conceito de eticidade: o que este quis delinear como uma terceira relação ética de reconhecimento recíproco pode ser entendido a partir de Mead como uma resposta à questão sobre a quais destinatários, contrafaticamente supostos, um sujeito teria de dirigir-se quando ele se sente não reconhecido em suas propriedades particulares no interior do sistema de valores de sua sociedade, o qual se tornou intersubjetivamente habitual.[31] O conceito ético de "outro generalizado", ao qual Mead teria chegado se tivesse considerado as antecipações idealizadoras do sujeito da autorrealização que se sabe sem reconhecimento, partilha com a concepção de eticidade de Hegel as mesmas tarefas: nomear uma relação de reconhecimento recíproco na qual todo sujeito pode saber-se confirmado como uma pessoa que se distingue de todas as outras por propriedades ou capacidades particulares.

Mead, porém, não continuou a perseguir no quadro de seu curso as questões que o processo de autorrealização individual tem de levantar; nos parágrafos que se ocupam com a classe correspondente dos impulsos do "Eu", não se encontra mais do que poucas e, melhor dizendo, assistemáticas referências à imagem fenomênica que o "sentimento de superioridade" oferece no cotidiano. Mas, por

---

[31] No meu parecer, pode-se obter de Mead um argumento contra a concepção, hoje propagada, de que Hegel exagerou romanticamente, com seu conceito de eticidade, as tarefas de uma teoria normativa da sociedade; cf. nesse sentido, por exemplo, Charles E. Larmore, *Patterns of Moral Complexity*, Cambridge, 1987, p. 93 ss; a melhor defesa do conceito hegeliano de eticidade é hoje, ao meu ver, a investigação atualizadora de Charles Taylor, *Hegel and Modern Society*, Cambridge, 1979 (particularmente o cap. 2.8).

isso, Mead não pôde também ter nenhuma clareza sobre o fato de que a realização do "*Self*" torna necessária a atenção para um ideal de "outro generalizado" diferente do que está inscrito no processo de aumento de autonomia pessoal. Que forma há de assumir o reconhecimento recíproco tão logo não se trate mais da concessão intersubjetiva de direitos, mas sim da confirmação da particularidade individual, é uma questão que permanece excluída do círculo de suas reflexões. Apenas em uma única passagem Mead quebrou essa reserva geral e liberou o olhar para a relação social à qual confiou a possibilidade de conferir, de um modo feliz, reconhecimento aos indivíduos em suas capacidades particulares; sua proposta, que consiste no projeto de um modelo de desempenho funcional do trabalho, é interessante enquanto resposta ao problema traçado, sobretudo porque torna transparente a profusão de dificuldades: "Quanto a uma superioridade real, trata-se no fundo de uma que se baseia no cumprimento de funções definidas. Alguém é um bom cirurgião, um bom advogado, e pode estar orgulhoso dessa superioridade, da qual faz uso. Se faz isso no interior da própria comunidade, então ela perde aquele elemento de egoísmo no qual pensamos quando nos lembramos de uma pessoa que se gaba abertamente de sua superioridade sobre um outro".[32]

A solução que Mead tem em vista é a de um vínculo entre autorrealização e a experiência do trabalho socialmente útil: a medida de reconhecimento demonstrada a um sujeito, que cumpre "bem" a função atribuída a ele no quadro da divisão social do trabalho, basta para lhe proporcionar uma consciência de sua particularidade individual. Para a questão acerca das condições do autorrespeito, resulta daí que um indivíduo só é capaz de respeitar-se a si mesmo de um modo integral quando, no quadro da distribuição objetivamente dada de funções, pode identificar a contribuição positiva que ele traz para a reprodução da coletividade. Com a sua proposta, como não é difícil de ver, Mead quer desacoplar os pres-

---

[32] Mead, *Geist, Identität und Gesellschaft*, ed. cit., p. 252.

150   Atualização sistemática

supostos intersubjetivos da autorrealização das premissas axiológicas contingentes de uma coletividade particular: o "outro generalizado", de cujas finalidades éticas eu dependo se quero me certificar do reconhecimento social do modo de vida escolhido por mim, deve ser superado, como uma grandeza tornada objetiva, nas regras da divisão do trabalho funcional. Esse modelo de solução vai ao encontro da tendência histórica para a individualização, que Mead já afirmou antes num outro nível, porque tenta manter baixa, tanto quanto possível, a influência das valorações coletivas sobre a escolha da direção da autorrealização: visto que os sujeitos já podem possuir uma consciência de sua particularidade individual dado o saber de um cumprimento eficiente de seus deveres profissionais, eles estão liberados de todos os padrões estandardizados de autorrealização, como os estabelecidos em sociedades tradicionais, por exemplo através do conceito de honra. Portanto, tomando isso em conjunto, a ideia de Mead representa uma resposta pós-tradicional ao problema hegeliano da eticidade: a relação do reconhecimento recíproco, no qual os sujeitos, para além de suas comunidades morais, podem saber-se confirmados em suas propriedades particulares, deve poder ser encontrada num sistema transparente de divisão funcional do trabalho.

Contudo, o que não ficou claro a Mead é que esse modelo faz reaparecer num outro lugar justamente as dificuldades que tinha por fim evitar. Pois, se os membros da sociedade devem poder se certificar da unicidade individual de sua pessoa ao cumprir com eficiência e bem as tarefas atribuídas a eles na divisão do trabalho, então não se conclui daí uma independência em relação às finalidades éticas da coletividade correspondente — pois, com efeito, é primeiramente a concepção comum de vida boa que estabelece a valência das diversas funções do trabalho. Não só a maneira como uma tarefa definida através da divisão do trabalho é "bem" cumprida, mas também o que é considerado de modo geral uma contribuição laboral socialmente útil é regulado em cada caso pelos valores intersubjetivamente vinculantes, ou seja, pelas convicções éticas que dão à forma de vida de uma sociedade seu caráter individual; daí a divisão funcional do trabalho não poder ser considerada um sistema axiologicamente neutro, que abrangesse as regras implícitas segundo as quais o indivíduo poderia examinar, de certo modo objetivamente, sua contribuição particular para a coletividade.

Com razão, Mead parte da premissa de que um sujeito pode conceber-se a si mesmo como uma pessoa única e insubstituível, tão logo sua própria maneira de autorrealização seja reconhecida por todos os parceiros de interação na qualidade de uma contribuição positiva à coletividade. A compreensão prática que um semelhante ator tem de si mesmo, seu "Me" portanto, será nesse caso constituída de tal sorte que ela o faz compartilhar com os outros membros de sua coletividade não só as normas morais, mas também as finalidades éticas: se ele pode entender-se, à luz das normas comuns de ação, como uma pessoa que possui determinados direitos em face de todos os demais, então, à luz das convicções axiológicas comuns, ele pode entender-se como uma pessoa que tem importância única para eles todos. Mas, por razões bem compreensíveis, Mead tenta equiparar as finalidades éticas de uma coletividade pós-tradicional com as exigências objetivas da divisão funcional do trabalho, de uma maneira tão completa que acaba escorregando-lhe inopinadamente das mãos o problema realmente desafiador: determinar as convicções éticas de um "outro generalizado", que por um lado sejam substantivas o suficiente para fazer cada sujeito alcançar uma consciência de sua contribuição particular ao processo da vida social, mas, por outro lado, ainda formais o suficiente para não restringir posteriormente o espaço livre, historicamente desenvolvido, de possibilidades para a autorrealização pessoal. As condições morais e culturais sob as quais se reproduzem as sociedades pós-tradicionais, mais individualizadas no sentido de Mead, precisam também impor limites normativos a seus valores e a suas finalidades éticas: a concepção de vida boa, intersubjetivamente vinculante, que de certa maneira se tornou eticamente habitual, deve ser formulada de tal modo no plano do conteúdo que ela deixa ao próprio membro da coletividade a possibilidade de determinar seu modo de vida no quadro dos direitos que lhe cabem. Por conseguinte, a dificuldade que Mead de fato abordou, mas para depois voltar a ignorar, consiste na tarefa de dotar o "outro generalizado" com um *common good*, que faz todos os sujeitos conceberem igualmente seu próprio valor para a coletividade, sem impedi-los por isso da realização autônoma do seu *Self*; pois só uma semelhante forma de eticidade, por assim dizer democrática, abriria o horizonte cultural no qual os sujeitos, com direitos iguais, poderiam reconhecer-se reciprocamente em sua particularidade individual pelo fato de que cada um deles é capaz de contribuir, à sua própria maneira, para a reprodução da identidade coletiva.

Por sua vez, a solução que Mead ofereceu com seu modelo de divisão funcional do trabalho não chegou à altura teórica do problema da integração ética das sociedades modernas; a ideia de fazer o indivíduo alcançar o reconhecimento de suas propriedades particulares na experiência do trabalho socialmente útil há de fracassar já pelo fato de a valorização das funções reguladas pela divisão do trabalho ser dependente das finalidades abrangentes de uma coletividade. Mas a concepção de Mead, por mais que objetivistamente redutora, tem pelo menos a vantagem de trazer à luz *a posteriori*, com mais nitidez, as dificuldades a que estava presa também a solução do jovem Hegel, esboçada na parte I. Já havíamos mostrado que em Mead, assim como em Hegel, a ideia de uma "luta por reconhecimento" socialmente efetiva aponta para uma etapa superior, em que os sujeitos devem receber confirmação intersubjetiva como pessoas biograficamente individuadas; no lugar em que Mead havia aplicado para essa forma de reconhecimento o modelo de divisão funcional do trabalho, foi possível encontrar no quadro das primeiras obras de Hegel, a traços largos, a ideia de relações solidárias. Certamente, "Solidariedade" não é apenas um título possível para a relação intersubjetiva que Hegel tentou designar com o conceito de "intuição recíproca"; por si mesma, ela se apresenta como uma síntese dos dois modos precedentes de reconhecimento, porque ela partilha com o "direito" o ponto de vista cognitivo do tratamento igual universal, mas com o "amor", o aspecto do vínculo emotivo e da assistência. Hegel entende por "eticidade", na medida em que não se rendeu ainda a uma versão substancialista do conceito, o gênero de relação social que surge quando o amor, sob a pressão cognitiva do direito, se purifica, constituindo-se em uma solidariedade universal entre os membros de uma coletividade; visto que nessa atitude todo sujeito pode respeitar o outro em sua particularidade individual, efetua-se nela a forma mais exigente de reconhecimento recíproco.

Em comparação com a solução proposta por Mead, porém, transparece agora que faltava em princípio a essa concepção formal de eticidade qualquer indicação de por que os indivíduos devem experimentar para com o outro sentimentos de respeito solidário; sem o acréscimo de uma orientação pelos objetivos e valores comuns, como os que Mead perseguiu objetivistamente com sua ideia de divisão funcional de trabalho, o conceito de solidariedade carece do fundamento dado por um contexto de experiência motivador. Para poder demonstrar ao outro o reconhecimento que se apresenta num interesse solidário pelo seu modo de vida, é preciso antes o estímulo de uma experiência que me ensine que nós partilhamos uns com os outros, num sentido existencial, a exposição a certos perigos; mas quais riscos dessa espécie realmente nos vinculam de maneira prévia é possível medir, por sua vez, pelas concepções que possuímos em comum acerca de uma vida bem-sucedida no quadro da coletividade. A questão de em que medida a integração social das sociedades depende normativamente de uma concepção comum de vida boa constitui hoje o tema do debate entre o liberalismo e o "comunitarismo"; no final, teremos de fazer uma referência indireta a essa discussão, quando tentarmos derivar das ideias desenvolvidas por Hegel e Mead um conceito formal de eticidade.

5.
PADRÕES DE RECONHECIMENTO INTERSUBJETIVO: AMOR, DIREITO, SOLIDARIEDADE

Com os meios construtivos da psicologia social de Mead foi possível dar à teoria hegeliana da "luta por reconhecimento" uma inflexão "materialista". Não foi somente a premissa geral do primeiro Hegel, segundo a qual a formação prática da identidade humana pressupõe a experiência do reconhecimento intersubjetivo, que reapareceu em Mead na forma alterada de uma hipótese empírica de pesquisa; também foi possível encontrar em sua obra os equivalentes teóricos, oriundos de uma concepção pós-metafísica e naturalista, para a distinção conceitual de diversas etapas de reconhecimento, e mesmo para a afirmação, de longo alcance, acerca de uma luta que medeia essas etapas. Portanto, com a inclusão da psicologia social de Mead, a ideia que o jovem Hegel traçou em seus escritos de Jena com rudimentos geniais pode se tornar o fio condutor de uma teoria social de teor normativo; seu propósito é esclarecer os processos de mudança social reportando-se às pretensões normativas estruturalmente inscritas na relação de reconhecimento recíproco.

O ponto de partida dessa teoria da sociedade deve ser constituído pelo princípio no qual o pragmatista Mead coincidira fundamentalmente com o primeiro Hegel: a reprodução da vida social se efetua sob o imperativo de um reconhecimento recíproco porque os sujeitos só podem chegar a uma autorrelação prática quando aprendem a se conceber, da perspectiva normativa de seus parceiros de interação, como seus destinatários sociais. No entanto, uma tese relevante para a explicação disso só resulta dessa premissa geral se nela é incluído um elemento dinâmico: aquele imperativo ancorado no processo da vida social opera como uma coerção normativa, obrigando os indivíduos à deslimitação gradual do conteúdo do reconhecimento recíproco, visto que só por esse meio eles podem conferir uma expressão social às pretensões de sua subjetividade, que sempre se regeneram. Nesse sentido, o processo da individuação, discorrendo no plano da história da espécie, está ligado ao pressuposto de uma ampliação simultânea das relações de reconhecimento mútuo. A hipótese evolutiva assim traçada, porém, só pode se tornar a pedra angular de uma teoria da sociedade na medida em que ela é remetida de maneira sistemática a processos no interior da práxis da vida social: são as lutas moralmente motivadas de grupos sociais, sua tentativa coletiva de estabelecer institucional e culturalmente formas ampliadas de reconhecimento recíproco, aquilo por meio do qual vem a se realizar a transformação normativamente gerida das sociedades. Hegel efetuou esse passo, desenvolvendo a teoria do reconhecimento até chegar a um modelo de conflito, de maneira idealista; Mead o fez de uma maneira que já se pode dizer "materialista"; em contraposição à tradição teórica que vai de Maquiavel até Nietzsche, passando por Hobbes, os dois pensadores deram à luta social uma interpretação na qual ela pôde se tornar uma força estruturante na evolução moral da sociedade. Antes porém de eu poder esboçar, ao menos em alguns traços básicos, esse complexo central da teoria da sociedade em vista, é preciso primeiro clarificar sistematicamente dois pressupostos que se encontram inscritos nas teorias do reconhecimento de Hegel e Mead, mas não desdobrados. Por um lado, a tripartição que ambos os autores parecem realizar em comum nas formas do reconhecimento recíproco carece de uma justificação que vá além do que foi dito até o momento: em que medida uma tal distinção na estrutura das relações da vida social acerta realmente em algo é o que se deve mostrar, independentemente dos textos aduzidos, fazendo-a concordar aproximativamente com os resultados da pesquisa empírica. Na sequência, isso acontecerá na forma de uma tipologia fenomenológica que procura descrever os três padrões de reconhecimento de modo que eles se tornem empiricamente controláveis, recorrendo-se aos estados de coisa expostos pelas ciências particulares; no ponto central se encontrará a demonstração de que se podem atribuir de fato às diferentes formas de reconhecimento recíproco diversas etapas de autorrelação prática do ser humano, o que se sugere a traços vagos na psicologia social de Mead. Com base nessa tipologia é possível começar a abordar também a segunda tarefa, que Hegel e Mead nos deixaram porque não clarificaram de maneira suficiente uma implicação decisiva de sua concepção teórica. Pois ambos os pensadores, em igual medida, não estiveram em condições de definir de forma mais adequada as experiências sociais sob cuja pressão a asseverada luta por reconhecimento deve se originar no processo histórico: tanto em Hegel como em Mead não se encontra uma consideração sistemática daquelas formas de desrespeito que podem tornar experienciável para os atores sociais, na qualidade de um equivalente negativo das correspondentes relações de reconhecimento, o fato do reconhecimento denegado. Por isso, no capítulo subsequente, tentaremos fechar essa lacuna, diferenciando as diversas espécies de rebaixamento e de ofensa por que passam os homens; nesse contexto, a remissão à tipologia das formas de reconhecimento resultará da tese segundo a qual as formas de desrespeito podem ser distinguidas lançando-se mão do critério de saber qual nível de autorrelação de uma pessoa, intersubjetivamente adquirida, elas respectivamente lesam ou chegam a destruir.[33]

Embora não se tenha encontrado nos escritos de Mead um substituto adequado para o conceito romântico de "amor", sua teoria, como a de Hegel, desemboca também na distinção de três formas de reconhecimento recíproco: da dedicação emotiva, como a conhecemos das relações amorosas e das amizades, são diferenciados o reconhecimento jurídico e o assentimento solidário como modos separados de reconhecimento. Já em Hegel são atribuídos respectivamente a esses três padrões de reciprocidade conceitos es-

---

[33] Uma primeira elaboração dessa tese, ainda panorâmica, eu apresentei em "Integrität und Mißachtung. Grundmotive einer Moral der Anerkennung", in: *Merkur*, vol. 501, 1990, p. 143 ss.

peciais de pessoa, no sentido de que a autonomia subjetiva do indivíduo aumenta também com cada etapa de respeito recíproco; mas só em Mead é dada à intuição inscrita nisso a versão sistemática de uma hipótese empírica, segundo a qual o grau de relação positiva da pessoa consigo mesma se intensifica passo a passo na sequência das três formas de reconhecimento. Os dois pensadores, o autor da *Realphilosophie* bem como o pragmatista americano, coincidem, além disso, na tentativa de localizar os diversos modos de reconhecimento nas respectivas esferas da reprodução social: desde logo, Hegel distingue em sua filosofia política a família, a sociedade civil e o Estado; em Mead se divisa a tendência de destacar das relações primárias do outro concreto as relações jurídicas e a esfera do trabalho enquanto duas formas distintas de realização do outro generalizado.

Ora, antes de mais nada, depõe a favor da sistemática inscrita nessas distintas tripartições o fato de que ela se reflete, de maneira estupenda, nas diferenciações de uma série de outros representantes da filosofia social: Max Scheler, por exemplo, distingue, com "comunidade de vida", "sociedade" e "comunidade de pessoas" fundada em solidariedade, três "formas essenciais da unidade social", que ele, não diferentemente de Hegel e Mead, põe em paralelo com etapas de desdobramento do ser da pessoa.[34] Em *Os limites da comunidade*, de Plessner, encontra-se, mas em clara dependência para com a ontologia social de Scheler, uma distinção, com vista aos diversos graus de confiança intersubjetiva, em três esferas de ligações primárias, de relacionamento social e de comunidade objetiva [*Sachgemeinschaft*].[35] Mas, por mais extensa que possa ser uma tal lista de interconexões no plano da história teórica, ela dificilmente pode provar mais que a grande plausibilidade

---

[34] Cf. Max Scheler, "Der Formalismus in der Ethik und die materiale Wertethik", in: *Gesammelte Werke*, Berna, 1966, vol. II, especialmente p. 509 ss.

[35] Cf. Helmuth Plessner, "Die Grenzen der Gemeinschaft", in: *Gesammelte Schriften* (ed. de Günther Dux, Odo Marquard e Elisabeth Ströker), Frankfurt, 1981, vol. V, p. 7 ss.

de uma subdivisão da vida social em três esferas de interação; é manifestamente óbvio distinguir formas de integração social conforme ela se realize pela via das ligações emotivas, da adjudicação de direitos ou da orientação comum por valores. Em contrapartida, a especificidade da teoria defendida por Hegel e Mead consiste primeiramente em atribuir aquelas três esferas de interação a padrões diferentes de reconhecimento recíproco, aos quais devem corresponder respectivamente, além disso, um potencial particular de desenvolvimento moral e formas distintas de autorrelação individual. Para poder examinar essas pretensões amplas, apresenta-se a tentativa de reconstruir o conteúdo concretamente dado do amor, do direito e da solidariedade, até o ponto em que se estabelece uma conexão produtiva com os resultados das pesquisas científicas particulares; na comprovação pelo material das investigações empíricas se mostrará então se os três padrões de relação se deixam realmente distinguir entre si como formas de reconhecimento, de tal modo que constituam tipos independentes no que concerne ao *medium* do reconhecimento, à espécie de autorrelação possibilitada e ao potencial de desenvolvimento moral.

(1) Para falar do "amor" não apenas no sentido restrito que o conceito recebeu desde a valorização romântica da relação íntima sexual,[36] recomenda-se primeiramente um modo de emprego neutro o máximo possível: por relações amorosas devem ser entendidas aqui todas as relações primárias, na medida em que elas consistam em ligações emotivas fortes entre poucas pessoas, segundo o padrão de relações eróticas entre dois parceiros, de amizades e de relações pais/filho. Essa proposta coincide com o emprego que Hegel faz do conceito, no sentido de que nele o "amor" também designa mais do que somente o relacionamento sexualmente preenchido entre homem e mulher; é verdade que seus primeiros escritos estão

---

[36] Cf. acerca disso Niklas Luhmann, *Liebe als Passion. Zur Codierung von Intimität*, Frankfurt, 1982, cap. 13.

ainda fortemente marcados pela caracterização da ligação emotiva intersexual feita pelo primeiro romantismo, mas nossa interpretação havia mostrado que ele aplica o conceito também ao relacionamento afetivo entre pais e filhos no interior da família, por exemplo. Para Hegel, o amor representa a primeira etapa de reconhecimento recíproco, porque em sua efetivação os sujeitos se confirmam mutuamente na natureza concreta de suas carências, reconhecendo-se assim como seres carentes: na experiência recíproca da dedicação amorosa, dois sujeitos se sabem unidos no fato de serem dependentes, em seu estado carencial, do respectivo outro. Além disso, visto que carências e afetos só podem de certo modo receber "confirmação" porque são diretamente satisfeitos ou correspondidos, o próprio reconhecimento deve possuir aqui o caráter de assentimento e encorajamento afetivo; nesse sentido, essa relação de reconhecimento está também ligada de maneira necessária à existência corporal dos outros concretos, os quais demonstram entre si sentimentos de estima especial. A chave para transferir esse tema a um contexto de pesquisa determinado pelas ciências particulares é representada então por aquela formulação de Hegel segundo a qual o amor tem de ser concebido como um "ser-si-mesmo em um outro";[37] pois, com isso, é dito das relações primárias afetivas que elas dependem de um equilíbrio precário entre autonomia e ligação, o qual constitui o interesse diretivo pela determinação das causas de desvios patológicos na teoria psicanalítica das relações de objeto. Com a guinada da psicanálise em direção ao curso interativo da primeira infância, a ligação afetiva com outras pessoas passa a ser investigada como um processo cujo êxito depende da preservação recíproca de uma tensão entre o autoabandono simbiótico e a autoafirmação individual; daí a tradição de pesquisa da teoria das relações de objeto ser apropriada, em especial medida, para tornar compreensível o amor como uma relação interativa à qual subjaz um padrão particular de reconhecimento recíproco.

---

[37] Hegel, *System der Sittlichkeit*, ed. cit., p. 17.

Da análise terapêutica dos relacionamentos patológicos, a teoria das relações de objeto infere as condições que podem conduzir a uma forma bem-sucedida de ligação afetiva com outras pessoas. No entanto, antes de se poder chegar, no interior da psicanálise, a essa concentração nos aspectos interpessoais do agir humano, precisou-se de um série de estímulos teóricos que colocaram em questão a representação ortodoxa do desenvolvimento da vida pulsional infantil.[38] Para Freud e seus sucessores, os parceiros de interação da criança só tiveram importância de início na medida em que se apresentavam como objetos de investimentos libidinosos que resultavam do conflito intrapsíquico de demandas pulsionais inconscientes e de controle do ego gradualmente emergente; além desse papel apenas mediado e secundário, foi concedido unicamente à mãe, como pessoa de referência, um valor posicional independente, já que a ameaça de perdê-la na fase do estado de desamparo psíquico do bebê é considerada a causa de todas as variantes maduras de angústia.[39] Se desse modo estava estabelecido um quadro do desenvolvimento psíquico da criança no qual suas relações com outras pessoas eram consideradas apenas uma mera função no desdobramento das pulsões libidinosas, então as investigações empíricas de René Spitz já iriam despertar dúvidas quanto a isso; pois suas observações haviam mostrado que a privação da dedicação materna leva a graves distúrbios no comportamento do bebê mesmo quando, malgrado isso, a satisfação de todas as suas carências corporais está assegurada.[40] Esses primeiros indícios acerca do significado

---

[38] Cf. a excelente visão sinóptica de Morris N. Eagle, *Neuere Entwicklungen in der Psychoanalyse. Eine kritische Würdigung*, Munique/Viena, 1988. Além disso, Jay R. Greenberg e Stephen A. Mitchell, *Object Relations in Psychoanalytic Theory*, Cambridge, Mass., 1983.

[39] Sigmund Freud, "Hemmung, Symptom und Angst", in: *Gesammelte Werke*, Frankfurt, 1972, vol. XIV, p. 111 ss.

[40] René A. Spitz, *Vom Säugling zum Kleinkind*, Stuttgart, 1976, particularmente cap. 14.

independente de ligações emocionais para o desenvolvimento da primeira infância foram, em seguida, como Morris Eagle mostrou em sua visão de conjunto sobre *Os recentes desenvolvimentos na psicanálise*,[41] apoiados e fortalecidos por uma série de outros resultados da pesquisa psicológica: estudos experimentais etnológicos conseguiram demonstrar que a ligação do bebê macaco com a assim chamada mãe substituta não pode provir da vivência de satisfação pulsional, senão que deriva da experiência do "conforto no contato".[42] Abrindo novas possibilidades, as investigações de John Bowlby levaram ao resultado segundo o qual o bebê humano desenvolve, já em seus primeiros meses de vida, uma disposição ativa para o estabelecimento de proximidades interpessoais que oferece a base para todas as formas posteriores de ligação emotiva;[43] e Daniel Stern, também sob influência das pesquisas de Spitz e de Bowlby, trouxe provas convincentes para o fato de que a interação entre mãe e criança se efetua como um processo altamente complexo, no qual ambos os implicados se exercitam mutuamente na capacidade de vivenciar em comum sentimentos e percepções.[44]

No interior de uma psicanálise aberta à pesquisa, como a que se encontrou na Inglaterra e nos EUA da época do pós-guerra, tudo isso iria ter um efeito estimulante de larga medida, no sentido de que parecia apontar, em oposição ao modelo estrutural do Id e do Ego da teoria freudiana, para a importância duradoura das experiências interativas primevas e pré-linguísticas: se o processo de socialização dependia determinantemente das experiências que a criança pequena faz no relacionamento afetivo com seus primeiros parceiros de relação, então não podia mais ser mantida em pé a con-

---

[41] Eagle, *Neuere Entwicklung in der Psychoanalyse*, ed. cit., cap. 2.

[42] H. F. Harlow, "The Nature of Love", in: *American Psychologist*, n° 13, 1958, p. 673 ss.

[43] John Bowlby, *Bindung*, Munique, 1975.

[44] Daniel Stern, *Mutter und Kind. Die erste Beziehung*, Stuttgart, 1979.

cepção ortodoxa segundo a qual o desenvolvimento psíquico se efetua como uma sequência de formas de organização da relação "monológica" entre pulsões libidinosas e capacidade do ego; pelo contrário, o quadro conceitual da psicanálise carecia de uma ampliação fundamental, abrangendo a dimensão independente de interações sociais no interior da qual a criança aprende a se conceber como um sujeito autônomo por meio da relação emotiva com outras pessoas. Finalmente, pelo lado terapêutico, veio ao encontro dessa conclusão teórica a descoberta de que um número crescente de pacientes sofria de enfermidades psíquicas que já não podiam mais ser atribuídas a conflitos interpsíquicos entre os componentes do Ego e do Id, mas somente a distúrbios interpessoais no processo de desligamento da criança; tais formas de patologia, como as existentes no caso dos sintomas de *borderline* e de narcisismo, forçaram os terapeutas a recorrer em forte medida a abordagens incompatíveis com as concepções ortodoxas, visto que buscavam conferir um significado independente às ligações recíprocas entre as crianças e as pessoas de referência.

No que concerne aos diversos desafios esboçados com essas poucas indicações, a teoria psicanalítica das relações de objeto representa então a primeira tentativa de uma resposta conceitual; ela leva em conta sistematicamente a intuição desenvolvida acerca do valor psíquico das experiências interativas na primeira infância, na medida em que, complementando a organização das pulsões libidinosas, a relação afetiva com outras pessoas é considerada um segundo componente do processo de amadurecimento. Todavia, não é a ampliação intersubjetiva do quadro explicativo psicanalítico como tal o que faz a teoria das relações de objeto parecer especialmente apropriada para os fins de uma fenomenologia das relações de reconhecimento; ela só permite uma ilustração do amor como uma forma determinada de reconhecimento em virtude do modo específico pelo qual o sucesso das ligações afetivas se torna dependente da capacidade, adquirida na primeira infância, para o equilíbrio entre a simbiose e a autoafirmação. Essa ideia central, na qual as intuições do jovem Hegel encontram confirmação num grau surpreendente, teve seu caminho preparado pelo psicanalista inglês Donald W. Winnicott; reportando-se a seus escritos, Jessica Benjamin empreendeu nesse meio-tempo uma primeira tentativa de interpretar, com os meios psicanalíticos, a relação amorosa como um processo de reconhecimento recíproco.

Winnicott escreveu seus trabalhos da perspectiva de um pediatra com postura psicanalítica que procura obter, no quadro do tratamento de distúrbios comportamentais psíquicos, esclarecimentos acerca das condições "suficientemente boas" da socialização de crianças pequenas.[45] O que o distingue de imediato da abordagem da tradição ortodoxa da psicanálise é uma percepção que pode ser inserida comodamente no quadro teórico formulado por Hegel e Mead: em seus primeiros meses de vida, a criança pequena depende a tal ponto da complementação prática de seu comportamento pelos cuidados maternos que ela representa uma abstração errônea quando a pesquisa psicanalítica a considera um objeto de investigação independente, isolada de qualquer pessoa de referência.[46] A assistência com que a mãe mantém o bebê em vida não se conecta ao comportamento infantil como algo secundário, mas está fundida com ele de uma maneira que torna plausível supor, para o começo de toda vida humana, uma fase de intersubjetividade indiferenciada, de simbiose portanto. Para Winnicott, isso se refere a mais do que é designado na teoria freudiana com o conceito de "narcisismo primário": não só o bebê deve alucinar, tomando o comportamento cuidadoso materno como uma emanação da própria onipotência; também a mãe perceberá todas as reações de seu filho

---

[45] A seguir refiro-me a Donald W. Winnicott, *Reifungsprozesse und fördernde Umwelt*, Frankfurt, 1984; id., *Vom Spiel zur Kreativität*, Stuttgart, 1989. Uma sucinta visão de conjunto sobre o papel especial de Winnicott no interior da psicanálise é dada por Greenberg e Mitchell, *Object Relations in Psychoanalytic Theory*, ed. cit., cap. 7.

[46] Donald W. Winnicott, "Die Theorie von der Beziehung zwischen Mutter und Kind", in: *Reifungsprozesse und fördernde Umwelt*, ed. cit., p. 47 ss.

como o elemento de um único ciclo de ação. Essa unidade originária do comportamento, reciprocamente vivenciada, para a qual ganhou cidadania na pesquisa empírica o conceito de "intersubjetividade primária",[47] suscita a questão com que Winnicott se ocupou principalmente durante sua vida: como se constitui o processo de interação através do qual mãe e filho podem se separar do estado do indiferenciado ser-um, de modo que eles aprendem a se aceitar e amar, afinal, como pessoas independentes?

A formulação da questão já indica que desde o início Winnicott concebeu o processo de amadurecimento infantil como uma tarefa que só através da cooperação intersubjetiva de mãe e filho pode ser solucionada em comum: visto que ambos os sujeitos estão incluídos inicialmente, por meio de operações ativas, no estado do ser-um simbiótico, eles de certo modo precisam aprender do respectivo outro como eles têm de diferenciar-se em seres autônomos. Por conseguinte, os conceitos que Winnicott emprega para caracterizar as diversas fases desse processo de amadurecimento são sempre designações não só do estado psíquico de um dos implicados, da criança, mas também da constituição respectiva da relação entre mãe e filho; o progresso que o desenvolvimento infantil há de tomar deve conduzi-lo a uma personalidade psiquicamente sã, sendo perceptível nas modificações da estrutura de uma construção interativa, não nas transformações da organização do potencial pulsional do indivíduo. Para caracterizar a primeira fase, isto é, aquela relação de comunidade simbiótica que principia logo depois do nascimento, Winnicott aduz principalmente a categoria de "dependência abso-

---

[47] Cf. por exemplo Couym Trevorthen, "Communication and Cooperation in Early Infancy. A Description of Primary Intersubjectivity", in: Margret Bullowa (org.), *Before Speech. The Beginning of Interpersonal Communication*, Cambridge, 1979, p. 321 ss; id., "The Foundations of Intersubjectivity: Development of Interpersonal and Cooperative Unterstanding of Infants", in: D. R. Olson (org.), *The Social Foundations of Language and Thought*, Nova York, 1980, p. 316 ss.

luta";[48] ela significa que os dois parceiros de interação dependem aqui, na satisfação de suas carências, inteiramente um do outro, sem estar em condições de uma delimitação individual em face do respectivo outro. Pois, por um lado, a mãe vivenciará o estado carencial precário do bebê como uma necessidade de seu próprio estado psicológico, uma vez que ela se identificou projetivamente com ele no curso da gravidez; daí a atenção emotiva dela estar talhada para a criança de modo tão integral que ela aprende a adaptar sua assistência e cuidado, como por um ímpeto interno, aos seus interesses cambiantes, mas como que co-sentidos [*mitgefühlt*] por ela própria. A essa dependência precária da mãe, que carece, segundo a suposição de Winnicott, do reconhecimento protetor de um terceiro,[49] corresponde, por outro lado, o completo estado de desamparo do bebê, ainda incapaz de expressar por meios comunicativos suas carências físicas e emotivas. Não estando em condições de uma diferenciação cognitiva entre ela mesma e o ambiente, a criança se move, nos primeiros meses de vida, num horizonte de vivências cuja continuidade só pode ser assegurada pelo auxílio complementário de um parceiro da interação. Na medida em que não somente a libertação das tensões pulsionais mas também o conforto no contato corporal fazem parte das qualidades, necessárias à vida, desse mundo indiferenciado de experiências, o bebê depende desamparadamente de que a mãe lhe demonstre amor através das formas de "colo" [*Halten*], exigidas pelas carências. Só no abrigo físico representado pelo "colo", o bebê pode aprender a coordenar suas experiências motórias e sensórias em torno de um único centro de vivências, chegando assim ao desenvolvimento de um esquema corporal; por isso, uma vez que compete à atividade de "colo" uma importância ex-

---

[48] Donald W. Winnicott, "Von der Abhängigkeit und Unabhängigkeit in der Entwicklung des Individuums", in: *Reifungsprozesse und fördernde Umwelt*, ed. cit., p. 108 ss.

[49] Donald W. Winnicott, "Die Theorie von der Beziehung zwischen Mutter und Kind", in: *Reifungsprozesse und fördernde Umwelt*, ed. cit., p. 63.

traordinária para o desenvolvimento infantil, em algumas passagens Winnicott chamou o estado de fusão também de "fase do colo".[50]

Como a mãe e a criança dependem uma da outra nessa fase de unidade simbiótica, esta só pode chegar portanto a um termo quando ambas obtêm para si um pouco de independência. Para a mãe, esse empuxo de emancipação principia no momento em que ela pode voltar a ampliar seu campo de atenção social, porque sua identificação primária e corporal com o bebê começa a fluidificar; o retorno às rotinas do cotidiano e a nova abertura para as pessoas de referência familiares impelem-na a negar a satisfação direta das carências da criança, ainda espontaneamente intuídas, deixando-a só por intervalos maiores de tempo. A essa "des-adaptação graduada"[51] da mãe corresponde, pelo lado do bebê, um desenvolvimento intelectual que provoca, juntamente com a ampliação dos reflexos condicionados, a capacidade de diferenciar cognitivamente o próprio ego e o ambiente: na idade média de seis meses, ele começa a entender sinais acústicos ou ópticos como índices de futuras satisfações de carências, de sorte que pode suportar progressivamente a ausência da mãe em curtos períodos. Se desse modo a pessoa da mãe passa a ser vivenciada pela primeira vez como algo no mundo que não está sob o controle da própria onipotência, então isso significa para a criança, ao mesmo tempo, uma percepção germinal de sua dependência: ela sai da fase da "absoluta dependência" porque a própria dependência em relação à mãe entra em seu campo de visão, de modo que ela aprende agora a referir seus impulsos pessoais, propositadamente, a certos aspectos da assistência materna. Nesse novo estágio da interação, ao qual Winnicott anexa o conceito de "dependência relativa",[52] ocorrem todos os pas-

---

[50] Ibid., p. 56 ss.

[51] Donald W. Winnicott, "Von der Abhängigkeit und Unabhängigkeit in der Entwicklung des Individuums", in: *Reifungsprozesse und fördernde Umwelt*, ed. cit., p. 112.

[52] Ibid., p. 111 ss.

sos decisivos no desenvolvimento da capacidade infantil para a ligação; é por isso que ele lhes dedicou a maior e, além disso, a mais instrutiva parte de suas análises. Elas dão a entender como se constitui na relação entre mãe e filho aquele "ser-si-mesmo em um outro", o qual pode ser concebido como padrão elementar de todas as formas maduras de amor.

Para a criança, resulta do processo de desilusão, iniciado quando do a mãe já não pode estar à sua disposição em virtude do novo aumento de sua autonomia de ação, um grande desafio, difícil de ser vencido: se a pessoa fantasiada até então como parte de seu mundo subjetivo escapa gradativamente de seu controle onipotente, ela precisa começar a chegar a um "reconhecimento do objeto como um ser com direito próprio".[53] A criança pequena é capaz de resolver essa tarefa na medida em que seu ambiente social lhe permite a aplicação de dois mecanismos psíquicos que servem em comum à elaboração afetiva da nova experiência; o primeiro dos dois mecanismos foi tratado por Winnicott sob a rubrica de "destruição", o segundo é apresentado por ele no quadro de seu conceito de "fenômenos transicionais".

Em resposta à percepção gradual de uma realidade que resiste a estar disponível, o bebê desenvolve logo uma disposição para atos agressivos, dirigidos primariamente à mãe, percebida agora também como independente; como que para rebelar-se contra a experiência do desvanecimento da onipotência, ele procura destruir o corpo dela, vivenciado até aqui apenas como fonte de prazer, aplicando-lhe golpes, mordidas e empurrões. Nos enfoques interpretativos convencionais, essas erupções de agressividade infantil são colocadas na maioria das vezes num nexo causal com frustrações que ocorrem devido à experiência da perda do controle onipotente; para Winnicott, ao contrário, elas representam em si ações oportunas, através das quais o bebê testa de maneira inconsciente se o

---

[53] Donald W. Winnicott, "Objektverwendung und Identifizierung", in: *Vom Spiel zur Kreativität*, ed. cit., p. 105.

objeto, afetivamente investido em alta medida, pertence de fato a uma realidade ininfluenciável e, nesse sentido, "objetiva"; se a mãe sobrevive a seus ataques destrutivos sem revidar, ele se desloca praticamente, de certo modo, para um mundo no qual existem ao lado dele outros sujeitos.[54] Nesse sentido, os atos destrutivos e lesivos não são a expressão de uma elaboração negativa de experiências frustrantes; eles formam os meios construtivos com base nos quais a criança pode chegar a um reconhecimento da mãe, isento de ambivalência, como "um ser com direito próprio": se ela suporta seus atos destrutivos como pessoa capaz de resistência, chegando até mesmo a lhe dar, com negativas, ensejo a erupções de fúria, então ele se torna capaz, através da integração de seus impulsos agressivos, de amá-la sem fantasias narcisísticas de onipotência. Na ligação que surgiu agora, a criança pode reconciliar sua afeição pela mãe, ainda alimentada de forma simbiótica, com a experiência da autonomia desta: "Durante esse tempo, a mãe é necessária, e ela é necessária por causa de seu valor de sobrevivência. Ela é uma mãe-ambiente e, ao mesmo tempo, uma mãe-objeto, o objeto do amor excitado. No último papel, ela é repetidamente destruída ou danificada. A criança integra gradualmente esses dois aspectos da mãe e gradualmente se torna capaz, ao mesmo tempo, de amar a mãe sobrevivente com ternura".[55]

Se concebemos dessa maneira o primeiro processo de desligamento da criança como o resultado de manifestações de comportamento agressivo, então se revela justificada a proposta de Jessica Benjamin de aduzir aqui a "luta por reconhecimento" descrita por

---

[54] Cf. sobretudo: ibid., p. 104 ss; cf. também a respeito desse complexo: Marianne Schreiber, "Kann der Mensch Verantwortung für seine Aggressivität übernehmen? Aspekte aus der Psychologie D. W. Winnicotts und Melanie Kleins", in: Alfred Schöpf (org.), *Aggression und Gewalt*, Würzburg, 1983, p. 155 ss.

[55] Donald W. Winnicott, "Moral und Erziehung", in: *Reifungsprozesse und fördernde Umwelt*, ed. cit., p. 133.

Hegel, considerando-a um modelo instrutivo:[56] com efeito, só na tentativa de destruição de sua mãe, ou seja, na forma de uma luta, a criança vivencia o fato de que ela depende da atenção amorosa de uma pessoa existindo independentemente dela, como um ser com pretensões próprias. Para a mãe, inversamente, isto significa no entanto que também ela tem de aprender primeiro a aceitar a independência de seu defrontante, se quer "sobreviver" a seus ataques destrutivos no quadro do seu espaço de ação novamente alargado: a carga agressiva da situação requer dela que compreenda as fantasias e desejos destrutivos de seu filho como algo que vai contra os seus próprios interesses e que, por isso, só compete a ele, como uma pessoa já autonomizada. Se, pelo caminho assim traçado, um primeiro passo de delimitação recíproca é bem-sucedido, a mãe e a criança podem saber-se dependentes do amor do respectivo outro, sem terem de fundir-se simbioticamente uma na outra.

Winnicott afirma então, numa parte complementar de suas análises, que a criança está tanto mais em condições para essa primeira forma de equilíbrio entre autonomia e simbiose quanto menos distorcido é o desdobramento de um segundo mecanismo de elaboração: ele o apresenta com base numa concepção teórica marcada pelo conceito de "objeto transicional". O fenômeno empírico que Winnicott tem em vista consiste na forte inclinação das crianças de poucos meses de idade para contrair uma relação afetivamente investida com objetos de seu ambiente material; tais objetos, sejam partes de brinquedos, pontas de travesseiros ou o próprio dedo polegar, são tratados como uma posse exclusiva, amados temporariamente com ternura, mas também destruídos com paixão. Winnicott enxerga a chave para uma explicação da função desses objetos transicionais no fato de os parceiros de interação da criança também os classificarem num domínio da realidade perante o qual a questão da ficção ou realidade se torna irrelevante; como que por

---

[56] Jessica Benjamin, *Die Fesseln der Liebe. Psychoanalyse, Feminismus und das Problem der Macht*, Basileia/Frankfurt, 1990, particularmente p. 39 ss.

acordo tácito, eles são situados num domínio "intermediário", do qual os implicados não precisam mais discernir se pertence a um mundo interno de meras alucinações ou ao mundo empírico das circunstâncias objetivas: "Em relação ao objeto transicional, há por assim dizer uma espécie de acordo entre nós e o bebê de que nós nunca colocaremos a questão: 'Você imaginou isso ou foi-lhe apresentado de fora?'. É importante que uma decisão nesse ponto não seja esperada. A questão não é para ser formulada".[57]

Se se considera em conjunto a fase evolutiva em que ocorre a descoberta desses objetos referenciais intermediários, então é natural supor primeiramente que eles representam formações substitutivas para a mãe, perdida na realidade exterior; visto que lhes cabe ontologicamente uma espécie de dupla natureza, a criança pode utilizá-los praticamente aos olhos dos pais para continuar a viver suas fantasias originárias de onipotência depois da experiência de separação e, ao mesmo tempo, testá-las na realidade de maneira criativa. Contudo, nesse modo de emprego lúdico e examinador da realidade, vem à luz também que a função dos objetos transicionais não pode limitar-se a assumir simbioticamente o papel da mãe vivenciada no estado de fusão; a criança não somente se refere aos objetos escolhidos por ela com ternura simbiótica, mas também os expõe repetidas vezes a ataques furiosos e a tentativas de destruição. Winnicott crê poder concluir daí que os objetos transicionais seriam de certo modo elos de mediação ontológica entre a vivência primária do estar fundido e a experiência do estar separado: no relacionamento lúdico com os objetos afetivamente investidos, a criança tenta amiúde lançar pontes simbólicas sobre o abismo dolorosamente vivenciado da realidade interna e externa. A circunstância de que está associado a isso, ao mesmo tempo, o começo de uma ilusão intersubjetivamente aceita faz com que Winnicott dê um passo a mais, chegando a uma tese com consequências profundas e dificilmente sintetizáveis: por-

---

[57] Donald W. Winnicott, "Übergangsobjekte und Übergangsphänomene", in: *Vom Spiel zur Kreativität*, ed. cit., p. 23.

Padrões de reconhecimento intersubjetivo

que aquela esfera de mediação ontológica deve sua constituição à solução de uma tarefa que continua a subsistir para os homens ao longo de sua vida, ela é o lugar psíquico da gênese de todos os interesses que o adulto demonstrará pelas objetivações culturais. Não sem senso para agudezas especulativas, Winnicott diz: "Afirmamos aqui que a tarefa de aceitação da realidade nunca é totalmente completada, que nenhum ser humano está livre da pressão de relacionar realidade interna e externa, e que a libertação dessa pressão é oferecida por um domínio de experiência intermediária [...] não colocada em questão (arte, religião etc.). Esse domínio intermediário está em continuidade direta com o domínio lúdico das crianças pequenas, que estão 'perdidas' no seu jogo".[58]

Essa última frase dá também uma indicação de por que o conceito de "objetos transicionais" pode ser compreendido como uma ampliação direta daquela interpretação do amor nos termos da teoria do reconhecimento que se encontra nos escritos de Winnicott. Pois, de acordo com ele, a criança só está em condições de um relacionamento com os objetos escolhidos no qual "ela se perde" quando pode demonstrar, mesmo depois da separação da mãe, tanta confiança na continuidade da dedicação desta que ela, sob a proteção de uma intersubjetividade sentida, pode estar a sós, despreocupada; a criatividade infantil, e mesmo a faculdade humana de imaginação em geral, está ligada ao pressuposto de uma "capacidade de estar só", que por sua vez se realiza somente através da confiança elementar na disposição da pessoa amada para a dedicação.[59] Daqui resultam discernimentos profundos acerca do nexo de criatividade e reconhecimento, os quais, no entanto, não têm mais interesse para nós neste lugar; em contrapartida, para a tentativa de reconstruir o amor como

---

[58] Ibid., pp. 23-4.

[59] Donald W. Winnicott, "Spielen — Schöpferisches Handeln und die Suche nach dem Selbst", in: *Vom Spiel zur Kreativität*, ed. cit., p. 65 ss (particularmente pp. 66-7); cf., além disso, especialmente: id., "Die Fähigkeit zum Alleinsien", in: *Reifungsprozesse und fördernde Umwelt*, ed. cit., p. 36 ss.

uma relação particular de reconhecimento, cabe uma importância central à afirmação de Winnicott segundo a qual a capacidade de estar só depende da confiança da criança na durabilidade da dedicação materna. A tese assim traçada fornece uma resposta acerca da espécie de autorrelação a que um sujeito pode chegar quando se sabe amado por uma pessoa vivenciada como independente, pela qual ele sente também, de sua parte, afeição ou amor.

Se a mãe soube passar pelo teste de seu filho, tolerando os ataques agressivos sem a vingança de privá-lo do amor, então, da perspectiva dele, ela pertence de agora em diante a um mundo exterior aceito com dor; pela primeira vez, como foi dito, ele terá de tomar consciência agora de sua dependência em relação à dedicação dela. Se o amor da mãe é duradouro e confiável, a criança é capaz de desenvolver ao mesmo tempo, à sombra de sua confiabilidade intersubjetiva, uma confiança na satisfação social de suas próprias demandas ditadas pela carência; pelas vias psíquicas abertas dessa forma, vai se desdobrando nela, de maneira gradual, uma "capacidade elementar de estar só". Winnicott atribui a capacidade da criança pequena de estar a sós, no sentido de que ela começa a descobrir de maneira descontraída "sua própria vida pessoal", à experiência da "existência contínua de uma mãe confiável":[60] só na medida em que "há um bom objeto na realidade psíquica do indivíduo"[61] ele pode se entregar a seus impulsos internos, sem o medo de ser abandonado, buscando entendê-los de um modo criativo e aberto à experiência.

O deslocamento do foco para aquela parte do próprio *Self* que Mead chamou de "Eu" pressupõe, por isso, uma confiança em que a pessoa amada preserve sua afeição mesmo que a própria atenção não se direcione a ela; mas, por sua vez, essa segurança é apenas o lado exterior de uma certeza amadurecida de que as próprias carências vão encontrar permanentemente satisfação por parte do

---

[60] Ibid., p. 42.

[61] Ibid., pp. 39-40.

Padrões de reconhecimento intersubjetivo

outro, visto que são de valor único para ele. Nesse sentido, a "capacidade de estar só" é a expressão prática de uma forma de autorrelação individual, como a que Erikson resumiu sob a rubrica "autoconfiança": a criança pequena, por se tornar segura do amor materno, alcança uma confiança em si mesma que lhe possibilita estar a sós despreocupadamente.

Em uma de suas observações laterais crípticas, que o caracterizam, Winnicott afirma então que esse poder-estar-só, comunicativamente protegido, é a matéria "de que é feita a amizade".[62] Certamente isso se refere ao fato de toda ligação emotiva forte entre seres humanos abrir mutuamente a possibilidade de relacionar-se consigo próprio de maneira descontraída, esquecendo-se a situação, como é possível ao bebê, quando pode confiar na dedicação emotiva da mãe. Essa observação pode ser entendida como uma exigência sistemática de encontrar na relação bem-sucedida entre mãe e filho o padrão interativo cuja recorrência madura na etapa da vida adulta seria um indicador do êxito das ligações afetivas com outros seres humanos. Desse modo, colocamo-nos em condição metodológica de tirar das análises de Winnicott acerca do processo de amadurecimento na primeira infância ilações a respeito da estrutura comunicativa que faz do amor uma relação particular de reconhecimento recíproco.

É possível então partir da hipótese de que todas as relações amorosas são impelidas pela reminiscência inconsciente da vivência de fusão originária que marcara a mãe e o filho nos primeiros meses de vida; o estado interno do ser-um simbiótico forma o esquema da experiência de estar completamente satisfeito, de uma maneira tão incisiva que mantém aceso, às costas dos sujeitos e durante toda sua vida, o desejo de estar fundido com uma outra pessoa. Todavia, esse desejo de fusão só se tornará o sentimento do amor se ele for desiludido a tal ponto pela experiência inevitável da separação, que daí em diante se inclui nele, de modo constitutivo, o reco-

---

[62] Ibid., p. 42.

nhecimento do outro como uma pessoa independente; só a quebra da simbiose faz surgir aquela balança produtiva entre delimitação e deslimitação, que para Winnicott pertence à estrutura de uma relação amorosa amadurecida pela desilusão mútua. Nesse ponto, o poder-estar-só constitui o polo, relativo ao sujeito, de uma tensão intersubjetiva, cujo polo oposto é a capacidade de fusão deslimitadora com o outro. O ato de deslimitação recíproca, no qual os sujeitos se experienciam como reconciliados uns com os outros, pode assumir, segundo a espécie de ligação, as formas mais diversas: nas amizades, pode ser a experiência comum de um diálogo que nos absorve ou o estar-junto inteiramente espontâneo; nas relações eróticas, é a união sexual, pela qual um se sabe reconciliado com o outro, sem diferenças. Em cada caso, porém, o processo de fusão tira a condição de sua possibilidade em geral somente da experiência oposta do outro, sempre se contornando novamente em seus limites; somente porque a pessoa amada readquire, dada a segurança da dedicação, a força de abrir-se para si mesma na relação descontraída consigo, ela se torna o sujeito autônomo com que o ser-um pode ser vivenciado como uma deslimitação mútua. Nesse aspecto, a forma de reconhecimento do amor, que Hegel havia descrito como um "ser-si-mesmo em um outro", não designa um estado intersubjetivo, mas um arco de tensões comunicativas que medeiam continuamente a experiência do poder-estar-só com a do estar-fundido; a "referencialidade do eu" e a simbiose representam aí os contrapesos mutuamente exigidos que, tomados em conjunto, possibilitam um recíproco estar-consigo-mesmo no outro.

Essas conclusões perderão um pouco de seu caráter especulativo se forem levadas em conta as considerações psicanalíticas com que Jessica Benjamin investigou as deformações patológicas da relação amorosa. Ela também se apropria da teoria das relações de objeto para tirar dos conhecimentos sobre o curso bem-sucedido da separação entre mãe e filho inferências a respeito da estrutura interativa que figura numa ligação feliz entre adultos; mas lhe interessava aí, sobretudo, a dinâmica daquelas desfigurações da relação amorosa assinaladas com os conceitos clínicos de "masoquismo" e "sadismo".[63] A possibilidade de conceber sistematicamente tais formas de insucesso como unilateralizações na direção de um dos dois polos da balança do reconhecimento demonstra a vantagem de um conceito de amor específico da teoria do reconhecimento, como o que foi desenvolvido aqui, reportando-se a Winnicott: a reciprocidade da estrutura intersubjetiva tensa é perturbada nos casos patológicos porque um dos sujeitos implicados não é mais capaz de desligar-se ou da autonomia egocêntrica ou da dependência simbiótica. Unilateralizações dessa espécie interrompem, como mostra Benjamin, a troca contínua entre a referencialidade do eu e a deslimitação, colocando em seu lugar um esquema rígido de complementação recíproca: nesse caso, por fim, a dependência simbioticamente alimentada de um parceiro da relação amorosa acaba se relacionando de modo complementar com as fantasias de onipotência de matiz agressivo, às quais se fixa o outro parceiro.[64] Para Jessica Benjamin, está fora de questão naturalmente que essas distorções da balança do reconhecimento se atribuam a distúrbios psíquicos cuja causa comum reside numa evolução falha do desligamento da criança em relação à mãe; quanto a isso, ela pode se apoiar em descobertas terapêuticas como as que apresentou Otto F. Kernberg em suas investigações psicanalíticas a respeito da "patologia da vida amorosa".[65]

No entanto, não são os conteúdos de uma tal derivação genética em particular que têm interesse aqui, mas somente o fato de seu objeto ser de modo geral distúrbios de relacionamento, os quais se medem pelas categorias do reconhecimento recíproco: se um critério do que deve ser considerado um desvio em ligações afetivas é derivável da ideia de uma reciprocidade malsucedida, então reve-

---

[63] Jessica Benjamin, *Die Fesseln der Liebe*, ed. cit., especialmente o segundo capítulo (p. 53 ss).

[64] Ibid., p. 66 ss.

[65] Otto F. Kernberg, *Objektbeziehung und Praxis der Psychoanalyse*, Stuttgart, 1985, caps. 7 e 8.

la-se aí, inversamente, também a pertinência empírica de um conceito de amor formulado nos termos da teoria do reconhecimento. A possibilidade de reinterpretar o material clínico acerca das patologias do relacionamento no sentido da unilateralização estrutural de uma balança do reconhecimento comprova, pelo lado terapêutico, a concepção segundo a qual a relação amorosa representa de forma ideal uma simbiose quebrada pelo reconhecimento. Todo padrão proeminente de uma constelação de relações instrumentalmente unilateralizadas, à qual Sartre reduziu, em sua análise fenomenológica, a relação amorosa em geral,[66] pode ser considerado, por conseguinte, um desvio, explicável em termos psicanalíticos, de um ideal de interação, a que podemos nos ater com boas razões. Além disso, visto que essa relação de reconhecimento prepara o caminho para uma espécie de autorrelação em que os sujeitos alcançam mutuamente uma confiança elementar em si mesmos, ela precede, tanto lógica como geneticamente, toda outra forma de reconhecimento recíproco: aquela camada fundamental de uma segurança emotiva não apenas na experiência, mas também na manifestação das próprias carências e sentimentos, propiciada pela experiência intersubjetiva do amor, constitui o pressuposto psíquico do desenvolvimento de todas as outras atitudes de autorrespeito.[67]

---

[66] Cf. Jean-Paul Sartre, *Das Sein und das Nichts. Versuch einer phänomenologischen Ontologie*, Hamburgo, 1962, parte III, cap. 3 (p. 464 ss).

[67] A propósito da autoconfiança como resultado psíquico da experiência do amor, cf., entre outros, John Bowlby, *Das Glück und die Trauer. Herstellung und Lösung affektiver Bindungen*, Stuttgart, 1982, cap. 6; Erik H. Erikson, *Identität und Lebenszyklus*, Frankfurt, 1974, p. 62 ss.; pouco fértil, embora promissor no título, é o livro de Nathaniel Branden, *The Psychology of Self-Esteem*, Los Angeles, 1969. O capítulo XI desse volume leva o título "Self-Esteem and Romantic Love", mas permanece, tanto no nível categorial como na apreensão dos fenômenos, completamente obscuro. Por sua vez, uma contribuição filosófica importante para a análise de relações primárias como o amor e a amizade é oferecida agora por Paul Gilbert, *Human Relationships. A Philosophical Introduction*, Oxford, 1991 (caps. 2 e 4, entre outros); além disso,

(2) Se o amor representa uma simbiose quebrada pela individuação recíproca, então o que nele encontra reconhecimento junto ao respectivo outro é manifestamente apenas sua independência individual; em razão disso, poderia surgir a miragem de que a relação amorosa seria caracterizada somente por uma espécie de reconhecimento que possuiria o caráter de uma aceitação cognitiva da autonomia do outro. Que não se trata de algo assim é o que já se depreende do fato de aquela liberação para a independência ser sustentada por uma confiança afetiva na continuidade da dedicação comum; sem a segurança emotiva de que a pessoa amada preserva sua afeição mesmo depois da autonomização renovada, não seria possível de modo algum, para o sujeito que ama, o reconhecimento de sua independência. Uma vez que essa experiência tem de ser mútua na relação do amor, o reconhecimento designa aqui o duplo processo de uma liberação e ligação emotiva simultâneas da outra pessoa; não um respeito cognitivo, mas sim uma afirmação da autonomia, acompanhada ou mesmo apoiada pela dedicação, é ao que se visa quando se fala do reconhecimento como um elemento constitutivo do amor. Toda relação amorosa, seja aquela entre pais e filho, a amizade ou o contato íntimo, está ligada, por isso, à condição de simpatia e atração, o que não está à disposição do indivíduo; como os sentimentos positivos para com outros seres humanos são sensações involuntárias, ela não se aplica indiferentemente a um número maior de parceiros de interação, para além do círculo social das relações primárias. Contudo, embora seja inerente ao amor um elemento necessário de particularismo moral, Hegel fez bem em supor nele o cerne estrutural de toda eticidade: só aquela ligação simbioticamente alimentada, que surge da delimitação reciprocamente querida, cria a medida de autoconfiança individual, que é a base indispensável para a participação autônoma na vida pública.

---

uma exposição, com orientação psicanalítica, do amor como padrão de relacionamento, foi apresentada atualmente por Martin S. Bergmann, *The Anatomy of Loving*, Nova York, 1987, especialmente a parte II, p. 141 ss.

Da forma de reconhecimento do amor, como a apresentamos aqui com o auxílio da teoria das relações de objeto, distingue-se então a relação jurídica em quase todos os aspectos decisivos; ambas as esferas de interação só podem ser concebidas como dois tipos de um e mesmo padrão de socialização porque sua lógica respectiva não se explica adequadamente sem o recurso ao mesmo mecanismo de reconhecimento recíproco. Para o direito, Hegel e Mead perceberam uma semelhante relação na circunstância de que só podemos chegar a uma compreensão de nós mesmos como portadores de direitos quando possuímos, inversamente, um saber sobre quais obrigações temos de observar em face do respectivo outro: apenas da perspectiva normativa de um "outro generalizado", que já nos ensina a reconhecer os outros membros da coletividade como portadores de direitos, nós podemos nos entender também como pessoa de direito, no sentido de que podemos estar seguros do cumprimento social de algumas de nossas pretensões.

Com desejável clareza, Hegel voltou a expor em seus últimos anos, no resumo da *Enciclopédia*, esse entrelaçamento, que o faz conceber a relação jurídica, tanto quanto Mead, como uma forma de reconhecimento recíproco: "No Estado, [...] o homem é reconhecido e tratado como ser racional, como livre, como pessoa; e o singular, por sua parte, se torna digno desse reconhecimento porque ele, com a superação da naturalidade de sua autoconsciência, obedece a um universal, à vontade sendo em si e para si, à lei, ou seja, se porta em relação aos outros de uma maneira universalmente válida, reconhece-os como o que ele próprio quer valer — como livre, como pessoa".[68] Todavia, a formulação, empregando o predicado "livre", torna evidente também que Hegel, com a forma de reconhecimento do direito, visa desde o início à constituição específica das relações jurídicas modernas, visto que só a pretensão delas se

---

[68] Georg Wilhelm Friedrich Hegel, "Enzyklopädie der philosophischen Wissenschaften III", in: *Werke: in 20 Bänden* (ed. de Karl Markus Michel/Eva Moldenhauer), Frankfurt, 1970, vol. 10, p. 221 ss.

estende por princípio a todos os homens na qualidade de seres iguais e livres; importava-lhe demonstrar que a autonomia individual do singular se deve a um modo particular de reconhecimento recíproco, incorporado no direito positivo, ao passo que Mead estava interessado primeiramente, com seu conceito de "outro generalizado", apenas na lógica do reconhecimento jurídico como tal. Essa diferença, que negligenciamos até aqui em nossa reconstrução da história teórica, tem de ser clarificada, pelo menos a traços largos, antes que se possa responder à questão sobre que tipo específico de reconhecimento e de autorrelação correspondente está estruturalmente inscrito na relação jurídica; pois, na distinção entre direito ligado à tradição e direito pós-tradicional, torna-se claro que a forma de reciprocidade especial do reconhecimento jurídico, diferentemente daquela do amor, só pôde se constituir na sequência de uma evolução histórica.

A psicologia social de Mead havia mostrado que o conceito de "reconhecimento jurídico" designa antes de tudo apenas a relação na qual o Alter e o Ego se respeitam mutuamente como sujeitos de direito, porque eles sabem em comum as normas sociais por meio das quais os direitos e os deveres são legitimamente distribuídos na comunidade. Mas uma semelhante definição não contém indicações nem sobre a espécie de direitos que cabem a cada um individualmente nem sobre o modo de fundamentação por força do qual eles são engendrados no interior da sociedade; antes visa-se tão somente à circunstância elementar de todo sujeito humano poder ser considerado portador de alguns direitos, quando reconhecido socialmente como membro de uma coletividade: do papel socialmente aceito de membro de uma organização social definida pela divisão do trabalho, resultam para o indivíduo determinados direitos, cuja observação ele pode reclamar em casos normais, apelando a um poder de sanção dotado de autoridade.[69] Esse conceito extre-

---

[69] Cf., para uma visão de conjunto, Leopold Pospisvil, *Anthropologie des Rechts. Recht und Gesellschaft in archaischen und modernen Kulturen*, Munique, 1982, cap. III, p. 65 ss.

mamente fraco de ordem jurídica é apropriado para caracterizar as propriedades gerais que competem ao reconhecimento jurídico em sociedades tradicionais: enquanto as pretensões legítimas do indivíduo não são ainda carregadas com os princípios universalistas de uma moral pós-convencional, elas consistem em princípio apenas de atribuições que lhe cabem em virtude de seu *status* como membro de uma coletividade concreta. Visto que Mead, com seu conceito de outro generalizado, só se refere uma vez a uma tal ordem elementar de direitos e deveres cooperativos, ele pôde, com boas razões, atribuir ao reconhecimento jurídico somente um reduzido conteúdo normativo: o que no sujeito individual alcança aqui reconhecimento de maneira intersubjetiva não é mais que sua qualidade legítima de membro de uma organização social definida pela divisão do trabalho. Uma forma tradicional de reconhecimento jurídico dessa espécie já concede ao sujeito, como vimos, uma proteção social para sua "dignidade" humana; mas esta está ainda inteiramente fundida com o papel social que lhe compete no quadro de uma distribuição de direitos e encargos amplamente desigual.

Em contrapartida, a estrutura da qual Hegel pode derivar suas determinações da pessoa de direito só assume a forma de reconhecimento do direito quando ela se torna dependente historicamente das premissas dos princípios morais universalistas. Pois, com a passagem para a modernidade, as categorias pós-convencionais, que já antes foram desenvolvidas na filosofia e na teoria política, penetram no direito em vigor, submetendo-o às pressões de fundamentação associadas à ideia de um acordo racional acerca de normas controversas; o sistema jurídico precisa ser entendido de agora em diante como expressão dos interesses universalizáveis de todos os membros da sociedade, de sorte que ele não admita mais, segundo sua pretensão, exceções e privilégios.[70] Visto que desse modo uma dispo-

---

[70] Cf. Jürgen Habermas, "Überlegungen zum evolutionären Stellenwert des modernen Rechts", in: *Zur Rekonstruktion des Historischen Materialismus*, Frankfurt, 1976, p. 260 ss.

sição para a obediência de normas jurídicas só pode ser esperada dos parceiros de interação quando eles puderam assentir a elas, em princípio, como seres livres e iguais, migra para a relação de reconhecimento do direito uma nova forma de reciprocidade, altamente exigente: obedecendo à mesma lei, os sujeitos de direito se reconhecem reciprocamente como pessoas capazes de decidir com autonomia individual sobre normas morais. Diferentemente das definições de Mead, as de Hegel só valem para a ordem social do direito na medida em que esta pôde se desligar da autoridade natural de tradições éticas, adaptando-se ao princípio de fundamentação universalista.

Dessa distinção resultam agora duas questões, ambas concernentes às propriedades estruturais que o reconhecimento jurídico assumiu sob as condições das relações jurídicas modernas. Por um lado, é preciso deixar claro que caráter deve demonstrar uma forma de reconhecimento que realça em todos os outros membros da comunidade jurídica a mesma propriedade de autonomia individual; já se aprendeu do jovem Hegel que um tal tipo de respeito universalista não deve ser mais concebido como uma atitude ligada às emoções, mas somente como uma operação de entendimento puramente cognitiva, que coloca barreiras quase internas às sensações afetivas; nesse sentido, será preciso explicar como se constitui um tipo de respeito que, se de uma parte deve ter-se desligado dos sentimentos de simpatia e afeição, de outra tem de poder dirigir, porém, o comportamento individual.

Por outro lado, é preciso responder à questão sobre o que pode significar que os sujeitos se reconheçam reciprocamente em sua imputabilidade moral, sob as condições das relações jurídicas modernas; uma tal propriedade, que todos os sujeitos devem partilhar, não pode estar referida a capacidades humanas definidas, de uma vez por todas, em sua extensão ou em seu conteúdo; pelo contrário, mostrar-se-á que resulta da indeterminabilidade fundamental do que constitui o *status* de uma pessoa imputável uma abertura estrutural do direito moderno para ampliações e precisões gradativas.

As duas questões não podem ser aclaradas pela mesma via que esteve aberta a nós na elucidação da forma de reconhecimento do amor, isto é, o resseguro num ramo da pesquisa empírica; em vez disso, eu tenho de contentar-me aqui em esboçar as respostas com a ajuda de uma análise conceitual empiricamente assegurada. Se é certeira a breve descrição segundo a qual, com a passagem para a modernidade, os direitos individuais se desligam das expectativas concretas específicas dos papéis sociais, uma vez que em princípio eles competem de agora em diante, em igual medida, a todo homem na qualidade de ser livre, então já é dada com isso uma indicação indireta acerca do novo caráter do reconhecimento jurídico. Para as relações jurídicas ligadas às tradições, nós podemos assumir como seguro que o reconhecimento como pessoa de direito ainda está fundido aqui, de certo modo, com a estima social que se aplica ao membro individual da sociedade em seu *status* social: a eticidade convencional de semelhantes coletividades constitui um horizonte normativo em que a multiplicidade de direitos e deveres individuais continua vinculada às tarefas, distintamente avaliadas, no interior da estrutura social de cooperação. Se, por isso, o reconhecimento jurídico é classificado ainda por graus, conforme a respectiva estima que o indivíduo goza como portador de um papel, então esse nexo só se dissolve na sequência do processo histórico que submete as relações jurídicas às exigências de uma moral pós-convencional; desde então, o reconhecimento como pessoa de direito, que, conforme sua ideia, deve se aplicar a todo sujeito na mesma medida, aparta-se a tal ponto do grau de estima social, que acabam originando-se duas formas distintas de respeito, cujos modos funcionais só podem ser analisados também em separado. O estado de coisas assim esboçado se reflete nas discussões que foram levadas desde os dias de Kant e Schiller acerca da ideia do respeito para com outras pessoas;[71] pois, no curso dessas discussões, revelou-se a tendência de traçar uma linha separatória exata entre dois aspectos semânticos do termo "respeito", a qual só surgiu historicamente com o

---

[71] Cf., por exemplo, Aron Gurewitsch, *Zur Geschichte des Achtungsbegriffs und zur Theorie der sittlichen Gefühle*, Würzburg, 1897.

desacoplamento entre o reconhecimento jurídico e a estima social. No contexto do "direito", ocupamo-nos de início principalmente com o primeiro modo de empregar o conceito, ao passo que, para explicação da forma de reconhecimento da "comunidade de valores" [*Wertgemeinschaft*], terá importância justamente o segundo aspecto semântico.

Por volta do final do século XIX, Rudolph von Ihering já havia efetuado no conceito de "respeito" uma distinção que em grande parte vai ao encontro do desacoplamento histórico de reconhecimento jurídico e de estima social.[72] No segundo volume de seu livro *O fim no direito*, que iria ter grande influência sobre o desenvolvimento da jurisprudência, sobretudo por razões metodológicas, ele desdobra o nexo categorial entre as diversas formas de comportamento que podem contribuir para a integração "ética" de uma sociedade; visto que para ele padrões de ação dessa espécie se compõem principalmente de manifestações de reconhecimento recíproco e deferência, ele tenta nesse contexto diferenciar tipos de respeito social sob pontos de vista sistemáticos. A bipartição elementar a que Ihering chega em sua análise conceitual resulta das distintas possibilidades de responder à questão sobre o que pode ser respeitado em um outro ser humano: no "reconhecimento jurídico", como ele também já diz em seu texto, se expressa que todo ser humano deve ser considerado, sem distinção, um "fim em si", ao passo que o "respeito social" salienta o "valor" de um indivíduo, na medida em que este se mede intersubjetivamente pelos critérios da relevância social.[73] No primeiro caso, como revela o uso da fórmula kantiana, temos de lidar com um respeito universal pela "liberdade da vontade da pessoa"; no segundo caso, ao contrário, com o reconhecimento de realizações individuais, cujo valor se mede pelo grau em que são conhecidos por uma sociedade como relevantes. Daí o reconhecimento jurídico de um ser humano como pessoa não tolerar nenhuma outra gradua-

---

[72] Rudolph von Ihering, *Der Zweck im Recht*, vol. 2, Leipzig, 1905.

[73] Ibid., p. 389 ss.

ção, enquanto a estima de suas propriedades e capacidades remete, ao menos implicitamente, a um critério com base no qual deve ser determinado seu "mais" ou "menos".[74] Para Ihering, essas distinções têm sobretudo a função de permitir uma análise teórica dos costumes e dos usos nos quais a estima social assumiu uma forma histórica; mas, como suas considerações não transgridem o quadro posto desse modo, também permanece sem resposta a questão de como a estrutura do reconhecimento jurídico pode ser determinada adequadamente em seus detalhes. Aqui podem prestar socorro as considerações com que, no interior da filosofia analítica, é empreendida hoje a tentativa de diferenciar de maneira conceitualmente mais clara as diversas formas de respeito entre os homens.

O fato de nós podermos reconhecer um ser humano como pessoa, sem ter de estimá-lo por suas realizações ou por seu caráter, constitui o argumento teórico que lança uma ponte entre os estudos de Ihering e a discussão atual. Stephen L. Darwall também se deixa guiar pela convicção de que temos de distinguir duas formas de respeito, lançando mão do critério de saber se elas pressupõem graduações valorativas ou, inversamente, as excluem.[75] Ele atribui o respeito de um ser humano como pessoa a uma espécie de *recognition respect*, já que está em jogo aí primariamente o reconhecimento cognitivo do fato de tratar-se, quanto ao outro, de um ser com propriedades pessoais; nesse sentido, essa forma de respeito universalizado sempre mantém algo do significado daquela tomada de conhecimento empírico que já se encontra semanticamente na palavra "reconhecimento".[76] Porém, só quando se acrescenta à interpretação da situação um saber prático sobre as limitações

---

[74] Ibid., p. 405 ss.

[75] Darwall, "Two Kinds of Respect", in: *Ethics* 88, 1977/78, p. 36 ss.

[76] Em referência à distinção de Darwall, cf. a respeito Andreas Wildt, "Recht und Selbstachtung, im Anschluß an die Anerkennungslehren von Fichte und Hegel", in: *Fichtes Lehre vom Rechtsverhältnis* (ed. por M. Kahlo, entre outros), Frankfurt, 1992, p. 156 ss.

que eu tenho de impor às minhas ações perante uma outra pessoa, a consideração cognitiva [*kognitive Beachtung*] vem a ser o respeito moral [*moralische Achtung*] a que o conceito se referiu desde Kant: ter de reconhecer todo outro ser humano como uma pessoa significa, então, agir em relação a ele do modo a que nos obrigam moralmente as propriedades de uma pessoa. Dessa maneira, se não se conseguiu muita coisa para a nossa questão, visto que tudo o mais depende agora de saber como as propriedades de uma pessoa, exercendo obrigação normativa, podem ser definidas, pelo menos a estrutura do reconhecimento jurídico tornou-se um pouco mais transparente: confluem nela, por assim dizer, duas operações da consciência, uma vez que, por um lado, ela pressupõe um saber moral sobre as obrigações jurídicas que temos de observar perante pessoas autônomas, ao passo que, por outro, só uma interpretação empírica da situação nos informa sobre se se trata, quanto a um defrontante concreto, de um ser com a propriedade que faz aplicar aquelas obrigações. Por isso, na estrutura do reconhecimento jurídico, justamente porque está constituída de maneira universalista sob as condições modernas, está infrangivelmente inserida a tarefa de uma aplicação específica à situação: um direito universalmente válido deve ser questionado, à luz das descrições empíricas da situação, no sentido de saber a que círculo de sujeitos ele deve se aplicar, visto que eles pertencem à classe das pessoas moralmente imputáveis. Nessa zona de interpretações da situação referidas à aplicação, as relações jurídicas modernas constituem, como veremos, um dos lugares em que pode suceder uma luta por reconhecimento.[77]

Do reconhecimento da pessoa enquanto tal se distingue então a estima por um ser humano, porque está em jogo nela não a aplicação empírica de normas gerais, intuitivamente sabidas, mas sim a avaliação gradual de propriedades e capacidades concretas; daí ela pressupor sempre, como Darwall afirma em concordância com

---

[77] Sobre essa relação, cf. Albrecht Wellmer, *Ethik und Dialog*, Frankfurt, 1986, p. 122 ss.

Ihering, um sistema referencial valorativo que informa sobre o valor de tais traços da personalidade, numa escala de mais ou menos, de melhor ou pior.[78] No entanto, diferentemente de Ihering, Darwall se interessa apenas por aquela classe estreita de estimações que se aplicam às propriedades morais dos sujeitos; nós nos ocuparemos com a questão sobre qual papel essa forma particular de respeito moral desempenha no todo da estima social de um ser humano, logo que nos confrontarmos com a forma de reconhecimento da comunidade de valores. No momento, é importante saber aqui apenas quais conclusões se podem tirar preliminarmente da comparação entre o reconhecimento jurídico e a estima social: em ambos os casos, como já sabemos, um homem é respeitado em virtude de determinadas propriedades, mas no primeiro caso se trata daquela propriedade universal que faz dele uma pessoa; no segundo caso, pelo contrário, trata-se das propriedades particulares que o caracterizam, diferentemente de outras pessoas. Daí ser central para o reconhecimento jurídico a questão de como se determina aquela propriedade constitutiva das pessoas como tais, enquanto para a estima social se coloca a questão de como se constitui o sistema referencial valorativo no interior do qual se pode medir o "valor" das propriedades características.

Na formulação desse primeiro resultado interino, já está mencionado também o segundo problema que se impusera a nós no que concerne às propriedades estruturais do reconhecimento jurídico: é preciso definir a capacidade pela qual os sujeitos se respeitam mutuamente, quando se reconhecem como pessoas de direito. Uma resposta à questão assim colocada possui um peso tanto maior porque ela mantém à disposição, ao mesmo tempo, a chave para uma análise da função que a adjudicação de direitos assume sob condições pós-tradicionais; pois, após seu desligamento das atribuições de *status*, sua tarefa tem de estar talhada, ao que tudo indica, principalmente para proteger e possibilitar não somente a posse, mas

---

[78] Stephen L. Darwall, "Two Kinds of Respect", ed. cit., p. 254.

Padrões de reconhecimento intersubjetivo

também o exercício daquela capacidade universal que caracteriza o ser humano como pessoa. Mas qual propriedade universal deve ser protegida nos sujeitos juridicamente capazes se define pela nova forma de legitimação a que está ligado o direito moderno segundo sua estrutura: se uma ordem jurídica pode se considerar justificada e, por conseguinte, contar com a disposição individual para a obediência somente na medida em que ela é capaz de reportar-se, em princípio, ao assentimento livre de todos os indivíduos inclusos nela, então é preciso supor nesses sujeitos de direito a capacidade de decidir racionalmente, com autonomia individual, sobre questões morais; sem uma semelhante atribuição, não seria absolutamente imaginável como os sujeitos devem ter podido alguma vez acordar reciprocamente acerca de uma ordem jurídica. Nesse sentido, toda comunidade jurídica moderna, unicamente porque sua legitimidade se torna dependente da ideia de um acordo racional entre indivíduos em pé de igualdade, está fundada na assunção da imputabilidade moral de todos os seus membros.

Ora, com uma tal atribuição não se designa nenhuma propriedade que tenha em si contornos tão claros que pudesse ser definida de uma vez por todas; pelo contrário, a questão sobre o que pode significar que um sujeito esteja capacitado para agir autonomamente com discernimento racional só pode ser respondida recorrendo-se a uma determinação daquilo a que se refere um procedimento de acordo racional: dependendo de como aquele procedimento básico legitimador é representado, alteram-se também as propriedades que precisam ser atribuídas a uma pessoa, se ela deve poder participar nele em pé de igualdade. Por isso, a definição das propriedades que caracterizam o ser humano constitutivamente como pessoa depende das assunções de fundo acerca dos pressupostos subjetivos que capacitam para a participação numa formação racional da vontade: quanto mais exigente é a maneira pela qual se pensa um semelhante procedimento, tanto mais abrangentes devem ser as propriedades que, tomadas em conjunto, constituem a imputabilidade moral de um sujeito. O nexo assim afirmado já dá a conhecer que aquelas capacidades pelas quais os membros de uma sociedade se reconhecem mutuamente podem se modificar se eles não respeitam uns aos outros como pessoas de direito; mas só uma visão sobre o desenvolvimento fático que tomou a adjudicação de direitos subjetivos sob condições pós-tradicionais faz com que fique transparente a direção seguida por essas modificações. A ampliação cumulativa de pretensões jurídicas individuais, com a qual temos de lidar em sociedades modernas, pode ser entendida como um processo em que a extensão das propriedades universais de uma pessoa moralmente imputável foi aumentando passo a passo, visto que, sob a pressão de uma luta por reconhecimento, devem ser sempre adicionados novos pressupostos para a participação na formação racional da vontade; já havíamos deparado com uma tese de teor análogo quando encontramos a consideração especulativa de Hegel segundo a qual o criminoso força a ordem jurídica burguesa a uma ampliação das normas jurídicas, incorporando a dimensão da igualdade material de chances.

Nas ciências do direito, tornou-se natural nesse meio-tempo efetuar uma distinção dos direitos subjetivos em direitos liberais de liberdade, direitos políticos de participação e direitos sociais de bem-estar; a primeira categoria refere-se aos direitos negativos que protegem a pessoa de intervenções desautorizadas do Estado, com vista à sua liberdade, sua vida e sua propriedade; a segunda categoria, aos direitos positivos que lhe cabem com vista à participação em processos de formação pública da vontade; e a terceira categoria, finalmente, àqueles direitos igualmente positivos que a fazem ter parte, de modo equitativo, na distribuição de bens básicos. O ponto de partida para uma tal tripartição já se encontra em Georg Jellinek, que distinguiu em sua influente teoria dos *status*, a par dos meros deveres de obediência, o *status* negativo, o *status* positivo e o *status* ativo de uma pessoa de direito; hoje ela é prosseguida por Robert Alexy, com o objetivo de uma fundamentação sistemática dos direitos individuais fundamentais.[79] Para o contexto de nossa

---

[79] Robert Alexy, *Theorie der Grundrechte*, Frankfurt, 1986, especialmente o cap. 4; acerca da teoria dos *status* de Jellinek, cf. ibid., p. 229 ss.

argumentação, porém, é de importância somente o fato de essa distinção estar também na base da famosa tentativa de T. H. Marshall de reconstruir o nivelamento histórico das diferenças sociais de classe como um processo gerido de ampliação de direitos individuais fundamentais;[80] Talcott Parsons retomou essa análise no quadro de sua teoria madura da sociedade, fazendo dela o ponto de referência de uma exposição do desenvolvimento do direito moderno.[81]

Marshall parte daquela situação de ruptura já descrita, pela qual se mede a distinção elementar entre constituições jurídicas tradicionais e modernas: só com o desacoplamento entre as pretensões jurídicas individuais e as atribuições sociais ligadas ao *status* se origina o princípio de igualdade universal, que daí em diante vai submeter toda ordem jurídica ao postulado de não admitir mais, em princípio, exceções e privilégios. Uma vez que essa exigência se refere ao papel que o indivíduo detém como cidadão, com ela a ideia de igualdade assume ao mesmo tempo o significado de ser membro "com igual valor" de uma coletividade política: independentemente das diferenças no grau de disposição econômica, cabem a todo membro da sociedade todos os direitos que facultam o exercício igual de seus interesses políticos. A atenção de Marshall se volta então à pressão evolutiva sob a qual os direitos individuais fundamentais iriam ficar, depois de submetidos a uma exigência por igualdade dessa espécie; pois, obtida por luta social, a coerção para satisfazer juridicamente essa exigência fez aumentar o acervo de pretensões jurídicas subjetivas até um grau que, por fim, também as desigualdades pré-políticas, econômicas, não puderam permanecer completamente intactas.

Marshall fundamenta sua tese — da qual se podem obter esclarecimentos acerca de como o teor de reconhecimento do direito

---

[80] Thomas H. Marshall, "Citizenship and Social Class", in: *Sociology at the Crossroads*, Londres, 1963, p. 67 ss.

[81] Talcott Parsons, *Das System moderner Gesellschaften*, Munique, 1982, caps. 2 e 5, entre outros.

moderno se ampliou passo a passo — na forma de uma reconstrução histórica;[82] em seu quadro, aplica-se aquela distinção da teoria do direito segundo a qual o conjunto de todas as pretensões jurídicas pode ser repartido sistematicamente em três classes. Marshall dá a essa tripartição uma inflexão histórica, cuja versão mais tosca reza que a constituição dos direitos liberais de liberdade deu-se no século XVIII, o estabelecimento dos direitos políticos de participação, no XIX, e finalmente a criação de direitos sociais de bem-estar, no XX; no entanto, em sua sugestiva periodização, mais refinada na sequência, é importante para os nossos fins somente a demonstração de que a imposição de cada nova classe de direitos fundamentais foi sempre forçada historicamente com argumentos referidos de maneira implícita à exigência de ser membro com igual valor da coletividade política. Desse modo, os direitos políticos de participação surgiram primeiramente apenas como um produto secundário daqueles direitos liberais de liberdade, atribuídos já no século XVIII pelo menos à parte masculina da população adulta, não em pequena extensão: uma pretensão positiva à participação no processo político de formação da vontade, só a possuía de início o cidadão juridicamente livre que podia comprovar uma certa medida de renda ou posse. Os direitos de participação, ligados até então ao *status*, só se tornaram uma classe separada de direitos básicos universais quando finalmente, com sua ampliação e aprofundamento parciais, o clima jurídico e político se transformara, de sorte que às exigências de igualdade de grupos excluídos não podia mais se contrapor nenhum argumento convincente; nas primeiras décadas do século XX, dá-se o momento em que se impôs definitivamente a convicção de que a todo membro de uma coletividade política deve caber o direito igual à participação no processo democrático de formação da vontade.

Como os direitos políticos de participação, os direitos sociais de bem-estar também surgem na sequência de uma ampliação, for-

---

[82] Cf., para o que se segue, Marshall, "Citizenship and Social Class", ed. cit., particularmente p. 73 ss.

çada "a partir de baixo", do significado que se associa à ideia de "igualdade de valor", própria da condição de membro de uma coletividade política. Faz parte da pré-história dessa categoria de direitos fundamentais a luta conduzida em alguns países no século XIX pela introdução do ensino obrigatório universal; seu objetivo era dotar não a criança, mas o adulto futuro, com a medida de formação cultural que é o pressuposto necessário para o exercício igual de direitos políticos. A partir daqui já não podia mais estar distante, em princípio, o discernimento de que os direitos políticos de participação permanecem uma concessão apenas formal à massa da população, enquanto a possibilidade de sua prática ativa não é garantida por um determinado nível de vida e pela segurança econômica; de exigências de igualdade dessa espécie procedeu depois, no curso do século XX, ao menos nos países ocidentais que tomaram um desenvolvimento marcado pelo Estado de bem-estar, aquela nova classe de direitos sociais que deve assegurar a cada cidadão a possibilidade do exercício de todas as suas demais pretensões jurídicas.

Não é difícil extrair desse resumo sucinto da análise de Marshall o modo pelo qual a ampliação sucessiva dos direitos individuais fundamentais manteve-se ligado àquele princípio normativo que estivera no começo dela a título de ideia diretriz: todo enriquecimento das atribuições jurídicas do indivíduo pode ser entendido como um passo além no cumprimento da concepção moral segundo a qual todos os membros da sociedade devem poder ter assentido por discernimento racional à ordem jurídica estabelecida, deve ser esperada deles a disposição individual à obediência. A institucionalização dos direitos civis de liberdade inaugurou como que um processo de inovação permanente, o qual iria gerar no mínimo duas novas classes de direitos subjetivos, porque se mostrou repetidas vezes na sequência histórica, sob a pressão de grupos desfavorecidos, que ainda não havia sido dada a todos os implicados a condição necessária para a participação igual num acordo racional: para poder agir como uma pessoa moralmente imputável, o indivíduo não precisa somente da proteção jurídica contra interferências em sua esfera de liberdade, mas também da possibilidade juridicamente assegurada de participação no processo público de formação da vontade, da qual ele faz uso, porém, somente quando lhe compete ao mesmo tempo um certo nível de vida. Por isso, nos últimos séculos, em unidade com os enriquecimentos que experimenta o *status* jurídico do cidadão individual, foi-se ampliando também o conjunto de todas as capacidades que caracterizam o ser humano constitutivamente como pessoa: nesse meio-tempo, acrescentou-se às propriedades que colocam um sujeito em condições de agir autonomamente com discernimento racional uma medida mínima de formação cultural e de segurança econômica. Reconhecer-se mutuamente como pessoa de direito significa hoje, nesse aspecto, mais do que podia significar no começo do desenvolvimento do direito moderno: entrementes, um sujeito é respeitado se encontra reconhecimento jurídico não só na capacidade abstrata de poder orientar-se por normas morais, mas também na propriedade concreta de merecer o nível de vida necessário para isso.

Contudo, como também mostrou o esquema histórico de Marshall, essa ampliação dos direitos individuais fundamentais, obtida por luta social, só é um lado de um processo que se efetuou em seu todo na forma de um entrelaçamento de dois fios evolutivos a ser distinguidos sistematicamente; o princípio de igualdade embutido no direito moderno teve por consequência que o *status* de uma pessoa de direito não foi ampliado apenas no aspecto objetivo, sendo dotado cumulativamente de novas atribuições, mas pôde também ser estendido no aspecto social, sendo transmitido a um número sempre crescente de membros da sociedade. Daí Marshall sintetizar o resultado de seu apanhado histórico nesta tese sucinta: "The urge forward along the path thus plotted is an urge towards a fuller measure of equality, an enrichment of the stuff of which the status is made and an increase in the number of those on whom the status is bestowed".[83] No primeiro caso, o direito ganha, como vimos, em

---

[83] Ibid., p. 87 ["O impulso adiante pelo caminho assim traçado é o impulso em direção a uma medida maior de igualdade, a um enriquecimento da substância de que é feito o *status* e a um aumento do número daqueles a quem é conferido o *status*"].

conteúdos materiais, através dos quais também as diferenças nas chances individuais de realização das liberdades socialmente garantidas encontram uma crescente consideração jurídica; no segundo caso, ao contrário, a relação jurídica é universalizada no sentido de que são adjudicados a um círculo crescente de grupos, até então excluídos ou desfavorecidos, os mesmos direitos que a todos os demais membros da sociedade. Uma vez que as relações jurídicas modernas contêm estruturalmente essas duas possibilidades evolutivas, tanto Hegel como Mead estão convencidos de que há um prosseguimento da "luta por reconhecimento" no interior da esfera jurídica; portanto, os confrontos práticos, que se seguem por conta da experiência do reconhecimento denegado ou do desrespeito, representam conflitos em torno da ampliação tanto do conteúdo material como do alcance social do *status* de uma pessoa de direito.[84]

Para preparar uma resposta à questão de como se constitui a experiência de desrespeito que subjaz a esses conflitos sociais, é necessária afinal uma curta explicação sobre a espécie de autorrelação positiva possibilitada pelo reconhecimento jurídico. Parece natural começar abordando, com Mead, uma intensificação da faculdade de se referir a si mesmo como uma pessoa moralmente imputável, fenômeno psíquico colateral da adjudicação de direitos; assim como, no caso do amor, a criança adquire a confiança para manifestar espontaneamente suas carências mediante a experiência contínua da dedicação materna, o sujeito adulto obtém a possibilidade de conceber sua ação como uma manifestação da própria autonomia, respeitada por todos os outros, mediante a experiência do reconhecimento jurídico. Que o autorrespeito é para a relação jurídica o que a autoconfiança era para a relação amorosa é o que já se sugere pela logicidade com que os direitos se deixam conceber como signos anonimizados de um respeito social, da mesma maneira que o amor pode ser concebido como a expressão afetiva de uma dedicação, ainda que mantida à distância: enquanto este cria em todo

---

[84] Cf. acima p. 146 ss.

ser humano o fundamento psíquico para poder confiar nos próprios impulsos carenciais, aqueles fazem surgir nele a consciência de poder se respeitar a si próprio, porque ele merece o respeito de todos os outros. No entanto, só com a formação de direitos básicos universais, uma forma de autorrespeito dessa espécie pode assumir o caráter que lhe é somado quando se fala da imputabilidade moral como o cerne, digno de respeito, de uma pessoa; pois só sob as condições em que direitos universais não são mais adjudicados de maneira díspar aos membros de grupos sociais definidos por *status*, mas, em princípio, de maneira igualitária a todos os homens como seres livres, a pessoa de direito individual poderá ver neles um parâmetro para que a capacidade de formação do juízo autônomo encontre reconhecimento nela. O experimento mental que Joel Feinberg desenvolveu, a fim de demonstrar o valor moral da adjudicação de direitos, está talhado para uma relação jurídica dessa espécie; suas considerações são apropriadas para apresentar, se não o nexo empírico, pelo menos o nexo conceitual em que o reconhecimento jurídico se encontra com a conquista do autorrespeito.[85]

Feinberg projeta o estado fictício de uma sociedade na qual predomina uma medida extraordinariamente alta de beneficência e consideração recíproca, embora a instituição de direitos socialmente garantidos tenha permanecido completamente desconhecida; para não deixar fácil demais o problema, ele ainda amplia esse modelo com dois passos, inserindo em sua organização social, denominada "Nowheresville", tanto uma consciência de obrigações morais como um sistema de direitos objetivos. De uma coletividade assim construída, Feinberg pode finalmente supor, com boas razões, que ela garantiria o bem-estar de seus cidadãos pelo menos num nível tão alto como sucede hoje nas sociedades dotadas de direitos individuais fundamentais: tudo o que aqui proporciona aos homens

---

[85] Joel Feinberg, "The Nature and Value of Rights", in: *Rights, Justice, and the Bounds of Liberty. Essays in Social Philosophy*, Princeton, NJ, 1980, p. 143 ss.

auxílio e respeito por meio de pretensões legalizadas é assegurado ali por inclinações altruísticas e por um sentimento de obrigações unilaterais. Contudo, o fato de faltar a sociedades do tipo de "Nowheresville" alguma coisa decisiva, com que nós de modo geral contamos em razão de nossas instituições morais, é agora o ponto que interessa a Feinberg em seu experimento mental; através de uma análise daquilo de que carece aquela coletividade fictícia, apesar de toda a riqueza de práticas morais, ele pretende sondar o valor que os direitos individuais possuem para o indivíduo. A chave para a solução do problema, colocado a si mesmo, é oferecida a ele pelo significado que deve caber à expressão "direitos", tão logo empregada no sentido da posse de direitos básicos universais. Pois, se deixarmos claro que possuir direitos não significa, sob essas circunstâncias, nada mais que poder levantar pretensões cuja satisfação social se considera justificada, torna-se evidente também a insuficiência decisiva que caracteriza "Nowheresville". Viver sem direitos individuais significa para o membro individual da sociedade não possuir chance alguma de constituir um autorrespeito: "Having rights enables us to 'stand up like men', to look others in the eye, and to feel in some fundamental way the equal of anyone. They think of oneself as the holder of rights is not to be unduly but properly proud, to have that minimal self-respect that is necessary to be worthy of the love and esteem of others. Indeed, respect for persons [...] may simply be respect for their rights, so that there cannot be the one without the other; and what is called 'human dignity' may simply be the recognizable capacity to assert claims".[86]

---

[86] Ibid., p. 151 ["Ter direitos nos capacita a 'manter-nos como homens', a olhar os outros nos olhos e nos sentir, de uma maneira fundamental, iguais a qualquer um. Considerar-se portador de direitos não é ter orgulho indevido, mas justificado, é ter aquele autorrespeito mínimo, necessário para ser digno do amor e da estima dos outros. De fato, o respeito por pessoas [...] pode ser simplesmente o respeito por seus direitos, de modo que não pode haver um sem o outro; e o que se chama 'dignidade humana' pode ser simplesmente a capacidade reconhecível de afirmar pretensões"].

Embora essa linha de raciocínio não seja isenta de obscuridades, ou mesmo de contraditoriedades,[87] pode-se extrair dela um argumento que propicia um fundamento melhor à suposição já manifestada por Mead: visto que possuir direitos individuais significa poder colocar pretensões aceitas, eles dotam o sujeito individual com a possibilidade de uma atividade legítima, com base na qual ele pode constatar que goza do respeito de todos os demais. É o caráter público que os direitos possuem, porque autorizam seu portador a uma ação perceptível aos parceiros de interação, o que lhes confere a força de possibilitar a constituição do autorrespeito; pois, com a atividade facultativa de reclamar direitos, é dado ao indivíduo um meio de expressão simbólica, cuja efetividade social pode demonstrar-lhe reiteradamente que ele encontra reconhecimento universal como pessoa moralmente imputável. Se incluirmos no nexo assim traçado as reflexões desenvolvidas até o momento, então se poderá tirar a conclusão de que um sujeito é capaz de se considerar, na experiência do reconhecimento jurídico, como uma pessoa que partilha com todos os outros membros de sua coletividade as propriedades que capacitam para a participação numa formação discursiva da vontade; e a possibilidade de se referir positivamente a si mesmo desse modo é o que podemos chamar de "autorrespeito".

Mas com essa conclusão se afirma por ora apenas uma correlação conceitual, à qual ainda faltam inteiramente provas empíricas. A comprovação na realidade fenomênica é, no caso do autorrespeito, da maior dificuldade, porque ele só se torna de certo modo uma grandeza perceptível em forma negativa — a saber, quando os sujeitos sofrem de maneira visível com a sua falta. Por isso, só podemos inferir a existência fática do autorrespeito indiretamente, empreendendo comparações empíricas com grupos de pessoas, de cujo comportamento geral é possível obter ilações acerca das formas de representação simbólica da experiência de desrespeito. Todavia, uma

---

[87] Cf. a propósito disso Andreas Wildt, "Recht und Selbstachtung", ed. cit., p. 148 ss.

Padrões de reconhecimento intersubjetivo

saída da dificuldade assim caracterizada é oferecida pelos poucos casos em que os próprios grupos atingidos debatem publicamente a privação de direitos fundamentais, sob o ponto de vista de que, com o reconhecimento denegado, se perderam também as possibilidades do autorrespeito individual. Nessas situações históricas excepcionais, como representaram as discussões do movimento negro por direitos civis nos EUA dos anos 1950 e 1960, vem à superfície da linguagem o significado psíquico que o reconhecimento jurídico possui para o autorrespeito de grupos excluídos: sempre se discute nas publicações correspondentes que a tolerância ao subprivilégio jurídico conduz a um sentimento paralisante de vergonha social, do qual só o protesto ativo e a resistência poderiam libertar.[88]

(3) Ora, Hegel e Mead distinguiram do amor e da relação jurídica uma outra forma de reconhecimento recíproco, a qual eles certamente descreveram de maneira diversa, mas coincidindo em grande medida na definição de sua função: para poderem chegar a uma autorrelação infrangível, os sujeitos humanos precisam ainda, além da experiência da dedicação afetiva e do reconhecimento jurídico, de uma estima social que lhes permita referir-se positivamente a suas propriedades e capacidades concretas. Nos escritos de Hegel do período de Jena, havia-se encontrado o conceito de "eticidade" para designar uma semelhante relação de reconhecimento própria da estima mútua; em Mead, por sua vez, pôde se encontrar, para a mesma forma de reconhecimento, não um conceito puramente formal, mas apenas o modelo da divisão cooperativa do trabalho, já institucionalmente concretizado. Da comparação de ambos os enfoques descritivos, tirou-se a conclusão de que um padrão de reconhecimento dessa espécie só é concebível de maneira adequada quan-

---

[88] Para uma visão de conjunto, cf., por exemplo, Bernard R. Boxbill, "Self-Respect and Protest", in: *Philosophy and Public Affairs*, n° 6, 1976/77, p. 58 ss; ele se apoia em documentos coligidos numa coletânea publicada em 1966: Howard Brotz (org.), *Negro Social and Political Thought*, Nova York, 1966.

do a existência de um horizonte de valores intersubjetivamente partilhado é introduzida como seu pressuposto; pois o Ego e o Alter só podem se estimar mutuamente como pessoas individualizadas sob a condição de partilharem a orientação pelos valores e objetivos que lhes sinalizam reciprocamente o significado ou a contribuição de suas propriedades pessoais para a vida do respectivo outro. Enfim, já havia resultado da análise da relação jurídica moderna um primeiro indício de que o resultado de nossa interpretação de Hegel e Mead não seria algo a que falta todo fundamento empírico: o seu princípio básico universalista só pudera ser reconstruído se concebido como resultado de um desacoplamento entre o reconhecimento jurídico e as formas de respeito social, nas quais os sujeitos encontram reconhecimento conforme o valor socialmente definido de suas propriedades concretas. Nesses padrões historicamente cambiantes de estima social, é possível supor as primeiras formas empíricas do que Hegel e Mead tinham em vista quando eles, independentemente um do outro, introduziram uma terceira relação de reconhecimento recíproco; por isso, suas propriedades se definirão melhor, no sentido de uma fenomenologia empiricamente controlada, se retomarmos o fio de nossa análise ali onde o deixamos na comparação entre o reconhecimento jurídico e a estima social. Mostrar-se-á então que Hegel, com seu conceito de "eticidade", e Mead, com sua ideia de uma divisão democrática do trabalho, tentaram caracterizar apenas um tipo, particularmente exigente em termos normativos, de comunidade de valores, em cujo quadro toda forma de reconhecimento por estima está incrustada de modo necessário.

Como tínhamos visto, diferentemente do reconhecimento jurídico em sua forma moderna, a estima social se aplica às propriedades particulares que caracterizam os seres humanos em suas diferenças pessoais: por isso, enquanto o direito moderno representa um *medium* de reconhecimento que expressa propriedades universais de sujeitos humanos de maneira diferenciadora, aquela segunda forma de reconhecimento requer um *medium* social que deve expressar as diferenças de propriedades entre sujeitos humanos de maneira universal, isto é, intersubjetivamente vinculante. Essa tarefa de mediação é operada, no nível social, por um quadro de orientações simbolicamente articulado, mas sempre aberto e poroso, no qual se formulam os valores e os objetivos éticos, cujo todo constitui a autocompreensão cultural de uma sociedade; um semelhante quadro de orientações pode servir de sistema referencial para a avaliação de determinadas propriedades da personalidade, visto que seu "valor" social se mede pelo grau em que elas parecem estar em condições de contribuir à realização das predeterminações dos objetivos sociais.[89] A autocompreensão cultural de uma sociedade predetermina os critérios pelos quais se orienta a estima social das pessoas, já que suas capacidades e realizações são julgadas intersubjetivamente, conforme a medida em que cooperaram na implementação de valores culturalmente definidos; nesse sentido, essa forma de reconhecimento recíproco está ligada também à pressuposição de um contexto de vida social cujos membros constituem uma comunidade de valores mediante a orientação por concepções de objetivos comuns. Mas, se a estima social é determinada por concepções de objetivos éticos que predominam numa sociedade, as formas que ela pode assumir são uma grandeza não menos variável historicamente do que as do reconhecimento jurídico. Seu alcance social e a medida de sua simetria dependem então do grau de pluralização do horizonte de valores socialmente definido, tanto quanto do caráter dos ideais de personalidade aí destacados. Quanto mais as concepções dos objetivos éticos se abrem a diversos valores e quanto mais a ordenação hierárquica cede a uma concorrência horizontal, tanto mais a estima social assumirá um traço individualizante e criará relações simétricas. Daí ser natural começar identificando as propriedades dessa forma específica de reconhecimento também na mudança histórica que ela experimentou na passagem das sociedades tradicionais para as modernas: assim como a relação jurídi-

---

[89] A seguir, eu me apoio sobretudo em Heinz Kluth, *Sozialprestige und sozialer Status*, Stuttgart, 1957; Wilhelm Korff, *Ehre, Prestige, Gewissen*, Colônia, 1966.

ca, a estima social só pôde assumir a forma que nos é familiar hoje depois que se desenvolveu a ponto de não caber mais nas condições--limite das sociedades articuladas em estamentos. A mudança estrutural que isso pôs em marcha é marcada, no plano de uma história conceitual, pela transição dos conceitos de honra às categorias da "reputação" ou "prestígio" social.

Enquanto as concepções dos objetivos éticos da sociedade são formuladas ainda de maneira substancial, e as suas concepções axiológicas correspondentes são articuladas de maneira hierárquica, de modo que se dá uma escala de formas de comportamento de maior ou menor valor, a medida da reputação de uma pessoa é definida nos termos da honra social: a eticidade convencional dessas coletividades permite estratificar verticalmente os campos das tarefas sociais de acordo com sua suposta contribuição para a realização dos valores centrais, de modo que lhes podem ser atribuídas formas específicas de conduta de vida, cuja observância faz com que o indivíduo alcance a "honra" apropriada a seu estamento. Nesse aspecto, o termo "honra" designa em sociedades articuladas em estamentos a medida relativa de reputação social que uma pessoa é capaz de adquirir quando consegue cumprir habitualmente expectativas coletivas de comportamento atadas "eticamente" ao *status* social: "No plano do conteúdo", escreve Max Weber, "a honra estamental encontra sua expressão normalmente na imposição de uma conduta de vida específica a qualquer um que queira pertencer ao círculo".[90] As propriedades da personalidade pelas quais a avaliação social de uma pessoa se orienta sob essas condições não são, por isso, aquelas de um sujeito biograficamente individuado, mas as de um grupo determinado por *status* e culturalmente tipificado: é o seu "valor", resultante por sua vez da medida socialmente definida de sua contribuição coletiva para a realização das finalidades sociais, aquilo por que se mede também o valor social de seus respectivos

---

[90] Max Weber, *Wirtschaft und Gesellschaft: Grundriß der verstehenden Soziologie*, Tübingen, 1976, p. 535.

membros. Por conseguinte, o comportamento "honroso" é apenas a realização suplementar que cada um deve apresentar, a fim de adquirir de fato a medida de reputação social atribuída de modo coletivo a seu estamento em virtude da ordem de valores culturalmente dada.[91]

Se a estima social é organizada segundo esse padrão estamental, então as formas de reconhecimento associadas a ela assumem o caráter de relações, simétricas por dentro, mas assimétricas por fora, entre os membros estamentais culturalmente tipificados: no interior dos grupos determinados por *status*, os sujeitos podem se estimar mutuamente como pessoas que, por força da situação social comum, partilham propriedades e capacidades a que compete na escala dos valores sociais uma certa medida de reputação social; entre os grupos definidos por *status*, existem relações de estima escalonada numa hierarquia, que permite aos membros da sociedade estimar propriedades e capacidades no sujeito estranho ao respectivo estamento, as quais contribuem, numa medida culturalmente predeterminada, para a realização de valores partilhados em comum. Naturalmente, essa ordem de reconhecimento relativamente estável não exclui a possibilidade de que alguns grupos sociais optem pelo caminho especial de uma *counterculture of compensatory respect*,[92] a fim de retificar a apreciação do valor de suas propriedades coletivas, sentida como injustificada, através de estilizações enfáticas; e pode também ser vista como típica de sociedades estamentais a tendência, observada por Max Weber, de os grupos sociais procurarem isolar

---

[91] Cf. Julian Pitt-Rivers, "Honor", in: David L. Sill (org.), *International Encyclopedia of the Social Sciences*, Macmillan Company and Free Press, vol. 6, p. 503 ss; exemplos empíricos tirados de sociedades de constituição tradicional se encontram em: J. G. Peristiany (org.), *Honour and Shame. The Values of Mediterranean Society*, Londres, 1966; para uma ilustração histórica, cf., por exemplo, Richard van Dülmen (org.), *Armut, Liebe, Ehre. Studien zur historischen Kulturforschung*, Frankfurt, 1988.

[92] Sobre esse conceito, cf. Richard Sennett e Jonathan Cobb, *The Hidden Injuries of Class*, Cambridge, 1972.

suas próprias características estamentais perante os não membros, para monopolizar as chances de um alto prestígio social.[93] Mas todas essas dimensões da luta cotidiana por honra continuam integradas no quadro de uma ordem de reconhecimento estamental, na medida em que não colocam em questão a hierarquia substancial de valores enquanto tal, marcada em seu todo pela autocompreensão cultural das sociedades tradicionais.

Um processo de desvalorização da eticidade tradicional só principia no momento em que o ideário pós-convencional da filosofia e da teoria política obteve influência cultural a tal ponto que ele não pode deixar intacto o *status* das convicções axiológicas socialmente integradoras. Com a passagem para a modernidade, a relação de reconhecimento do direito não se desliga apenas, como vimos, da ordem hierárquica da estima social; antes, essa própria ordem é submetida a um processo tenaz e conflituoso de mudança estrutural, visto que se alteram também no cortejo das inovações culturais as condições de validade das finalidades éticas de uma sociedade. Se a ordem social de valores pôde até aqui servir de sistema referencial valorativo, com base no qual se determinavam os padrões de comportamento honroso específicos aos estamentos, então isso tem a ver sobretudo com suas condições cognitivas: ela ainda devia sua validade social à força de convicção infrangível de tradições religiosas e metafísicas e, por isso, estava ancorada na autocompreensão cultural na qualidade de uma grandeza metassocial. Porém, assim que essa barreira cognitiva foi removida com efeitos amplos, isto é, assim que as obrigações éticas passaram a ser vistas como o resultado de processos decisórios intramundanos, a compreensão cotidiana do caráter da ordem social de valores iria alterar-se, tanto quanto a condição de validade do direito: privada da base de evidências transcendentes, essa ordem não podia mais ser considerada um sistema referencial objetivo, no qual as imposições compor-

---

[93] Max Weber, *Wirtschaft und Gesellschaft: Grundriß der verstehenden Soziologie*, ed. cit., p. 23 ss, p. 534 ss.

Padrões de reconhecimento intersubjetivo

tamentais específicas às camadas sociais podiam dar um índice inequívoco acerca da medida respectiva de honra social. Junto com o fundamento metafísico de sua validade, o cosmos social de valores perde tanto seu caráter de objetividade quanto a capacidade de determinar de uma vez por todas uma escala de prestígio social, normatizando o comportamento. Daí a luta que a burguesia começou a travar, no limiar da modernidade, contra as concepções feudais e aristocráticas de honra não ser somente a tentativa coletiva de estabelecer novos princípios axiológicos, mas também o início de um confronto em torno do *status* desses princípios em geral; pela primeira vez, dispõe-se agora de uma resposta à questão se a reputação social de uma pessoa deve se medir pelo valor previamente determinado de propriedades atribuídas a grupos inteiros, tipificando-os. Só agora o sujeito entra no disputado campo da estima social como uma grandeza biograficamente individuada.

No curso das transformações descritas, uma parte não desconsiderável do que os princípios de honra, escalonados segundo o estamento, asseguravam até então ao indivíduo em termos de estima social migra para a relação jurídica reformada, onde alcança validade universal com o conceito de "dignidade humana":[94] nos catálogos modernos de direitos fundamentais, é garantida a todos os homens, em igual medida, uma proteção jurídica de sua reputação social, embora continue obscuro até hoje que consequências jurídicas práticas estariam ligadas a isso. Mas a relação jurídica não pode recolher em si todas as dimensões da estima social, antes de tudo porque esta só pode evidentemente se aplicar, conforme sua função inteira, às propriedades e capacidades nas quais os membros da sociedade se distinguem uns dos outros: uma pessoa só pode se sentir "valiosa" quando se sabe reconhecida em realizações que ela justamente não partilha de maneira indistinta com todos os demais. Se diferenças de propriedades desse gênero eram determinadas até

---

[94] Cf. Peter Berger, B. Berger e H. Kellner, *Das Unbehagen in der Modernität*, Frankfurt, 1987, p. 75 ss ("Exkurs: Über den Begriff der Ehre und seinen Niedergang").

então de forma coletivista, para fixar na pertença do indivíduo a determinado estamento a medida de sua honra social, então essa possibilidade vai se anulando agora com a dissolução gradativa da hierarquia tradicional de valores. A luta da burguesia contra as coerções comportamentais, específicas aos estamentos e impostas pela antiga ordem de reconhecimento, leva a uma individualização na representação de quem contribui para a realização das finalidades éticas: uma vez que não deve ser mais estabelecido de antemão quais formas de conduta são consideradas eticamente admissíveis, já não são mais as propriedades coletivas, mas sim as capacidades biograficamente desenvolvidas do indivíduo aquilo por que começa a se orientar a estima social. A individualização das realizações é também necessariamente concomitante com a abertura das concepções axiológicas sociais para distintos modos de autorrealização pessoal; doravante é um certo pluralismo axiológico, mas agora específico à classe e ao sexo, o que forma o quadro cultural de orientações, no qual se determina a medida das realizações do indivíduo e, com isso, seu valor social. É nesse contexto histórico que sucede o processo em que o conceito de honra social vai se adelgaçando gradativamente, até tornar-se o conceito de prestígio social.[95]

Uma faceta desse processo de transformação histórica dos conceitos consiste em que a categoria de "honra", até então atada a formas de conduta específicas aos estamentos, começa a declinar, entrando no quadro da esfera privada; aqui ela vai designar futuramente o critério, determinável apenas subjetivamente, destinado a avaliar os aspectos da própria autocompreensão que seriam dignos de uma defesa incondicional. O lugar que o conceito de honra havia ocupado antes no espaço público da sociedade passa então a

---

[95] A respeito do processo de individualização da estima social, cf. Hans Speier, "Honor and Social Structure", in: *Social Order and the Risks of War*, Nova York, 1952, p. 36 ss; mas é fundamental para a tese histórica de uma individualização gradativa da "honra" sobretudo o livro de Alexis de Tocqueville, *A democracia na América* (*Über die Demokratie in Amerika*, Zurique, 1985, segunda parte, III, cap. 18, p. 338 ss.).

ser preenchido pouco a pouco pelas categorias de "reputação" ou de "prestígio", com as quais se deve apreender a medida de estima que o indivíduo goza socialmente quanto a suas realizações e a suas capacidades individuais. No entanto, o novo padrão de organização que essa forma de reconhecimento assume dessa maneira só se refere agora àquela estreita camada do valor de uma pessoa que restou com os dois processos, o da universalização jurídica da "honra" até tornar-se "dignidade", por um lado, e o da privatização da "honra" até tornar-se "integridade" subjetivamente definida, por outro: daí a estima social não estar mais associada a quaisquer privilégios jurídicos nem incluir doravante, de forma constitutiva, a caracterização de qualidades morais da personalidade.[96] Pelo contrário, o "prestígio" ou a "reputação" referem-se somente ao grau de reconhecimento social que o indivíduo merece para sua forma de autorrealização, porque de algum modo contribui com ela à implementação prática dos objetivos da sociedade, abstratamente definidos; tudo na nova ordem individualizada do reconhecimento depende, por conseguinte, de como se determina o horizonte universal de valores, que ao mesmo tempo deve estar aberto a formas distintas de autorrealização, mas que deve poder servir também como um sistema predominante de estima.

Com essas tarefas divergentes, uma tensão impregna a forma de organização moderna da estima social, submetendo-a de modo duradouro a um conflito cultural: seja como for que as finalidades sociais estejam determinadas, se sintetizadas numa ideia de "realizações" em aparência neutra ou pensadas como um horizonte aberto de valores plurais, sempre se precisa de uma práxis exegética secundária, antes que elas possam entrar em vigor no interior do mundo da vida social a título de critérios da estima. As ideias diretrizes, tornadas abstratas, não oferecem um sistema referencial universalmente válido no qual se poderia medir o valor social de determinadas propriedades e capacidades, de tal modo que elas devem pri-

---

[96] Cf. Wilhelm Korff, *Ehre, Prestige, Gewissen*, ed. cit., cap. 3, p. 111 ss.

meiro ser concretizadas por meio de interpretações culturais complementárias a fim de que encontrem aplicação na esfera do reconhecimento; é por isso que o valor conferido a diversas formas de autorrealização, mas também a maneira como se definem as propriedades e capacidades correspondentes, se mede fundamentalmente pelas interpretações que predominam historicamente acerca das finalidades sociais. Visto que o conteúdo de semelhantes interpretações depende por sua vez de qual grupo social consegue interpretar de maneira pública as próprias realizações e formas de vida como particularmente valiosas, aquela práxis exegética secundária não pode ser entendida senão como conflito cultural de longa duração: nas sociedades modernas, as relações de estima social estão sujeitas a uma luta permanente na qual os diversos grupos procuram elevar, com os meios da força simbólica e em referência às finalidades gerais, o valor das capacidades associadas à sua forma de vida.[97]

Contudo, o que decide sobre o desfecho dessas lutas, estabilizado apenas temporariamente, não é apenas o poder de dispor dos meios da força simbólica, específico de determinados grupos, mas também o clima, dificilmente influenciável, das atenções públicas: quanto mais os movimentos sociais conseguem chamar a atenção da esfera pública para a importância negligenciada das propriedades e das capacidades representadas por eles de modo coletivo, tanto mais existe para eles a possibilidade de elevar na sociedade o valor social

---

[97] É para a análise desse processo que está recortada a teoria sociológica de Pierre Bourdieu, se localizamos corretamente sua pretensão; na junção de Marx, Max Weber e Durkheim, ele empreende a investigação da luta simbólica em que os diversos grupos sociais tentam reinterpretar o sistema axiológico de classificação de uma sociedade, a fim de elevar seu prestígio social e, desse modo, sua posição no poder (cf., entre outros textos de Pierre Bourdieu, *Die feinen Unterschiede. Kritik der gesellschaftlichen Urteilskraft*, Frankfurt, 1982); todavia, Bourdieu tende a desconsiderar, como eu procurei mostrar, a lógica normativa dessa luta simbólica por estima social, já que ele põe na base de suas análises uma teoria econômica da ação: cf. Axel Honneth, "Die zerrissene Welt der symbolischen Formen. Zum kultursoziologischen Werk Pierre Bourdieus", in: *Die zerrissene Welt des Sozialen*, Frankfurt, 1990, p. 156 ss.

ou, mais precisamente, a reputação de seus membros. Além disso, uma vez que as relações da estima social, como já havia visto Georg Simmel, estão acopladas de forma indireta com os padrões de distribuição de renda, os confrontos econômicos pertencem constitutivamente a essa forma de luta por reconhecimento.

Com esse desenvolvimento, a estima social assume um padrão que confere às formas de reconhecimento associadas a ela o caráter de relações assimétricas entre sujeitos biograficamente individuados: certamente, as interpretações culturais que devem concretizar em cada caso os objetivos abstratos da sociedade no interior do mundo da vida continuam a ser determinadas pelos interesses que os grupos sociais possuem na valorização das capacidades e das propriedades representadas por eles; mas, no interior das ordens de valores efetivadas por via conflituosa, a reputação social dos sujeitos se mede pelas realizações individuais que eles apresentam socialmente no quadro de suas formas particulares de autorrealização. Ora, as propostas que Hegel, com seu conceito de "eticidade", e Mead, com sua ideia de uma divisão democrática do trabalho, expuseram independentemente um do outro referem-se normativamente a esse padrão organizacional da estima social; pois os modelos de ambos visaram a uma ordem social de valores na qual as finalidades sociais passam por uma interpretação tão complexa e rica que, no fundo, todo indivíduo acaba recebendo a chance de obter reputação social. Eu já tentei apresentar os impasses teóricos a que Hegel e Mead chegaram na elaboração de sua ideia central comum; por isso, aqui se trata somente de responder por que a categoria de "solidariedade" se recomenda, na qualidade de conceito genérico, para os modelos propostos por ambos. No entanto, uma clarificação dessa questão só será possível se antes for patenteado brevemente o tipo de autorrelação individual que vai de par com a experiência da estima social.

Enquanto a forma de reconhecimento da estima é organizada segundo estamentos, a experiência da distinção social que lhe corresponde se refere em grande parte somente à identidade coletiva do próprio grupo: as realizações, para cujo valor social o indivíduo

pode se ver reconhecido, são ainda tão pouco distintas das propriedades coletivas tipificadas de seu estamento que ele não pode sentir-se, como sujeito individuado, o destinatário da estima, mas somente o grupo em sua totalidade. A autorrelação prática a que uma
experiência de reconhecimento desse gênero faz os indivíduos chegar é, por isso, um sentimento de orgulho do grupo ou de honra
coletiva; o indivíduo se sabe aí como membro de um grupo social
que está em condição de realizações comuns, cujo valor para a sociedade é reconhecido por todos os seus demais membros. Na relação interna de tais grupos, as formas de interação assumem nos casos
normais o caráter de relações solidárias, porque todo membro se
sabe estimado por todos os outros na mesma medida; pois por "solidariedade" pode se entender, numa primeira aproximação, uma
espécie de relação interativa em que os sujeitos tomam interesse reciprocamente por seus modos distintos de vida, já que eles se esti-
mam entre si de maneira simétrica.[98] Essa proposta explica também
a circunstância de o conceito de "solidariedade" se aplicar até o momento precipuamente às relações de grupo que se originam na experiência da resistência comum contra a repressão política; pois aqui
é a concordância no objetivo prático, predominando sobre tudo, que
gera de súbito um horizonte intersubjetivo de valores no qual cada
um aprende a reconhecer em igual medida o significado das capacidades e propriedades do outro.[99] O mecanismo da estima simétrica pode explicar até mesmo o fato de a guerra representar amiúde um acontecimento coletivo capaz de fundar relações espontâneas
de interesse solidário para além dos limites sociais: também aqui,

---

[98] Vai no mesmo sentido a proposta conceitual de Julian Pitt-Rivers,
"Honor", ed. cit., p. 507: "The reciprocal demonstrations of favor, wich might
be called mutual honoring, establish relationships of solidarity" ["As demons-
trações recíprocas de favor, que poderiam ser chamadas de honramento mútuo, estabelecem relações de solidariedade"].

[99] É para isso que está recortada conceitualmente a famosa fórmula de
Sartre a respeito do grupo em fusão; cf. Jean-Paul Sartre, *Kritik der dialektischen
Vernunft*, vol. I, Reinbek, 1967, p. 369 ss.

na experiência partilhada de grandes fardos e privações, origina-se num átimo uma nova estrutura de valores que permite mutuamente aos sujeitos estimar o outro por realizações e capacidades que antes não tiveram importância social.

Mas até agora clarificamos somente aquela espécie de autorrelação prática a que a estima social faz os indivíduos chegar enquanto é organizada ainda segundo o modelo estamental. No entanto, com a individualização, acima descrita, dessa forma de reconhecimento, modifica-se também a relação prática consigo próprio em que ela faz entrar os sujeitos; agora o indivíduo não precisa mais atribuir a um grupo inteiro o respeito que goza socialmente por suas realizações conforme os *standards* culturais, senão que pode referi-lo a si próprio. Nesse sentido, sob essas novas condições, vai de par com a experiência da estima social uma confiança emotiva na apresentação de realizações ou na posse de capacidades que são reconhecidas como "valiosas" pelos demais membros da sociedade; com todo o sentido, nós podemos chamar essa espécie de autorrealização prática, para a qual predomina na língua corrente a expressão "sentimento do próprio valor", de "autoestima", em paralelo categorial com os conceitos empregados até aqui de "autoconfiança" e de "autorrespeito"[100]. Na medida em que todo membro de uma sociedade se coloca em condições de estimar a si próprio dessa maneira, pode se falar então de um estado pós-tradicional de solidariedade social (cf. esquema da p. 211).

Por isso, sob as condições das sociedades modernas, a solidariedade está ligada ao pressuposto de relações sociais de estima simétrica entre sujeitos individualizados (e autônomos); estimar-se simetricamente nesse sentido significa considerar-se reciprocamente à luz de valores que fazem as capacidades e as propriedades do respectivo outro aparecer como significativas para a práxis comum. Relações dessa espécie podem se chamar "solidárias" porque elas

---

[100] Cf. a propósito, com as reservas já mencionadas, o estudo de Nathaniel Branden, *The Psychology of Self-Esteem*, ed. cit.; nesse contexto, cf. também Helen Lynd, *On Shame and the Search for Identity*, Nova York, 1958.

não despertam somente a tolerância para com a particularidade individual da outra pessoa, mas também o interesse afetivo por essa particularidade: só na medida em que eu cuido ativamente de que suas propriedades, estranhas a mim, possam se desdobrar, os objetivos que nos são comuns passam a ser realizáveis. Que o termo "simétrico" não possa significar aqui estimar-se mutuamente na mesma medida é o que resulta de imediato da abertura exegética fundamental de todos os horizontes sociais de valores: é simplesmente inimaginável um objetivo coletivo que pudesse ser fixado em si de modo quantitativo, de sorte que permitisse uma comparação exata do valor das diversas contribuições; pelo contrário, "simétrico" significa que todo sujeito recebe a chance, sem graduações coletivas, de experienciar a si mesmo, em suas próprias realizações e capacidades, como valioso para a sociedade. É por isso também que só as relações sociais que tínhamos em vista com o conceito de "solidariedade" podem abrir o horizonte em que a concorrência individual por estima social assume uma forma isenta de dor, isto é, não turvada por experiências de desrespeito.

ESTRUTURA DAS RELAÇÕES SOCIAIS DE RECONHECIMENTO			
Modos de reconhecimento	Dedicação emotiva	Respeito cognitivo	Estima social
Dimensões da personalidade	Natureza carencial e afetiva	Imputabilidade moral	Capacidades e propriedades
Formas de reconhecimento	Relações primárias (amor, amizade)	Relações jurídicas (direitos)	Comunidade de valores (solidariedade)
Potencial evolutivo		Generalização, materialização	Individualização, igualização
Autorrelação prática	Autoconfiança	Autorrespeito	Autoestima
Formas de desrespeito	Maus-tratos e violação	Privação de direitos e exclusão	Degradação e ofensa
Componentes ameaçados da personalidade	Integridade física	Integridade social	"Honra", dignidade

6.
IDENTIDADE PESSOAL E DESRESPEITO:
VIOLAÇÃO, PRIVAÇÃO DE DIREITOS, DEGRADAÇÃO

Em nossa linguagem cotidiana está inscrito ainda, na qualidade de um saber evidente, que a integridade do ser humano se deve de maneira subterrânea a padrões de assentimento ou reconhecimento, como os que tentamos distinguir até agora; pois, na autodescrição dos que se veem maltratados por outros, desempenham até hoje um papel dominante categorias morais que, como as de "ofensa" ou de "rebaixamento", se referem a formas de desrespeito, ou seja, às formas do reconhecimento recusado. Conceitos negativos dessa espécie designam um comportamento que não representa uma injustiça só porque ele estorva os sujeitos em sua liberdade de ação ou lhes inflige danos; pelo contrário, visa-se àquele aspecto de um comportamento lesivo pelo qual as pessoas são feridas numa compreensão positiva de si mesmas, que elas adquiriram de maneira intersubjetiva. Sem a remissão implícita a pretensões de reação de reconhecimento que um sujeito coloca a seus próximos, aqueles conceitos de "desrespeito" ou de "ofensa" não seriam aplicáveis com sentido pleno. Daí nossa linguagem cotidiana conter referências empíricas acerca do nexo indissolúvel existente entre a incolumidade e a integridade dos seres humanos e o assentimento por parte do outro. É do entrelaçamento interno de individualização e reconhecimento, esclarecido por Hegel e Mead, que resulta aquela vulnerabilidade particular dos seres humanos, identificada com o conceito de "desrespeito": visto que a autoimagem normativa de cada ser humano, de seu "Me", como disse Mead, depende da possibilidade de um resseguro constante no outro, vai de par com a experiência de desres-

Identidade pessoal e desrespeito

213

peito o perigo de uma lesão, capaz de desmoronar a identidade da pessoa inteira.[101]

Ora, é visível que tudo o que é designado na língua corrente como "desrespeito" ou "ofensa" pode abranger graus diversos de profundidade na lesão psíquica de um sujeito: por exemplo, entre o rebaixamento palpável ligado à denegação de direitos básicos elementares e a humilhação sutil que acompanha a alusão pública ao insucesso de uma pessoa, existe uma diferença categorial que ameaça perder-se de vista no emprego de uma das expressões. Em contrapartida, a circunstância de que pudemos efetuar graduações sistemáticas também no conceito complementário de "reconhecimento" já aponta para as diferenças internas existentes entre algumas formas de desrespeito. Se a experiência de desrespeito sinaliza a denegação ou a privação de reconhecimento, então, no domínio dos fenômenos negativos, devem poder ser reencontradas as mesmas distinções que já foram descobertas no domínio dos fenômenos positivos. Nesse sentido, a diferenciação de três padrões de reconhecimento deixa à mão uma chave teórica para distinguir sistematicamente os outros tantos modos de desrespeito: suas diferenças devem se medir pelos graus diversos em que podem abalar a autorrelação prática de uma pessoa, privando-a do reconhecimento de determinadas pretensões da identidade. Só ao cabo dessa subdivisão se pode abordar então aquela questão cuja resposta não foi desenvolvida nem por Hegel nem por Mead: como a experiência de desrespeito está ancorada nas vivências afetivas dos sujeitos humanos, de modo que possa dar, no plano motivacional, o impulso para a resistência social e para o conflito, mais precisamente, para uma luta por reconhecimento?

Se colocamos no fundo as diferenciações operadas até aqui como uma base positiva de comparação, então parece fazer todo o sentido partir de um tipo de desrespeito que toca a camada da integridade corporal de uma pessoa: aquelas formas de maus-tra-

---

[101] Acerca do risco de colapso da identidade pessoal, cf. em seu todo a coletânea: Glyris M. Breakwell (org.), *Threatened Identities*, Nova York, 1983.

tos práticos, em que são tiradas violentamente de um ser humano todas as possibilidades da livre disposição sobre seu corpo, representam a espécie mais elementar de rebaixamento pessoal. A razão disso é que toda tentativa de se apoderar do corpo de uma pessoa, empreendida contra a sua vontade e com qualquer intenção que seja, provoca um grau de humilhação que interfere destrutivamente na autorrelação prática de um ser humano, com mais profundidade do que outras formas de desrespeito; pois a particularidade dos modos de lesão física, como ocorrem na tortura ou na violação, não é constituída, como se sabe, pela dor puramente corporal, mas por sua ligação com o sentimento de estar sujeito à vontade de um outro, sem proteção, chegando à perda do senso de realidade.[102] Os maus-tratos físicos de um sujeito representam um tipo de desrespeito que fere duradouramente a confiança, aprendida através do amor, na capacidade de coordenação autônoma do próprio corpo; daí a consequência ser também, com efeito, uma perda de confiança em si e no mundo, que se estende até as camadas corporais do relacionamento prático com outros sujeitos, emparelhada com uma espécie de vergonha social. Portanto, o que é aqui subtraído da pessoa pelo desrespeito em termos de reconhecimento é o respeito natural por aquela disposição autônoma sobre o próprio corpo que, por seu turno, foi adquirida primeiramente na socialização mediante a experiência da dedicação emotiva; a integração bem-sucedida das qualidades corporais e psíquicas do comportamento é depois como que arrebentada de fora, destruindo assim, com efeitos duradouros, a forma mais elementar de autorrelação prática, a confiança em si mesmo.

Visto que essas formas de autoconfiança psíquica estão encadeadas às condições emotivas que obedecem a uma lógica em boa parte invariante do equilíbrio intersubjetivo entre fusão e delimita-

---

[102] Sobre a perda do senso de realidade na tortura, cf. o excelente estudo de Elaine Scarry, *The Body in Pain. The Making and Unmaking of the World*, Nova York/Oxford, 1985, cap. I.

Identidade pessoal e desrespeito

ção, essa experiência de desrespeito não pode variar simplesmente com o tempo histórico ou com o quadro cultural de referências: o sofrimento da tortura ou da violação será sempre acompanhado, por mais distintos que possam ser os sistemas de legitimação que procuram justificá-las socialmente, de um colapso dramático da confiança na fidedignidade do mundo social e, com isso, na própria autossegurança. Em oposição a isso, os dois outros tipos de desrespeito, que vamos distinguir em conformidade com nossa tripartição, estão inseridos num processo de mudança histórica: aqui, o que é percebido em cada caso como lesão moral já está sujeito às mesmas modificações históricas seguidas também pelos padrões complementários de reconhecimento recíproco.

Se a primeira forma de desrespeito está inscrita nas experiências de maus-tratos corporais que destroem a autoconfiança elementar de uma pessoa, temos de procurar a segunda forma naquelas experiências de rebaixamento que afetam seu autorrespeito moral: isso se refere aos modos de desrespeito pessoal, infligidos a um sujeito pelo fato de ele permanecer estruturalmente excluído da posse de determinados direitos no interior de uma sociedade. De início, podemos conceber como "direitos", *grosso modo*, aquelas pretensões individuais com cuja satisfação social uma pessoa pode contar de maneira legítima, já que ela, como membro de igual valor em uma coletividade, participa em pé de igualdade de sua ordem institucional; se agora lhe são denegados certos direitos dessa espécie, então está implicitamente associada a isso a afirmação de que não lhe é concedida imputabilidade moral na mesma medida que aos outros membros da sociedade. Por isso, a particularidade nas formas de desrespeito, como as existentes na privação de direitos ou na exclusão social, não representa somente a limitação violenta da autonomia pessoal, mas também sua associação com o sentimento de não possuir o *status* de um parceiro da interação com igual valor, moralmente em pé de igualdade; para o indivíduo, a denegação de pretensões jurídicas socialmente vigentes significa ser lesado na expectativa intersubjetiva de ser reconhecido como sujeito capaz de formar juízo moral; nesse sentido, de maneira típica, vai de par com a experiência da privação de direitos uma perda de autorrespeito, ou seja, uma perda da capacidade de se referir a si mesmo como parceiro em pé de igualdade na interação com todos os próximos.[103] Portanto o que aqui é subtraído da pessoa pelo desrespeito em termos de reconhecimento é o respeito cognitivo de uma imputabilidade moral que, por seu turno, tem de ser adquirida a custo em processos de interação socializadora. Mas essa forma de desrespeito representa uma grandeza historicamente variável, visto que o conteúdo semântico do que é considerado como uma pessoa moralmente imputável tem se alterado com o desenvolvimento das relações jurídicas: por isso, a experiência da privação de direitos se mede não somente pelo grau de universalização, mas também pelo alcance material dos direitos institucionalmente garantidos.

Por fim, em face desse segundo tipo de desrespeito, que lesa uma pessoa nas possibilidades de seu autorrespeito, constitui-se ainda um último tipo de rebaixamento, referindo-se negativamente ao valor social de indivíduos ou grupos; na verdade, é só com essas formas, de certo modo valorativas, de desrespeito, de depreciação de modos de vida individuais ou coletivos, que se alcança a forma de comportamento que a língua corrente designa hoje sobretudo com termos como "ofensa" ou "degradação". A "honra", a "dignidade" ou, falando em termos modernos, o *status* de uma pessoa, refere-se, como havíamos visto, à medida de estima social que é concedida à sua maneira de autorrealização no horizonte da tradição cultural; se agora essa hierarquia social de valores se constitui de modo que ela degrada algumas formas de vida ou modos de crença, considerando-as de menor valor ou deficientes, ela tira dos sujeitos atingidos toda a possibilidade de atribuir um valor social às suas próprias capacidades. A degradação valorativa de determinados padrões de autorrealização tem para seus portadores a consequência de eles não poderem se referir à condução de sua vida como

---

[103] Cf., por exemplo, Bernard R. Boxbill, "Self-Respect and Protest", ed. cit.; Joel Feinberg, "The Nature and Value of Rights", ed. cit.

a algo a que caberia um significado positivo no interior de uma coletividade; por isso, para o indivíduo, vai de par com a experiência de uma tal desvalorização social, de maneira típica, uma perda de autoestima pessoal, ou seja, uma perda de possibilidade de se entender a si próprio como um ser estimado por suas propriedades e capacidades características. Portanto, o que aqui é subtraído da pessoa pelo desrespeito em termos de reconhecimento é o assentimento social a uma forma de autorrealização que ela encontrou arduamente com o encorajamento baseado em solidariedades de grupos. Contudo, um sujeito só pode referir essas espécies de degradação cultural a si mesmo, como pessoa individual, na medida em que os padrões institucionalmente ancorados de estima social se individualizam historicamente, isto é, na medida em que se referem de forma valorativa às capacidades individuais, em vez de propriedades coletivas; daí essa experiência de desrespeito estar inserida também, como a da privação de direitos, num processo de modificações históricas.

Ora, é típico dos três grupos de experiências de desrespeito, que se distinguem analiticamente dessa maneira, o fato de suas consequências individuais serem sempre descritas com metáforas que remetem a estados de abatimento do corpo humano: nos estudos psicológicos que investigam as sequelas pessoais da experiência de tortura e violação, é frequente falar de "morte psíquica"; nesse meio--tempo, no campo de pesquisa que se ocupa, no caso da escravidão, com a elaboração coletiva da privação de direitos e da exclusão social, ganhou cidadania o conceito de "morte social"; e, em relação ao tipo de desrespeito que se encontra na degradação cultural de uma forma de vida, é a categoria de "vexação"* que recebe um

---

* "Vexação" tenta reproduzir a forma alemã *Kränkung* (também "humilhação", "ofensa"), que remete ao termo *krank* (doente, enfermo) e a seus derivados. Algo análogo se encontra na expressão latina *vexatio*, que, além de significar "abalo", "tremor", apresenta também o sentido figurado de "enfermidade" e "sofrimento", ou seja, justamente a correlação que o autor quer sublinhar. (N. do T.)

emprego preferencial.[104] Nessas alusões metafóricas à dor física e à morte, expressa-se linguisticamente o fato de que compete às diversas formas de desrespeito pela integridade psíquica do ser humano o mesmo papel negativo que as enfermidades orgânicas assumem no contexto da reprodução de seu corpo: com a experiência do rebaixamento e da humilhação social, os seres humanos são ameaçados em sua identidade da mesma maneira que o são em sua vida física com o sofrimento de doenças. Se essa interpretação, sugerida por nossa práxis linguística, não é de todo implausível, ela contém duas indicações implícitas, ambas oportunas para as finalidades que perseguimos. Por um lado, a comparação com a enfermidade física nos estimula a nomear também para o sofrimento do desrespeito social a camada de sintomas que de certa maneira chama a atenção do sujeito atingido para o seu próprio estado; aos indícios corporais correspondem aqui, é o que se pode supor, as reações emocionais negativas que se expressam nos sentimentos de vergonha social. Por outro, porém, a comparação empregada dá também a possibilidade de extrair da visão geral sobre as diversas formas de desrespeito ilações acerca do que contribui, por assim dizer, para a saúde "psíquica", para a integridade dos seres humanos: à evitação providente de doenças corresponderia, como foi visto, a garantia social de relações de reconhecimento capazes de proteger os sujeitos do sofrimento de desrespeito da maneira mais ampla. Enquanto essa segunda comparação só terá interesse para nós quando considerarmos o nexo apresentado entre integridade pessoal e desrespeito em razão de suas consequências normativas (capítulo 9), aquela primeira comparação já possui importância para a argumentação a ser desenvolvida aqui: as reações negativas que acompanham no

---

[104] Por exemplo, as investigações de Bruno Bettelheim apontam na direção de uma categoria de "morte psíquica", cf. *Erziehung zum Überleben. Zur Psychologie der Extremsituation*, Munique, 1982, parte I, entre outras. Acerca da categoria de "morte social", cf., entre outros, Orlando Patterson, *Slavery and Social Death. A Comparative Study*, Cambridge, 1982; Claude Meillassoux, *Anthropologie der Sklaverei*, Frankfurt, 1989, primeira parte, cap. V.

plano psíquico a experiência de desrespeito podem representar de maneira exata a base motivacional afetiva na qual está ancorada a luta por reconhecimento.

Nem em Hegel nem em Mead havia-se encontrado uma referência à maneira como a experiência de desrespeito social pode motivar um sujeito a entrar numa luta ou num conflito prático; faltava de certo modo o elo psíquico que conduz do mero sofrimento à ação ativa, informando cognitivamente a pessoa atingida acerca de sua situação social. Gostaria de defender a tese de que essa função pode ser cumprida por reações emocionais negativas, como as que constituem a vergonha ou a ira, a vexação ou o desprezo; delas se compõem os sintomas psíquicos com base nos quais um sujeito é capaz de reconhecer que o reconhecimento social lhe é denegado de modo injustificado. A razão disso pode ser vista, por sua vez, na dependência constitutiva do ser humano em relação à experiência do reconhecimento: para chegar a uma autorrelação bem-sucedida, ele depende do reconhecimento intersubjetivo de suas capacidades e de suas realizações; se uma tal forma de assentimento social não ocorre em alguma etapa de seu desenvolvimento, abre-se na personalidade como que uma lacuna psíquica, na qual entram as reações emocionais negativas como a vergonha ou a ira. Daí a experiência de desrespeito estar sempre acompanhada de sentimentos afetivos que em princípio podem revelar ao indivíduo que determinadas formas de reconhecimento lhe são socialmente denegadas. Para tornar plausível essa tese complexa pelo menos em seu esboço, é recomendável reportar-se a uma concepção de sentimento humano como a que John Dewey desenvolveu em sua psicologia pragmática.

Em alguns de seus primeiros ensaios, Dewey havia se dirigido contra a concepção segundo a qual as excitações emocionais no ser humano devem ser compreendidas como formas de expressão de estados anímicos internos; acerca dessa concepção, constatável também em William James, ele quis mostrar que ela desconhece necessariamente a função dos sentimentos ligada à ação, visto que o processo psíquico é desde o início anteposto, como algo "interno", às ações direcionadas para "fora".[105] O ponto de partida da argumentação de Dewey é constituído pela observação de que os sentimentos aparecem no horizonte de vivências do ser humano somente na dependência positiva ou negativa com a efetuação das ações: ou eles acompanham, como estados de excitação ligados ao corpo, a experiência de "comunicações" (com coisas ou pessoas) particularmente bem-sucedidas ou eles surgem como vivências de um contrachoque de ações fracassadas ou perturbadas. A análise dessas vivências de contrachoque dá a Dewey a chave que permite a ele chegar a uma concepção dos sentimentos humanos nos termos da teoria da ação. De acordo com ela, os sentimentos negativos como a ira, a indignação e a tristeza constituem o aspecto afetivo daquele deslocamento da atenção para as próprias expectativas, que surgem no momento em que não pode ser encontrada a sequência planejada para uma ação efetuada; em contrapartida, o sujeito reage com sentimentos positivos como a alegria ou o orgulho quando é libertado repentinamente de um estado penoso de excitação, já que ele pôde encontrar uma solução adequada e feliz para um problema prático urgente. Portanto, para Dewey, os sentimentos representam de modo geral as reações afetivas no contrachoque do sucesso ou do insucesso de nossas intenções práticas.

Com esse ponto de partida geral, é possível encontrar uma via para outras diferenciações, quando se trata de distinguir de maneira mais exata os tipos de "perturbações" em que pode fracassar em princípio o agir humano que veio a ser habitual. Uma vez que semelhantes perturbações ou insucessos se medem em cada caso pelas expectativas que vão à frente da ação a ser efetuada, orientando-a, uma primeira subdivisão rudimentar se oferece com base nos dois

---

[105] Cf. John Dewey, "The Theory of Emotion", I., in: *Psychological Review*, 1894, p. 553 ss; "The Theory of Emotion", II, in: *Psychological Review*, 1895, p. 13 ss; sobre a teoria dos sentimentos de Dewey, cf. a útil exposição de Eduard Baumgarten, *Die geistigen Grundlagen des amerikanischen Gemeinwesens*, vol. II, *Der Pragmatismus: R. W. Emerson, W. James, J. Dewey*, Frankfurt, 1938, p. 247 ss.

tipos diferentes de expectativas: a ação rotinizada dos seres humanos pode chocar-se com obstáculos ou no quadro referencial de expectativas instrumentais de êxito ou no quadro referencial de expectativas normativas de comportamento. Se ações orientadas ao êxito fracassam nas resistências com que deparam imprevistamente no campo das tarefas a serem vencidas, então isso leva a perturbações "técnicas" no sentido mais amplo; em contrapartida, se ações dirigidas por normas ricocheteiam em situações porque são infringidas as normas pressupostas como válidas, então isso leva a conflitos "morais" no mundo da vida social. Essa segunda parte das ações perturbadas constitui o horizonte de experiências em que as reações emotivas morais do ser humano possuem a sua sede prática; elas podem ser entendidas, no sentido de Dewey, como excitações emocionais com as quais os seres humanos reagem quando vivenciam um contrachoque imprevisto de sua ação em virtude da violação de expectativas normativas de comportamento. De forma bastante elementar, as diferenças entre as diversas reações emotivas se medem conforme a violação de uma norma, que refreia a ação, seja causada pelo próprio sujeito ativo ou por seu parceiro de interação: no primeiro caso, a pessoa vivencia o contrachoque de suas ações com sentimentos de culpa; no segundo caso, com sentimentos de indignação moral. Mas a ambos os casos se aplica o que Dewey viu de modo geral como típico dessas situações de vivência afetiva da ação rechaçada: que com o deslocamento da atenção para as próprias expectativas se toma consciência ao mesmo tempo do seu elemento cognitivo, isto é, o saber moral que conduzira a ação planejada e agora refreada.

Ora, entre os sentimentos morais, é a vergonha que possui o caráter mais aberto, na medida em que ela não se refere apenas à timidez da exposição do próprio corpo, visível e profundamente ancorada no plano antropológico; nela não está definido de antemão por quais aspectos da interação se transgride a norma moral que, por assim dizer, falta ao sujeito para o prosseguimento rotinizado de sua ação. O conteúdo emocional da vergonha consiste, como constatam em comum acordo as abordagens psicanalíticas e fenomenológicas, em uma espécie de rebaixamento do sentimento do próprio valor; o sujeito, que se envergonha de si mesmo na experiência do rechaço de sua ação, sabe-se como alguém de valor social menor do que havia suposto previamente; considerando-se de uma perspectiva psicanalítica, isso significa que a violação de uma norma moral, refreando a ação, não atinge aqui negativamente o superego, mas sim os ideais de ego de um sujeito.[106] Essa espécie de vergonha, vivenciada somente na presença de parceiros de interação reais ou imaginados, aos quais incumbe de certa maneira o papel de testemunha da lesão dos ideais de ego, pode ser causada pela própria pessoa ou por outrem: no primeiro caso, o sujeito se vivencia como de menor valor, porque ele feriu uma norma moral cuja observância havia constituído um princípio de seus próprios ideais de ego; no segundo caso, porém, o sujeito é oprimido por um sentimento de falta do próprio valor, porque seus parceiros de interação ferem normas cuja observância o fez valer como a pessoa que ele deseja ser conforme seus ideais de ego; portanto, a crise moral na comunicação se desencadeia aqui pelo fato de que são desapontadas as expectativas normativas que o sujeito ativo acreditou poder situar na disposição do seu defrontante para o respeito. Nesse sentido, esse segundo tipo de vergonha moral representa a excitação emocional que domina um sujeito quando ele não pode simplesmente continuar a agir, por conta da experiência de um desrespeito para com as pretensões de seu ego; o que ele experiencia acerca de si mesmo em um semelhante sentimento é a dependência constitutiva de sua própria pessoa para com o reconhecimento por parte dos outros.[107]

---

[106] Cf, por exemplo, Gerhart Piers e Milton B. Singer, *Shame and Guilt. A Psychoanalytic and a Cultural Study*, Nova York, 1971, particularmente p. 23 ss; Helen M. Lynd, *On Shame and the Search for Identity*, ed. cit., cap. 2; Georg Simmel tem em vista uma definição análoga em seu breve trabalho "Zur Psychologie der Scham" (1901), in: *Schriften zur Soziologie* (ed. por H.-J. Dahme e O. Rammstedt), Frankfurt, 1983, p. 140 ss.

[107] Esse aspecto é subestimado pelos estudos de Sighard Neckel, de resto excelentes: *Status und Scham. Zur symbolischen Reproduktion sozialer Ungleichheit*, Frankfurt, 1991.

Identidade pessoal e desrespeito

Nessas reações emocionais de vergonha, a experiência de desrespeito pode tornar-se o impulso motivacional de uma luta por reconhecimento. Pois a tensão afetiva em que o sofrimento de humilhações força o indivíduo a entrar só pode ser dissolvida por ele na medida em que reencontra a possibilidade da ação ativa; mas que essa práxis reaberta seja capaz de assumir a forma de uma resistência política resulta das possibilidades do discernimento moral que de maneira inquebrantável estão embutidas naqueles sentimentos negativos, na qualidade de conteúdos cognitivos. Simplesmente porque os sujeitos humanos não podem reagir de modo emocionalmente neutro às ofensas sociais, representadas pelos maus-tratos físicos, pela privação de direitos e pela degradação, os padrões normativos do reconhecimento recíproco têm uma certa possibilidade de realização no interior do mundo da vida social em geral; pois toda reação emocional negativa que vai de par com a experiência de um desrespeito de pretensões de reconhecimento contém novamente em si a possibilidade de que a injustiça infligida ao sujeito se lhe revele em termos cognitivos e se torne o motivo da resistência política.

Contudo, a fraqueza desse suporte prático da moral no interior da realidade social se mostra no fato de que a injustiça do desrespeito não *tem* de se revelar inevitavelmente nessas reações afetivas, senão que apenas o *pode*: saber empiricamente se o potencial cognitivo, inerente aos sentimentos da vergonha social e da vexação, se torna uma convicção política e moral depende sobretudo de como está constituído o entorno político e cultural dos sujeitos atingidos — somente quando o meio de articulação de um movimento social está disponível é que a experiência de desrespeito pode tornar-se uma fonte de motivação para ações de resistência política. No entanto, só uma análise que procura explicar as lutas sociais a partir da dinâmica das experiências morais instrui acerca da lógica que segue o surgimento desses movimentos coletivos.

III.
PERSPECTIVAS DE FILOSOFIA SOCIAL: MORAL E EVOLUÇÃO DA SOCIEDADE

Com os meios de uma fenomenologia empiricamente controlada, foi possível mostrar que a tripartição das formas de reconhecimento efetuada por Hegel e Mead não erra inteiramente o seu alvo na realidade da vida social, e até mesmo que ela está em totais condições de uma exploração produtiva da infraestrutura moral das interações; por isso, de acordo com as suposições teóricas dos dois autores, foi possível também, sem maiores obstáculos, atribuir aos diversos padrões de reconhecimento espécies distintas de autorrelação prática dos sujeitos, ou seja, modos de uma relação positiva com eles mesmos. A partir daí não foi mais difícil distinguir, num segundo passo, as formas de desrespeito social, conforme a etapa da autorrelação prática das pessoas em que elas podem influir de maneira lesiva ou mesmo destrutiva. Com a distinção, ainda muito provisória, de violação, privação de direitos e degradação, foram dados a nós os meios conceituais que nos permitem agora tornar um pouco mais plausível a tese que constitui o verdadeiro desafio da ideia fundamental partilhada por Hegel e Mead: que é uma luta por reconhecimento que, como força moral, promove desenvolvimentos e progressos na realidade da vida social do ser humano. Para dar a essa ideia forte, soando às vezes a filosofia da história, uma forma teoricamente defensável, seria preciso conduzir a demonstração empírica de que a experiência de desrespeito é a fonte emotiva e cognitiva de resistência social e de levantes coletivos; mas isso eu tampouco posso fazer aqui de modo direto e tenho de contentar-me com a via indireta de uma aproximação histórica e ilustrativa com uma tal demonstração. Para tanto deve servir num primeiro

Perspectivas de filosofia social

passo a tentativa de retomar o fio da presentificação da história das teorias ali onde nós o havíamos deixado com Hegel e Mead: se examinarmos a história do pensamento pós-hegeliano a fim de verificar se se encontram nela teorias com uma intenção básica análoga, depararemos com uma série de abordagens nas quais o desenvolvimento histórico foi pensado, em parte com apoio em Hegel, mas sem nenhuma referência a Mead, como um processo conflituoso de luta por reconhecimento. A diferenciação sistemática de três formas de reconhecimento pode então ajudar a tornar transparentes as confusões objetivas pelas quais sempre fracassaram até hoje essas concepções pós-hegelianas: a filosofia social de Marx, de Sorel e de Sartre representa o exemplo mais significativo de uma corrente de pensamento que, contra Hobbes e Maquiavel, carregou teoricamente os conflitos sociais com as exigências do reconhecimento, mas sem nunca poder penetrar realmente sua infraestrutura moral (cap. 7). A continuação crítica dessa tradição de pesquisa, porém, requer uma exposição dos indicadores históricos e empíricos que de modo geral fazem parecer plausível falar, com vista aos processos de transformação histórica, do papel de dinamizador atribuído a uma "luta por reconhecimento"; por isso, eu vou tentar num segundo passo, de forma sucinta, franquear a lógica moral de lutas sociais, de sorte que não pareça mais inteiramente despropositado do ponto de vista empírico supor aí a verdadeira fonte motivacional de um progresso social (cap. 8). Se o conceito hegeliano de "luta por reconhecimento", corrigido pela psicologia social de Mead, deve se tornar nesse sentido o fio condutor de uma teoria social crítica, então está associada a isso, enfim, a tarefa de uma fundamentação filosófica de suas perspectivas normativas diretrizes; é o que deve ser procurado no último capítulo, na forma de uma concepção formal de eticidade na qual as condições intersubjetivas da integridade pessoal são interpretadas como pressupostos que servem, tomados em conjunto, à finalidade da autorrealização individual (cap. 9).

7.
VESTÍGIOS DE UMA TRADIÇÃO DA
FILOSOFIA SOCIAL: MARX, SOREL E SARTRE

O modelo conflituoso e diferenciado de reconhecimento que Hegel elaborou em seus anos de Jena jamais pôde exercer uma influência significativa na história da filosofia social; ele sempre permaneceu à sombra da *Fenomenologia do espírito*, superior no plano do método e certamente também mais impressionante em termos literários, na qual o tema da "luta por reconhecimento" foi restringido à questão sobre as condições de surgimento da "autoconsciência". Contudo, a força sugestiva do capítulo sobre o senhor e o escravo bastou para produzir uma inflexão na formação da teoria política, em cuja consequência puderam também continuar presentes, em essência, os motivos centrais dos primeiros escritos: com a sua proposta de interpretar o conflito entre o senhor e o escravo como uma luta pelo reconhecimento de pretensões de identidade, Hegel pôde iniciar um movimento conceitual no qual a cisão social entre os homens podia ser atribuída, em contraposição a Maquiavel e a Hobbes, à experiência de uma violação de pretensões morais. O autor em cuja obra essa redefinição inovadora da luta social deixou seus primeiros e até hoje mais influentes sinais foi Karl Marx; na sua teoria da luta de classes, a intuição normativa pela qual o jovem Hegel se deixara guiar entrou numa síntese tensa e altamente ambivalente com as correntes do utilitarismo. Após décadas de estreitamento economicista do marxismo, Georges Sorel procurou colocar, por sua vez, o processo de transformações históricas na perspectiva de uma luta por reconhecimento; suas contribuições para a superação da ciência social utilitarista, influenciadas mais fortemente por Vico e Bergson que por Hegel, representam a tentativa de uma interpretação da história por meio da teoria do reconhecimento, a qual fracassou quase perigosamente. No passado mais recente, foi finalmente Jean-Paul Sartre quem contribuiu como nenhum outro a tornar fecunda a ideia de uma "luta por reconhecimento" para as finalidades de uma teoria social com orientação crítica. A inflexão existencialista que ele deu ao conceito hegeliano encontrava-se desde o começo, porém, num conflito indissolúvel com os motivos — vinculados a uma teoria do reconhecimento — de seus diagnósticos de época. A razão decisiva do fracasso desse propósito teórico representado por Marx, Sorel e Sartre é, no entanto, a mesma em todos os casos: o processo de evolução social foi sempre colocado em vista somente sob um dos três aspectos morais que nós, seguindo o primeiro Hegel, distinguimos sistematicamente no movimento do reconhecimento. Mas, ainda assim, as diversas abordagens representam os fragmentos de uma tradição de pensamento cuja exploração ulterior nos confronta com as tarefas pelas quais se tem de comprovar hoje uma interpretação do progresso moral baseada na teoria do reconhecimento.

Marx, que teve à disposição a *Fenomenologia do espírito*, mas não a *Realphilosophie* de Jena, retoma nos *Manuscritos parisienses* a ideia da luta por reconhecimento somente na versão estreita que havia assumido na dialética do senhor e o escravo; com isso, porém, ele sucumbiu, já no começo de sua obra, à tendência problemática de reduzir o espectro das exigências do reconhecimento à dimensão da autorrealização no trabalho.[1] Contudo, Marx coloca ainda na base de sua antropologia original um conceito de trabalho tão fortemente carregado em termos normativos que ele pode construir o próprio ato de produzir como um processo de reconhecimento intersubjetivo: na efetuação do trabalho em sua totalidade, representado segundo o modelo das atividades artesanais ou

---

[1] Acerca da recepção marxiana da dialética hegeliana do "senhor e o escravo", cf. Thomas Meyer, *Der Zwiespalt in der Marxschen Emanzipationstheorie*, Kronberg im Taunus, 1973, entre outros, cap. A 2, p. 44 ss.

artísticas,[2] a experiência da objetivação das próprias capacidades se entrelaça de tal modo com a antecipação mental de um consumidor possível, que o indivíduo chega por meio dela a um sentimento do próprio valor intersubjetivamente mediado. Dessa maneira, em seu excerto da economia política de James Mill, que surge em simultaneidade com os *Manuscritos parisienses*,[3] Marx fala da "dupla afirmação" que um sujeito experiencia em relação a si mesmo e a um outro através do trabalho: no espelho do objeto produzido, ele pode não somente experimentar-se a si mesmo como um indivíduo a que pertencem de maneira positiva determinadas capacidades, mas também se conceber como uma pessoa em condições de satisfazer as carências de um parceiro concreto da interação.[4] Des-

---

[2] A propósito disso, cf. Axel Honneth, "Arbeit und instrumentales Handeln", in: Axel Honneth e Urs Jaeggi (orgs.), *Arbeit, Handlung, Normativität*, Frankfurt, 1980, p. 185 ss.

[3] Devo a referência a esse texto a Hans Joas, *Die Kreativität des Handelns*, Frankfurt, 1992, p. 138 ss.

[4] A passagem inteira diz o seguinte: "Supondo que nós teríamos produzido como homens, cada um de nós teria afirmado, em sua produção, a si mesmo e o outro. 1) Eu teria objetivado, em minha produção, minha individualidade, a peculiaridade dela, e, por isso, fruído durante a atividade uma manifestação de vida individual assim como, no contemplar do objeto, a alegria individual de saber minha personalidade como objetiva, sensivelmente contemplável e, por isso, como poder acima de todas as dúvidas. 2) Em tua fruição ou em teu uso de meu produto, eu teria imediatamente a fruição tanto da consciência de ter satisfeito em meu trabalho uma carência humana, ou seja, objetivado o ser humano e, por isso, propiciado à carência de um outro ser humano seu objeto correspondente, 3) de ter sido para ti o mediador entre ti e o gênero, ou seja, ter sabido de ti mesmo como um complemento de teu próprio ser e como uma parte necessária de ti mesmo, portanto, de me saber confirmado tanto no pensamento como em teu amor, 4) de ter criado imediatamente, em minha manifestação de vida individual, tua manifestação de vida, ou seja, de ter confirmado e realizado imediatamente, em minha atividade individual, meu ser verdadeiro, meu ser humano, minha comunidade" (Karl Marx, "Auszüge aus James Mills Buch", in: *Marx/Engels Werke*, Berlim, 1956-68, volume de complementos I, p. 462).

Vestígios de uma tradição da filosofia social

sa perspectiva, Marx compreende agora o capitalismo, isto é, o poder de dispor dos meios de produção que uma única classe detém, como ordem social que destrói necessariamente as relações de reconhecimento entre os homens mediadas pelo trabalho; pois, com a separação dos meios de produção, é arrancada aos trabalhadores também a possibilidade do controle autônomo de sua atividade, a qual é, no entanto, o pressuposto social para que eles se possam reconhecer reciprocamente como parceiros de cooperação num contexto de vida em comunidade. Mas, se a consequência da organização capitalista da sociedade é a destruição das relações de reconhecimento mediadas pelo trabalho, então o conflito histórico que principia por esse motivo tem de ser concebido como uma luta por reconhecimento; por isso, reportando-se à dialética do senhor e o escravo da *Fenomenologia*, o primeiro Marx pode interpretar ainda os confrontos sociais de sua época como uma luta moral que leva os trabalhadores reprimidos à restauração das possibilidades sociais do reconhecimento integral. A luta de classes não representa para ele primeiramente um confronto estratégico pela aquisição de bens ou instrumentos de poder, mas um conflito moral, no qual se trata da "libertação" do trabalho, considerada a condição decisiva da estima simétrica e da autoconsciência individual. No entanto está inserida nesse quadro interpretativo uma série de pressupostos próprios da filosofia da história, de cujo caráter especulativo Marx logo se deu conta, só assumindo-os de maneira atenuada no desenvolvimento de sua análise científica do capitalismo.

O jovem Marx só pôde seguir o modelo de conflito da *Fenomenologia* hegeliana, baseado na teoria do reconhecimento, porque em seu conceito antropológico de trabalho ele identifica imediatamente o elemento da autorrealização pessoal com o do reconhecimento intersubjetivo: o sujeito humano, assim se entende sua construção, não se limita a realizar-se a si mesmo na efetuação da produção, objetivando progressivamente suas capacidades individuais, senão que efetua, em unidade com isso, também um reconhecimento afetivo de todos os seus parceiros de interação, visto que ele os antecipa como co-sujeitos carentes. Mas, se essa efetuação unitária da

232   Perspectivas de filosofia social

atividade é dilacerada pela relação de produção capitalista, toda luta pela autorrealização no trabalho deve ser concebida também, ao mesmo tempo, como uma contribuição para a restauração das relações recíprocas de reconhecimento; pois, junto com a recuperação da possibilidade do trabalho autodeterminado, seria restabelecida de um único golpe também a condição social sob a qual os sujeitos se afirmam reciprocamente como seres genéricos carentes. O fato de confluírem nessa construção, de maneira altamente problemática, elementos da antropologia romântica da expressão, do conceito feuerbachiano de amor e da economia política inglesa, é algo que o próprio Marx nunca pôde ter claro, certamente por falta de distância; mas pelo menos as premissas insustentáveis de sua especulação filosófico-histórica logo se lhe tornaram tão transparentes que ele se despediu delas com uma guinada teórica em seu enfoque: o trabalho nem se deixa representar sem mais como um processo de objetivação de forças essenciais "internas",[5] mesmo que seja pensado, nos termos de uma estética da produção, como atividade artesanal ou artística, nem deve ser concebido em si como realização integral de relações de reconhecimento intersubjetivo. O modelo da objetivação desperta a impressão errônea de que todas as propriedades e capacidades individuais seriam algo dado intrapsiquicamente e desde sempre de maneira integral, que depois pode expressar-se de forma apenas secundária na efetuação da produção; e a ideia de que, na atividade com objetos, outros sujeitos devem permanecer presentes na qualidade de consumidores possíveis, e até encontrar reconhecimento na qualidade de seres carentes, faz ressaltar, sem dúvida, uma camada intersubjetiva de todo trabalho criativo, mas confere forma unilateral às relações possíveis de reconhecimento entre os homens, enfatizando a dimensão da satisfação material das carências.

---

[5] A propósito disso, de maneira crítica, Ernst Michael Lange, *Das Prinzip Arbeit*, Frankfurt/Berlim/Viena, 1980; o escrito de Andreas Wildt, *Die Anthropologie des frühen Marx*, Studienbrief der Fern-Universität Hagen, 1987, representa a tentativa muito interessante de uma defesa do modelo marxiano da exteriorização.

Em seus primeiros escritos, Marx efetua, é o que se torna patente, um estreitamento do modelo hegeliano de uma "luta por reconhecimento", o qual se dá nos termos de uma estética da produção. Mas, com isso, ele elimina do espectro moral das lutas sociais de sua época todos os aspectos do reconhecimento intersubjetivo não procedentes diretamente do processo do trabalho cooperativo, comprometendo-as com a meta da autorrealização produtiva. É verdade que seu conceito de "trabalho alienado", carregado de filosofia da história, dirigiu o olhar, com ênfase propositada, para os fenômenos da degradação resultantes das condições da organização capitalista do trabalho;[6] com efeito, Marx abriu com isso, pela primeira vez, a possibilidade conceitual de conceber o próprio trabalho social como um *medium* do reconhecimento e, por conseguinte, como um campo de desrespeito possível. Mas a unilateralização de seu modelo de conflito através da estética da produção também impediu Marx, no plano teórico, de situar adequadamente a alienação diagnosticada do trabalho no tecido de relações do reconhecimento intersubjetivo, de sorte que pudesse se tornar transparente sua posição moral nas lutas sociais de seu tempo.

Marx só pode desligar-se desse modelo de conflito, unilateralizado pela estética da produção, depois ter livrado o conceito antropológico de suas primeiras obras das sobrelevações da filosofia da história, a ponto de fazer dele o fundamento categorial de sua crítica da economia política;[7] contudo, o estreitamento de visão na teoria moral, com o qual percebeu desde o início as lutas sociais de seu presente, tornou-se a porta de entrada para os motivos do pensamento utilitarista.[8] É verdade que, para as finalidades da análise

---

[6] Cf. Wildt, *Die Anthropologie des frühen Marx*, ed. cit.

[7] Sobre essa transformação do conceito de trabalho, cf. Honneth, "Arbeit und instrumentales Handeln", ed. cit.

[8] Jeffrey C. Alexander aplicou em Marx a crítica de Parsons ao utilitarismo de maneira esclarecedora, embora muito unilateral: *Theoretical Logic in Sociology*, Londres, 1982, vol. II, caps. 3 e 6. Cf. também sobre esse tema Axel

do capital, Marx mantém de suas concepções originais a ideia de que o trabalho não representa somente um processo de criação social de valor, mas também um processo de alienação das forças essenciais humanas; pois apenas um conceito que abarque a atividade laboral do ser humano ao mesmo tempo como fator de produção e processo de expressão concede-lhe a possibilidade de ver na sociedade capitalista tanto uma formação socioeconômica quanto uma relação particular de autorreificação humana. Entretanto, o que Marx abandonou por esse caminho até a análise do capital é a ideia, tomada de empréstimo de Feuerbach, segundo a qual todo ato de trabalho não alienado deve ser interpretado ao mesmo tempo como uma espécie de afirmação afetuosa do caráter carencial de todos os outros sujeitos do gênero. Com isso, porém, Marx deixa escapar das mãos o meio que até então lhe permitiu seguir, na linha da filosofia da história, o modelo hegeliano da luta por reconhecimento: se a autorrealização individual no trabalho já não inclui mais automaticamente a referência a outros sujeitos em termos de reconhecimento, também a luta dos trabalhadores não pode mais se interpretar, evidentemente, como uma luta pelas condições sociais de reconhecimento. Adotando um modelo utilitarista de conflito social, Marx se livra agora do embaraço a que foi levado quando, junto com aquela suposição, abandona ao mesmo tempo a chave de interpretação filosófico-histórica da luta de classes: na análise do capital, ele faz com que a lei de movimento do embate entre as diversas classes seja determinada, de acordo com seu novo quadro conceitual, pelo antagonismo de interesses econômicos. Agora a luta de classes já não se apresenta para Marx, segundo o esquema interpretativo hegeliano, como uma luta por reconhecimento, senão que é pensada por ele conforme o padrão tradicional de uma luta por autoafirmação (econômica); no lugar de um conflito moral que resulta da

---

Honneth e Hans Joas, "War Marx ein Utilitarist? Für eine Gesellschaftstheorie jenseits des Utilitarismus", in: Akademie der Wissenschaften der DDR (org.), *Soziologie und Sozialpolitik. I. Internationales Kolloquium zur Theorie und Geschichte der Soziologie*, Berlim, 1987, p. 148 ss.

destruição das condições do reconhecimento recíproco, entrou subitamente a concorrência de interesses estruturalmente condicionada.

No entanto, Marx pode efetuar a adoção desse novo modelo de conflito tanto mais comodamente porque já lhe havia sido preparado o caminho de modo indireto, estreitando a teoria moral de seu próprio enfoque interpretativo original; pois a redução dos objetivos da luta de classes somente às exigências que têm a ver imediatamente com a organização do trabalho social permite depois facilmente a abstração de todos os interesses políticos que procedem da lesão de pretensões morais enquanto tais. No seu cerne, as primeiras obras de Marx já contêm em si a possibilidade de uma passagem para o modelo utilitarista de luta, visto que reduzem o espectro das exigências do reconhecimento a uma dimensão que, após a eliminação da interpretação antropológica suplementar, pôde se converter sem dificuldades num interesse meramente econômico. Por isso, na crítica da economia política, Marx se limitou de modo geral a dotar a luta social dos trabalhadores, à medida que ele vai expondo-a na análise imanente da autonomização do capital, com as finalidades que resultam da constelação "objetiva" dos interesses do proletariado; em contrapartida, na sua descrição mal transparece ainda o fato de que experiências morais também estão ligadas à posição no processo de produção. Isso pouco se altera também naquelas passagens do *Capital* atinentes aos confrontos sociais que parecem decorrer segundo o modelo de uma luta coletiva pela ampliação das pretensões jurídicas;[9] pois sua relação altamente ambivalente com as conquistas do universalismo jurídico moderno impediu Marx de enxergar nesses conflitos sociais o testemunho de todo insuspeito de uma luta que o operariado tem de conduzir contra o desrespeito jurídico de seus interesses específicos de classe. Marx estava por demais convencido de que as ideias bur-

---

[9] Uma excelente interpretação dessas passagens é oferecida por Andreas Wildt, "Gerechtigkeit in Marx' Kapital", in: E. Angehrn e G. Lohmann (orgs.), *Ethik und Marx. Moralkritik und normative Grundlagen der Marxschen Theorie*, Königstein im Taunus, 1986, p. 149 ss.

guesas de liberdade e igualdade servem às exigências de legitimação da economia para que pudesse se referir de maneira univocamente positiva aos aspectos jurídicos da luta por reconhecimento.[10]

Contudo, uma alternativa real às tendências utilitaristas está contida naquelas partes da obra madura de Marx dedicadas não à meta de desenvolver a teoria econômica, mas à tarefa da análise histórica e política; é aqui que ele se deixa guiar por um modelo de conflito social que já se encontra em oposição com aquele dos escritos teóricos sobre o capital, na medida em que inclui, num sentido quase herderiano, as formas de vida culturalmente transmitidas de diversos grupos sociais.[11] Essa ampliação da visão decorre para Marx somente do propósito metodológico de expor em seus estudos históricos, de modo narrativo, o curso fático daquele processo histórico que ele havia investigado em sua análise econômica apenas da perspectiva, de certa maneira funcionalista, da imposição das relações capitalistas; daí a exposição ter de considerar agora, na realidade social, tudo o que exerce no processo real do conflito uma influência sobre a maneira como os grupos cindidos vêm a conhecer sua respectiva situação e como se comportam politicamente em razão disso. Com a inclusão, porém, das culturas cotidianas específicas das camadas sociais, modifica-se necessariamente para Marx também o padrão segundo o qual se deve explicar o próprio comportamento político no conflito: se são os estilos de vida culturalmente transmitidos que marcam o tipo de experiência das circunstâncias e das privações sociais, o puro pesar de interesses não pode mais decidir quais finalidades os diversos grupos perseguem nos confrontos políticos. Pelo contrário, Marx tem de mudar seu enfoque explicativo, tomando uma direção em que o comportamento no

---

[10] Sobre isso, cf. entre outros Albrecht Wellmer, "Naturrecht und praktische Vernunft. Zur aporetischen Entfaltung eines Problems bei Kant, Hegel und Marx", in: E. Angehrn e G. Lohmann (orgs.), *Ethik und Marx*, ed. cit., p. 197 ss; Georg Lohmann, *Indifferenz und Gesellschaft. Eine kritische Auseinandersetzung mit Marx*, Frankfurt, 1991, cap. VI.

[11] Cf. A. Honneth e H. Joas, "War Marx ein Utilitarist?", ed. cit.

Vestígios de uma tradição da filosofia social

conflito passa a ser visto como dependente das convicções axiológicas que se sedimentam nas formas de vida culturalmente transmitidas: nos conflitos sociais se defrontam grupos ou classes que buscam defender e impor suas concepções axiológicas garantidoras da identidade. Por isso a melhor designação para o modelo de conflito que Marx coloca na base de seus estudos históricos sobre o "Dezoito Brumário" e as lutas de classes na França[12] é a de "expressivista".

Esse termo não se refere aqui somente ao fato de o comportamento dos atores implicados no conflito ser entendido como um fenômeno de expressão, isto é, segundo o padrão de uma ação expressiva, pela qual se expõem sentimentos e atitudes; naturalmente, essa é a razão primeira que leva Marx a incluir em seus estudos informações empíricas acerca das tradições religiosas e estilos de vida cotidianos dos diversos grupos, sendo que esses dados oferecem o melhor informe a respeito de como estão constituídas as convicções axiológicas coletivas. Mas, além disso, o termo "expressivista" deve designar também a tendência, inscrita naqueles textos, de apresentar o próprio curso dos confrontos sociais de acordo com o modelo literário de um drama, descrevendo as frações de classes conflitantes como atores num embate que ameaça sua existência.[13] Em seus estudos políticos e históricos, em total oposição a seus escritos teóricos sobre o capitalismo, Marx interpreta a luta de classes segundo o modelo de uma cisão ética: nos processos sociais, que ele relata com ênfase dramatúrgica, defrontam-se atores coletivos orientados por valores diferentes, em virtude de sua situação social. É verdade que, dessa maneira, Marx se aproxima, em detrimento de suas inclinações utilitaristas, do modelo hegeliano de uma "luta por reco-

---

[12] Karl Marx, "Der Bürgerkrieg in Frankreich", in: *Karl Marx/Friedrich Engels Werke (MEW)*, vol. 17, Berlim, 1971, p. 313 ss; "Der achtzehnte Brumaire des Louis Bonaparte", in: *MEW*, vol. 8, ed. cit., p. 111 ss.

[13] Indo nessa direção, uma interpretação impressionante dos escritos históricos de Marx é oferecida por John F. Rundell, *Origins of Modernity. The Origins of Modern Social Theory from Kant to Hegel to Marx*, Cambridge, 1987, p. 146 ss.

nhecimento"; mas, por outro lado, ele não presta conta sobre em que medida as lutas descritas contêm de fato exigências morais que têm a ver com a estrutura de relações de reconhecimento. Pelo contrário, o termo "expressivista" possui ainda nesse contexto um terceiro significado, que sublinha a tendência, inscrita nos textos históricos de Marx, de conceber a luta de classes meramente como um confronto em torno de formas coletivas de autorrealização; nesse caso, nos conflitos relatados não se trataria propriamente de um processo moral que admitiria a possibilidade de uma resolução social, mas de um trecho social daquela luta eterna entre valores incompatíveis por princípio.

Entre os dois modelos de conflito que se chocam assim em sua obra madura, a abordagem utilitarista dos escritos de teoria econômica e a abordagem expressivista dos estudos históricos, o próprio Marx não pôde mais criar, em lugar algum, um vínculo sistemático: o princípio dos conflitos de interesses economicamente condicionados encontra-se, sem mediações, ao lado da atribuição relativista de todos os conflitos aos objetivos opostos de autorrealização. Marx, porém, nunca entendeu sistematicamente a luta de classes, que constituiu não obstante uma peça central de sua própria teoria, como uma forma de conflito moralmente motivada, através da qual se podem distinguir analiticamente os diversos aspectos da ampliação de relações de reconhecimento; por isso não lhe foi possível durante a vida ancorar as finalidades normativas do próprio projeto no mesmo processo social que ele tinha constantemente em vista com a categoria de "luta de classes".

É contra as tendências utilitaristas que puderam rapidamente se propagar na tradição do materialismo histórico, visto que o próprio Marx preferiu o modelo de atores guiados por interesses, que Georges Sorel batalhou em todos os seus escritos. Sua obra teórica representa uma das produções mais pessoais, mas politicamente também uma das mais ambivalentes na história do marxismo: por temperamento facilmente suscetível de entusiasmo, Sorel não temeu nem uma troca frequente de frentes políticas nem uma adoção de correntes intelectuais as mais distintas, transgredindo seguramente o limite do ecletismo; no curso de seu engajamento prático, tomou partido pelos direitos monárquicos não menos do que pelos bolchevistas russos, e seu trabalho em uma nova versão do marxismo o fez acolher ideias tanto de Vico quanto de Bergson, de Durkheim tanto quanto dos pragmatistas americanos.[14] No entanto, a convicção teórica fundamental, que traça como que uma linha vermelha pela obra de sua vida e torna explicáveis posteriormente as transições abruptas, consiste desde o início numa intenção de superar o utilitarismo como um sistema de pensamento que faz o marxismo desconhecer, de maneira plena de consequências, suas finalidades próprias, éticas:[15] para ele, a concepção segundo a qual a ação humana deve se confundir com a persecução de interesses, operando numa racionalidade com respeito a fins, significa um obstáculo fundamental no conhecimento dos impulsos morais pelos quais os seres humanos se deixam guiar em suas realizações criativas. Pelo caminho que essa posição inicial traça para seu trabalho teórico, Sorel chegou a um conceito moral de luta social que em não poucos pontos tangem ao modelo de conflito do jovem Hegel.

O fundamento da teoria de Sorel é constituído por um conceito de ação social orientado pelo modelo da produção criativa do novo, em vez de pelo modelo da persecução de interesses que operam numa racionalidade com respeito a fins. Mas já em seu estudo da obra de Vico, da qual extrai os primeiros discernimentos acerca do papel social da criatividade humana, esse motivo inicial utilitarista recebe, de maneira complementar, uma guinada para a teoria moral: os complexos de ideias criativamente produzidos, formando o horizonte cultural de uma época histórica, compõem-se sobre-

---

[14] Acerca de Sorel, cf. Michael Freund, *Georges Sorel. Der revolutionäre Konservatismus*, Frankfurt, 1972; Helmut Berding, *Rationalismus und Mythos. Geschichtsauffassung und politische Theorie bei Georges Sorel*, Minden/ Viena, 1969.

[15] Essa é a tese do estudo fascinante de Isaiah Berlin, "Georges Sorel", in: *Wider das Geläufige. Aufsätze zur Ideengeschichte*, Frankfurt, 1982, p. 421 ss.

tudo das representações em que se define o que se considera eticamente bom e humanamente digno. O passo seguinte, com o qual Sorel tenta precisar melhor o quadro conceitual assim obtido, deve--se ainda a uma interpretação das concepções de Vico: visto que não pode haver entre as classes sociais nenhuma unidade acerca dos critérios pelos quais se medem as representações do eticamente bom, o horizonte histórico da produção criativa de novas ideias se efetua na forma de uma luta de classes. As classes sociais estão constantemente empenhadas em encontrar, para suas próprias normas e noções de honra, formulações universais que podem colocar à prova sua aptidão para a organização moral da sociedade em seu todo; porém, uma vez que só o *medium* do direito representa um meio de expressão socialmente abrangente para as concepções morais particulares, a luta de classes assume sempre e necessariamente a forma de confrontos jurídicos: "A história se efetua em lutas de classes. Mas Vico viu que essas lutas não são todas da mesma espécie, o que os marxistas contemporâneos amiúde esquecem. Há conflitos que têm o fim de se apoderar do poder político, [...] há outros para adquirir direitos. Só é permitido considerar esses últimos se se fala de lutas de classes no sentido de Marx. Para evitar mal-entendidos, talvez fosse bom designar isso com a expressão 'luta de classes por direito', a fim de mostrar que elas têm como princípio a existência de conflitos entre concepções jurídicas".[16]

Todavia, esse princípio não dá a conhecer ainda como se pode apreender em detalhe a relação entre a moral específica de classe e as normas jurídicas, de cuja oposição social deve resultar, porém, a "qualidade ética da luta de classes";[17] pois até aqui não foi ex-

---

[16] Georges Sorel, "Was man von Vico lernt", in: *Sozialistische Monatshefte*, n° 2 (1898), pp. 271-2.

[17] Georges Sorel, "Die Ethik des Sozialismus", in: *Sozialistische Monatshefte*, n° 8 (1904), p. 372; cf., a respeito, Shlomo Sand, "Lutte de classes et conscience juridique dans la pensée de Georges Sorel", in : J. Julliard e Shlomo Sand (orgs.), *Georges Sorel et son temps*, Paris, 1985, p. 225 ss.

Vestígios de uma tradição da filosofia social

plicado quase nada além de que os grupos sociais primeiro têm de traduzir suas representações acerca do eticamente bom em conceitos jurídicos, antes de poderem pisar com elas o campo dos confrontos sociais. Sorel recebe o estímulo para um outro aclaramento da relação entre moral e direito no momento em que, com o "socialismo ético", se lhe depara uma corrente de pensamento que se ocupa sobretudo com os fundamentos morais do marxismo; no entanto, a nova abordagem, que procura fundar rigorosamente as pretensões da teoria marxiana na ética de Kant, ele não a adota enquanto tal, submetendo-a antes a uma reinterpretação pessoal, por assim dizer hegelianizante, em cujo termo se encontra uma hipótese empírica a respeito do caráter de nossas representações morais cotidianas. Agora Sorel atribui as normas éticas, que as classes oprimidas reiteradamente introduzem a partir de baixo nos confrontos jurídicos, às experiências afetivas naquela esfera da vida social que o jovem Hegel havia sintetizado com o termo de "eticidade natural": no interior da família, cada indivíduo humano adquire, pela práxis da "afeição e do respeito recíprocos",[18] um sensório moral que constitui o cerne de todas as representações posteriores acerca do eticamente bom. Por isso essas concepções morais amadurecidas não representam outra coisa que a versão generalizada de valores da experiência que o indivíduo obteve em sua infância com vista ao que pertence às condições de "uma vida honorável";[19] mas esses critérios e normas ancorados na afetividade não estão em condições para "a construção de um novo sistema jurídico", mesmo que se tenham tornado componentes fixos de representações morais coletivas, porque só contêm em princípio, como diz Sorel de forma sucinta, "negações".[20] Isso se refere ao fato de que é nas reações emocionais negativas que se manifesta para os indivíduos ou para os grupos sociais quais representações eles possuem acerca do eticamente bom: a mo-

---

[18] Georges Sorel, "Die Ethik des Sozialismus", ed. cit., p. 371.

[19] Ibid., p. 382.

[20] Ibid., p. 375.

ral é para Sorel o conjunto de todos aqueles sentimentos de lesão e de vexação com que reagimos toda vez que nos sucede algo que tomamos por moralmente inadmissível. Nesse sentido, a diferença entre moral e direito se mede pela diferença fundamental que existe entre reações emocionais negativas e o estabelecimento positivo de normas.

Com essas considerações, a imagem que Sorel desenvolveu até aqui a propósito dos confrontos jurídicos entre as classes experimenta uma ampliação determinante. Agora ele vê os sentimentos coletivos da injustiça vivenciada e da degradação sofrida como a força motivacional que mantém em movimento, de modo duradouro, a luta moral das classes oprimidas: as pretensões éticas que os membros daqueles grupos sociais adquiriram pela experiência da dedicação familial influem reiteradamente no processo da vida da sociedade, tomando a forma de sentimentos de injustiça social, de sorte que conduzem a uma confrontação com o sistema dominante de normas, ancorado no direito. Sorel emprega a distinção conceitual entre o fundamento jurídico "histórico", isto é, estabelecido, e o humano, ou seja, moral, para dar expressão a essa ideia: "O fundamento jurídico histórico, a base da organização social inteira, e o fundamento jurídico humano, que a moral nos ensina, logo entram em conflito um com o outro. Essa oposição pode permanecer sem efeito por um longo tempo; mas sempre ocorrem casos em que as demandas do indivíduo oprimido nos parecem mais sagradas que as tradições em que se baseia a sociedade".[21]

Contudo, é possível concluir dessa linha de raciocínio que Sorel coloca na base de seu modelo normativo de luta de classes um conceito reduzido e relativista de direito. A ordem jurídica de uma sociedade é para ele apenas a expressão institucional das normas positivas em que uma classe que alcançou o poder político foi capaz de transformar seus próprios sentimentos de desrespeito social anteriormente vivenciados; e por esse motivo, inversamente, toda classe oprimida, que tenta por seu turno lutar a partir de baixo contra o

---

[21] Ibid.

Vestígios de uma tradição da filosofia social

sistema jurídico seletivo da ordem social dominante, precisa ter transformado criativamente suas representações morais, de início apenas negativas, em normas jurídicas positivas, antes de poderem concorrer pelo poder político. Toda ordem jurídica pública representa, por conseguinte, somente a corporificação dos sentimentos particulares de injustiça com que está dotada aquela classe que dispõe do poder político por razões moralmente contingentes. Mesmo a última inflexão que Sorel aplica a seu modelo teórico básico não altera mais em nada esse conceito de "direito" reduzido aos termos de uma técnica do poder, que o faz desconhecer irremediavelmente o potencial universalista do reconhecimento jurídico. Sob forte influência de Bergson,[22] ele desenvolve a partir de sua filosofia da vida um conceito de mito social que deve tornar transparente o processo da produção coletiva de novas ideias jurídicas no que concerne à sua constituição cognitiva: visto que o ser humano possui, como ser primariamente afetivo, um acesso intuitivo mais a imagens concretas do que a argumentações racionais, o que melhor pode transformar o "sentimento ardente de indignação"[23] em princípios jurídicos positivos são os mitos sociais, nos quais está construído figurativamente um futuro indeterminado em seu curso.

A doutrina do mito social limita-se a selar a tendência que enfim acabou predominando na ambivalente tentativa de Sorel de uma transformação normativa do marxismo. Embora ele tenha dotado, como nenhum outro, o quadro interpretativo oferecido pela ideia de uma luta por reconhecimento com o material empírico dos sentimentos morais, ao mesmo tempo volta a dirigi-lo para o trilho da tradição de Maquiavel: uma vez que toda pretensão específica de grupos a uma "vida honorável" coincide em princípio com o mesmo interesse pelo reconhecimento jurídico, qualquer sistema jurídico, enquanto sustentado unicamente pelo poder político, pode

---

[22] A respeito da recepção de Bergson, cf. Michael Freund, *Geores Sorel*, ed. cit., cap. 9; Hans Barth, *Masse und Mythos*, Hamburgo, 1959, cap. 3.

[23] Georges Sorel, *Über die Gewalt*, Frankfurt, 1981, p. 152.

reclamar para si a mesma validade. Essa consequência relativista se deve a uma desdiferenciação tácita das duas formas de reconhecimento que Hegel e Mead haviam distinguido com todo o apuro: se a necessidade de autorrespeito coletivo, em que Sorel se concentra em geral, é concebida de súbito como uma pretensão que pode encontrar cumprimento integral na forma de reconhecimento do direito, então sua pressão para a universalização formal tem de sair necessariamente do campo de visão. Nos sentimentos de injustiça específicos de grupos, para cuja análise está talhada a sua teoria inteira, Sorel não distingue suficientemente entre o desrespeito de representações axiológicas e a violação de expectativas ligadas à autonomia; daí o direito ser visto por ele não como um *medium* em que as pretensões, suscetíveis de universalização, à autonomia dos sujeitos alcançam o reconhecimento, mas concebido como meio de expressão para as representações de uma vida virtuosa que servem às carências particulares. Por consequência, falta-lhe todo critério normativo para distinguir entre sistemas jurídicos moralmente justificados e injustificados, de modo que, no fim, ele tem de deixar a constituição interna desses sistemas inteiramente por conta da luta política pelo poder. A determinação teórica com que Sorel reduziu a luta por reconhecimento à dimensão única da autorrealização acabou provocando consequências fatais em suas orientações políticas: visto que nunca pôde distinguir no Estado de direito burguês as conquistas morais dos modos de aplicação específicos de classe, ele sempre esteve, independentemente de todas as outras diferenças políticas e normativas, do lado daqueles que se puseram por sua destruição radical.[24] Isso se aplica até mesmo àqueles discípulos indiretos de Sorel que, como Hendrik de Man, se deixaram inspirar por seus escritos na medida em que eles seguiram a resistência social da classe operária não pelo fio dos interesses econômicos, mas pelo fio dos sentimentos de honra feridos; também em de Man a curiosa incapacidade de perceber a esfera do direito moderno em

---

[24] Cf. H. Berding, *Rationalismus und Mythos*, ed. cit.

Vestígios de uma tradição da filosofia social

seu conteúdo universalista levou mais tarde a uma simpatia para com as correntes populistas dos direitos políticos.[25]

Enfim, Jean-Paul Sartre, o terceiro representante do movimento de pensamento que nos interessa aqui, sempre se referiu à obra de Sorel com o maior desprezo;[26] não obstante, em seus últimos escritos, ele partilha com este a concepção teórica segundo a qual os conflitos e as querelas sociais devem ser compreendidos primariamente como consequência de um distúrbio das relações de reconhecimento entre atores coletivos. No entanto, esse modelo interpretativo, um componente sobretudo de suas análises políticas e de seus diagnósticos de época, Sartre teve primeiro de arrancar de seus começos existencialistas através de uma revisão contínua; pois em sua primeira obra capital, *O ser e o nada*, ele estivera convencido tão fortemente da impossibilidade fundamental de uma interação bem-sucedida entre os seres humanos que não teria podido absolutamente levar em conta a perspectiva de uma distorção apenas condicionada da comunicação social.

A teoria inicial de Sartre acerca da intersubjetividade, na qual a "luta por reconhecimento" se encontra eternizada como algo existencial do ser-aí humano, é o resultado de uma aplicação do dualismo ontológico do "ser-para-si" e do "ser-em-si" ao problema da filosofia transcendental relativo à existência de outrem: já que todo sujeito humano vive como um ser sendo-para-si no estado de uma transcendência permanente de seus próprios projetos de ação, ele experiencia o olhar do outro, através do qual unicamente ele pode chegar à autoconsciência, ao mesmo tempo como uma fixação objetivante a apenas uma de suas possibilidades de existência; por isso, ele só pode escapar ao perigo de uma tal objetivação, sinalizada por

---

[25] Hendrik de Man, *Zur Psychologie des Sozialismus*, Jena, 1927; a respeito de Sorel, cf. p. 115.

[26] Cf., por exemplo, Jean-Paul Sartre, "'Die Verdammten dieser Erde' von Frantz Fanon", in: *Wir sind alle Mörder. Der Kolonialismus ist ein System*, Reinbek bei Hamburgo, 1988, p. 146.

sentimentos negativos, tentando inverter a relação do olhar e fixar agora o outro, por sua vez, a um único projeto de vida; com essa dinâmica de uma reificação recíproca, um elemento do conflito migra para todas as formas de interação social, de sorte que é ontologicamente excluída a perspectiva de um estado de reconciliação inter-humana.[27]

Contudo, em seus escritos político-filosóficos, Sartre desde logo subordina imperceptivelmente essa teoria negativista da intersubjetividade, cujas debilidades conceituais foram esclarecidas entrementes por diversos lados,[28] a uma abordagem mais historicizante. No pequeno estudo sobre a *Questão judaica*, que marca de maneira clara um ponto da reorientação teórica, o antissemitismo é considerado uma forma de desrespeito social, cujas causas originais residem na dimensão histórica das experiências específicas da classe pequeno-burguesa; e, em correspondência com isso, também as normas do comportamento social dos judeus são investigadas como meio de expressão de um esforço desesperado de preservar uma espécie de autorrespeito coletivo sob as condições particulares do reconhecimento recusado.[29] Junto com o domínio objetual de sua análise fenomenológica, alterou-se para Sartre, de maneira furtiva, também a lógica que deve determinar a dinâmica das relações interativas entre os homens; visto que no lugar ocupado até então pelas experiências existenciais de sujeitos individuais se colocam as ex-

---

[27] Cf. Jean-Paul Sartre, *Das Sein und das Nichts*, Reibek bei Hamburgo, 1962, terceira parte, primeiro capítulo.

[28] Os trabalhos mais impressionantes são: Michael Theunissen, *Der Andere. Studien zur Sozialontologie der Gegenwart*, Berlim/Nova York, 1977, cap. VI; Charles Taylor, "Was ist menschliches Handeln?", in: *Negative Freiheit? Zur Kritik des neuzeitlichen Individualismus*, Frankfurt, 1988, p. 9 ss.

[29] Jean-Paul Sartre, "Betrachtungen zur Judenfrage", in: *Drei Essays*, Frankfurt/Berlim/Viena, 1979. Acerca disso, cf. Axel Honneth, "Ohnmächtige Selbstbehauptung. Sartres Weg zu einer intersubjektivistischen Freiheitslehre", in: *Babylon. Beiträge zur jüdischen Gegenwart 2*, 1987, p. 82 ss.

periências históricas de coletividades sociais, entra agora na visão das relações comunicativas um momento da mutabilidade fundamental. O modelo conceitual assim traçado indica o caminho que Sartre tomará agora em uma série de outros estudos sobre a situação política de seu tempo: a luta por reconhecimento deixa de representar uma característica estrutural irrevogável do modo de existência humana e passa a ser interpretada como uma consequência, em princípio superável, de uma relação assimétrica entre grupos sociais. É esse modelo de conflito historicamente relativizado que predomina sobretudo nos ensaios que Sartre escreveu a respeito do movimento anticolonialista da *négritude*.[30] O colonialismo é entendido aqui como um estado social que deforma as relações intersubjetivas do reconhecimento mútuo, de maneira que os grupos implicados são prensados igualmente num esquema comportamental quase neurótico: enquanto os colonizadores só podem elaborar com cinismo ou com agressão intensificada o desprezo que sentem por si mesmos, já que degradam sistematicamente os nativos, os colonizados somente são capazes de suportar as "ofensas diárias" através da cisão de seu comportamento nas duas partes constituídas por uma transgressão ritual e uma superadaptação habitual.[31]

Se essas considerações de Sartre parecem bastante artificiais ou mesmo toscas, a chave interpretativa da teoria da comunicação que ele coloca em sua base tem todo o interesse para fins empíricos: os padrões de comunicação assimétrica do tipo que existe entre invasor e nativo no sistema colonial representam para ele relações interativas que requerem dos dois lados a negação e a preservação simultâneas de relações de reconhecimento recíproco; pois, para estar em condições de estabelecer alguma forma de interação social, o senhor colonial precisa reconhecer e ao mesmo tempo desrespeitar o nativo como pessoa humana, tanto quanto este tem de "requerer

---

[30] Jean-Paul Sartre, *Wir sind alle Mörder*, ed. cit.

[31] Id., "'Die Verdammten dieser Erde' von Frantz Fanon", ed. cit., pp. 150-1.

e simultaneamente negar o *status* de um ser humano".[32] Para designar o tipo de relação social que deve resultar de um semelhante desmentido recíproco de pretensões de reconhecimento não obstante erguidas, Sartre já aduz agora aquele conceito de "neurose" cujos fundamentos ele só oferecerá mais tarde, em seu ambicioso estudo sobre Flaubert: tanto aqui como lá, o termo "neurótico" não se refere a um distúrbio de comportamento individual, psiquicamente condicionado, mas a uma distorção patológica de relações interativas resultante do fato de as relações de reconhecimento, subterraneamente efetivas, serem ao mesmo tempo negadas mutuamente.[33]

No entanto, são os ensaios sobre o colonialismo que tornam também especialmente evidente quão obscuro era ainda para Sartre aquilo em que na verdade deve consistir o *status* do ser humano, digno de reconhecimento. Por um lado, ele escolhe a denegação propositada de "direitos humanos" como critério para o desrespeito infligido aos nativos dentro do sistema colonial; mas uma semelhante determinação pressupõe normativamente um universalismo de direitos fundamentais elementares, do qual ele afirma ao mesmo tempo, em outra passagem, que teria sido "apenas uma ideologia mentirosa, a justificação maquinada da pilhagem".[34] Daí encontrar-se no mesmo contexto, por outro lado, também a consideração de que o nativo permanece no sistema colonial sem o reconhecimento do "*status* de um ser humano", porque seu modo de vida e sua forma de autorrealização específica não são estruturalmente tolerados. Ambas as determinações são em si razoáveis, na medida em que se as distingue com cuidado; mas em Sartre elas se confundem uma com a outra num único e mesmo texto, de sorte que cada uma delas perde seu significado normativo.

---

[32] Ibid., p. 151.

[33] Cf., por exemplo, ibid., pp. 151-2.

[34] Ibid., p. 155; cf., em contrapartida, a formulação de Sartre a respeito do "universalismo latente do liberalismo burguês", in: *Der Kolonialismus ist ein System*, ed. cit., p. 28.

Vestígios de uma tradição da filosofia social

Essa imprecisão conceitual revela que a evolução da teoria filosófica de Sartre nunca pôde manter inteiramente o mesmo passo que o desenvolvimento teórico de suas análises políticas; pois, apesar de algumas tentativas, até o fim de sua vida ele não pôde dar mais nenhuma justificação sistemática para os pressupostos normativos que se requerem quando os conflitos sociais são considerados sob o ponto de vista moral da reciprocidade de relações de reconhecimento.[35] Nos escritos filosóficos do último Sartre, encontra-se, é verdade, um conceito normativo de reconhecimento recíproco frequentemente sugerido, mas nunca desenvolvido no nível explicativo que seria necessário para poder fazer um uso apurado dele nas análises destinadas ao diagnóstico de época. Daí Sartre ter sucumbido por fim, em seus escritos políticos, à mesma confusão conceitual que já havia marcado tão tenazmente a teoria política de Sorel: visto que tampouco Sartre traçou analiticamente uma clara linha separatória entre as formas jurídicas e transjurídicas do reconhecimento recíproco, tanto para ele quanto para aquele a meta da autorrealização individual ou coletiva acabou se misturando de maneira indeslindável com aquela da ampliação dos direitos de liberdade. Por isso, assim como Sorel, Sartre não pôde conceder ao formalismo do direito burguês a significância moral que vem à tona na medida em que, com Hegel e Mead, são distinguidas na "luta por reconhecimento" aquelas três etapas diferentes.

É verdade que a corrente de pensamento caracterizada exemplarmente por Marx, Sorel e Sartre acrescentou ao modelo de uma luta por reconhecimento, que com arrojo Hegel havia contraposto em seus escritos de Jena à filosofia social moderna, uma série de novas ideias e ampliações: Marx conseguiu, pelo conjunto inteiro de seus conceitos básicos, tornar transparente o trabalho como *medium* central do reconhecimento recíproco, malgrado a sobrelevação

---

[35] Para essa tese, cf. Mark Hunyadi, "Sartres Entwürfe zu einer unmöglichen Moral", in: Traugott König (org.), *Sartre. Ein Kongreß*, Reinbek, 1988, p. 84 ss.

Perspectivas de filosofia social

da filosofia da história; Sorel foi capaz de patentear, como aspecto afetivo do processo de luta que Hegel colocara em vista, os sentimentos coletivos do desrespeito sofrido, dos quais só raramente as teorias acadêmicas tomam conhecimento; e Sartre, finalmente, com seu conceito de "neurose objetiva", pôde preparar o caminho para uma perspectiva na qual parece possível penetrar as estruturas sociais da dominação, considerando-as uma patologia das relações de reconhecimento. Mas nenhum dos três autores pôde contribuir para um desenvolvimento sistemático do próprio conceito fundado por Hegel e aprofundado por Mead no plano da psicologia social; as implicações normativas do modelo de reconhecimento, do qual eles fizeram amiúde um uso virtuoso em termos empíricos, permaneceram-lhes demasiado opacas e mesmo estranhas para que eles próprios pudessem colocá-lo numa nova etapa de explicação.

8.
DESRESPEITO E RESISTÊNCIA:
A LÓGICA MORAL DOS CONFLITOS SOCIAIS

Marx, Sorel e Sartre, os três representantes da tradição teórica há pouco exposta, detiveram-se igualmente, num nível pré-científico, à experiência de que a autocompreensão dos movimentos sociais de sua época estava atravessada fortemente pelo potencial semântico do vocabulário conceitual do reconhecimento: para Marx, que acompanhou bem de perto os primeiros ensaios de organização da classe operária, estava fora de questão que as finalidades amplas do movimento emergente pudessem sintetizar-se no conceito de "dignidade"; Sorel, um companheiro teórico do sindicalismo francês, empregou durante a sua vida a categoria de "honra", soando a conservantismo, para conferir expressão ao conteúdo moral das exigências políticas do movimento operário; e o Sartre dos anos 1950, finalmente, deparou no famoso livro de Frantz Fanon até mesmo um panfleto anticolonialista, que procurava interpretar as experiências dos negros oprimidos da África recorrendo diretamente à doutrina do reconhecimento de Hegel.[36] Porém, se foi um elemento essencial da percepção política cotidiana dos três teóricos o fato de que os conflitos sociais podem remontar à infração das regras implícitas do reconhecimento recíproco, uma tal experiência dificilmente se sedimentou no quadro conceitual das ciências sociais emergentes: onde a categoria de luta social desempenhou aqui, de modo geral,

---

[36] Frantz Fanon, *Die Verdammten dieser Erde*, Frankfurt, 1966; sobre a recepção de Hegel por Fanon, cf. também: id., *Schwarze Haut, weiße Masken*, Frankfurt, 1988, cap. VII.

um papel constitutivo para decifrar a realidade social, ela esteve ligada, sob a influência dos modelos conceituais darwinista ou utilitarista, ao significado de uma concorrência por chances de vida ou de sobrevivência.

Nem Émile Durkheim nem Ferdinand Tönnies, que dão início ambos à construção de uma sociologia empírica com o propósito de diagnosticar criticamente a crise moral das sociedades modernas, concederam ao fenômeno dos confrontos sociais um papel sistemático no desenvolvimento de seus conceitos fundamentais; tantas são as ideias acerca dos pressupostos morais da integração social que eles puderam obter, tão poucas são as inferências teóricas que tiraram disso para uma categoria de conflito social. Por sua vez, Max Weber, que viu o processo da socialização inscrito diretamente num conflito de grupos sociais por formas concorrentes de conduta de vida, deixa de considerar em sua definição conceitual de "luta" todo aspecto de uma motivação moral; segundo as conhecidas formulações da "Doutrina das categorias sociológicas", a relação social seria uma luta sobretudo ali onde a "imposição da própria vontade contra a resistência do ou dos parceiros" se orienta pela intenção de elevar o poder de dispor das possibilidades de vida.[37] Finalmente, em Georg Simmel, que até dedicou um capítulo célebre de sua *Sociologia* à função socializadora da disputa, uma "sensibilidade social para a diferença" encontra realmente, ao lado do "impulso da hostilidade", uma consideração sistemática enquanto fonte de conflitos; mas essa dimensão da identidade pessoal ou coletiva é tão pouco atribuída por ele aos pressupostos intersubjetivos do reconhecimento, que as experiências morais do desrespeito podem entrar ainda menos no campo de visão como motivos de conflitos sociais.[38] Também nesse ponto, como em tantos outros

---

[37] Max Weber, *Wirtschaft und Gesellschaft. Grundriß der verstehenden Soziologie*, Tübingen, 1976, pp. 20-1.

[38] Georg Simmel, *Soziologie: Untersuchungen über die Formen der Vergesellschaftung*, Leipzig, 1908, cap. IV: "Der Streit" (p. 247 ss).

aspectos,[39] os trabalhos sociológicos da Escola de Chicago, influenciada pelo pragmatismo, constituem mais uma vez uma notável exceção: no manual editado por Robert Park e Ernest Burgess, que traz o título *Introduction to the Science of Sociology*, fala-se afinal de uma *struggle for recognition* sob a rubrica *Conflict*,[40] quando se trata do caso particular de confrontos étnicos ou nacionais; no entanto, para além da mera menção de "*honor, glory, and prestige*", nesse contexto não se pode saber essencialmente algo mais sobre como determinar adequadamente a lógica moral das lutas sociais. Portanto, já nos começos da sociologia acadêmica, foi cortado teoricamente, em larga medida, o nexo que não raro existe entre o surgimento de movimentos sociais e a experiência moral de desrespeito: os motivos para a rebelião, o protesto e a resistência foram transformados categorialmente em "interesses", que devem resultar da distribuição desigual objetiva de oportunidades materiais de vida, sem estar ligados, de alguma maneira, à rede cotidiana das atitudes morais emotivas. Perante o predomínio que o modelo conceitual hobbesiano pôde adquirir assim na teoria social moderna, os projetos de Marx, Sorel e Sartre, em si inacabados e mesmo errôneos, permaneceram fragmentos de uma tradição teórica subterrânea e nunca realmente desenvolvida. Por isso, quem procura hoje reportar-se a essa história da recepção do contramodelo hegeliano, a fim de obter os fundamentos de uma teoria social de teor normativo, depende sobretudo de um conceito de luta social que toma seu ponto de partida de sentimentos morais de injustiça, em vez de constelações de interesses dados. A seguir, pretendo reconstruir os traços básicos de um tal paradigma alternativo, orientado por Hegel

---

[39] Uma convincente valorização da Escola de Chicago foi feita por Hans Joas: "Symbolischer Interaktionismus. Von der Philosophie des Pragmatismus zu einer soziologischen Forschungstradition", in: *Kölner Zeitschrift für Soziologie und Sozialpsychologie*, nº 40, 1988, p. 417 ss.

[40] Robert E. Park e Ernest W. Burgess (orgs.), *Introduction to the Science of Sociology*, Chicago, 1969, p. 241.

Desrespeito e resistência

e Mead, até o limiar em que se começa a entrever que as novas tendências na historiografia podem comprovar historicamente o nexo afirmado entre desrespeito moral e luta social.

Nossa tentativa de uma fenomenologia empiricamente controlada das formas de reconhecimento já deixou claro que nenhum dos três domínios da experiência pode ser exposto de maneira adequada sem tomar referência a um conflito internamente inscrito: sempre esteve inserida na experiência de uma determinada forma de reconhecimento a possibilidade de uma abertura de novas possibilidades de identidade, de sorte que uma luta pelo reconhecimento social delas tinha de ser a consequência necessária. Ora, nem todas as três esferas de reconhecimento contêm em si, de modo geral, o tipo de tensão moral que pode estar em condições de pôr em marcha conflitos ou querelas sociais: uma luta só pode ser caracterizada de "social" na medida em que seus objetivos se deixam generalizar para além do horizonte das intenções individuais, chegando a um ponto em que eles podem se tornar a base de um movimento coletivo. Segue-se daí primeiramente, com o olhar voltado para as distinções efetuadas, que o amor, como forma mais elementar do reconhecimento, não contém experiências morais que possam levar por si só a formações de conflitos sociais: é verdade que em toda relação amorosa está inserida uma dimensão existencial de luta, na medida em que o equilíbrio intersubjetivo entre fusão e delimitação do ego pode ser mantido apenas pela via de uma superação das resistências recíprocas; os objetivos e os desejos ligados a isso, porém, não se deixam generalizar para além do círculo traçado pela relação primária, de modo que pudessem tornar-se alguma vez interesses públicos. Em contrapartida, as formas de reconhecimento do direito e da estima social já representam um quadro moral de conflitos sociais, porque dependem de critérios socialmente generalizados, segundo o seu modo funcional inteiro; à luz de normas como as que constituem o princípio da imputabilidade moral ou as representações axiológicas sociais, as experiências pessoais de desrespeito podem ser interpretadas e apresentadas como algo capaz de afetar potencialmente também outros sujeitos. Portanto, se aqui, na relação jurídica e na comunidade de valores, as finalidades individuais estão abertas em princípio para universalizações sociais, então ali, na relação do amor, elas estão encerradas de modo necessário nos limites estreitos de uma relação primária. Dessa delimitação categorial já resulta um primeiro conceito preliminar e rudimentar do que deve ser entendido por luta social no contexto de nossas considerações: trata-se do processo prático no qual experiências individuais de desrespeito são interpretadas como experiências cruciais típicas de um grupo inteiro, de forma que elas podem influir, como motivos diretores da ação, na exigência coletiva por relações ampliadas de reconhecimento.

Nessa definição conceitual preliminar, chama a atenção antes de tudo apenas a circunstância puramente negativa de que ela procede com neutralidade em relação às distinções convencionais de uma teoria sociológica do conflito.[41] Se a luta social é interpretada da maneira mencionada a partir de experiências morais, então isso não sugere de início nenhuma pré-decisão a favor de formas não violentas ou violentas de resistência; antes, continua totalmente em aberto, num nível descritivo, se são pelos meios práticos da força material, simbólica ou passiva que os grupos sociais procuram articular publicamente os desrespeitos e as lesões vivenciados como típicos e reclamar contra eles. Mesmo em relação à distinção tradicional de formas intencionais e não intencionais de conflito social, o conceito proposto procede de maneira neutra, uma vez que ele não faz nenhum enunciado sobre em que medida os atores têm de estar conscientes dos motivos morais de sua própria ação; antes, não é difícil imaginar casos em que de certo modo os movimentos sociais desconhecem intersubjetivamente o cerne moral de sua resistência, pelo fato de interpretarem-no por si mesmos segundo a semântica inadequada das meras categorias de interesses. Por fim, a alternativa entre finalidades pessoais e impessoais tampouco é inteiramente

---

[41] Cf. o caso exemplar de Lewis A. Coser, *Theorie sozialer Konflikte*, Neuwied/Berlim, 1972.

pertinente em relação a uma luta assim entendida, visto que em princípio esta só pode ser determinada por ideias e exigências gerais, em que os diversos atores veem positivamente superadas suas experiências individuais de desrespeito; entre as finalidades impessoais de um movimento social e as experiências privadas que seus membros têm da lesão, deve haver uma ponte semântica que pelo menos seja tão resistente que permita a constituição de uma identidade coletiva.

No entanto, à abertura descritiva que caracteriza assim o conceito proposto de luta social se contrapõe, por outro lado, o núcleo fixo de seu conteúdo explanatório. Diferentemente de todos os modelos explicativos utilitaristas, ele sugere a concepção segundo a qual os motivos da resistência social e da rebelião se formam no quadro de experiências morais que procedem da infração de expectativas de reconhecimento profundamente arraigadas. Tais expectativas estão ligadas na psique às condições da formação da identidade pessoal, de modo que elas retêm os padrões sociais de reconhecimento sob os quais um sujeito pode se saber respeitado em seu entorno sociocultural como um ser ao mesmo tempo autônomo e individualizado; se essas expectativas normativas são desapontadas pela sociedade, isso desencadeia exatamente o tipo de experiência moral que se expressa no sentimento de desrespeito. Sentimentos de lesão dessa espécie só podem tornar-se a base motivacional de resistência coletiva quando o sujeito é capaz de articulá-los num quadro de interpretação intersubjetivo que os comprova como típicos de um grupo inteiro; nesse sentido, o surgimento de movimentos sociais depende da existência de uma semântica coletiva que permite interpretar as experiências de desapontamento pessoal como algo que afeta não só o eu individual mas também um círculo de muitos outros sujeitos. Como viu George H. Mead, preenchem a condição dessas semânticas as doutrinas ou ideias morais capazes de enriquecer normativamente nossas representações da comunidade social; pois, junto com a perspectiva de relações ampliadas de reconhecimento, elas abrem ao mesmo tempo uma perspectiva exegética sob a qual se tornam transparentes as causas sociais responsáveis pelos sentimentos individuais de lesão. Portanto, assim que ideias dessa espécie obtêm influência no interior de uma sociedade, elas geram um horizonte subcultural de interpretação dentro do qual as experiências de desrespeito, até então desagregadas e privadamente elaboradas, podem tornar-se os motivos morais de uma "luta coletiva por reconhecimento".

Contudo, se tentamos apreender o processo de surgimento de lutas sociais dessa maneira, elas têm a ver com a experiência do reconhecimento não só no aspecto mencionado: a resistência coletiva, procedente da interpretação socialmente crítica dos sentimentos de desrespeito partilhados em comum, não é apenas um meio prático de reclamar para o futuro padrões ampliados de reconhecimento. Como mostram as reflexões filosóficas, a par das fontes literárias e da história social,[42] o engajamento nas ações políticas possui para os envolvidos também a função direta de arrancá-los da situação paralisante do rebaixamento passivamente tolerado e de lhes proporcionar, por conseguinte, uma autorrelação nova e positiva. A razão dessa motivação secundária da luta está ligada à própria estrutura da experiência de desrespeito. Na vergonha social viemos a conhecer o sentimento moral em que se expressa aquela diminuição do autorrespeito que acompanha de modo típico a tolerância passiva do rebaixamento e da ofensa; se um semelhante estado de inibição da ação é superado agora praticamente pelo engajamento na resistência comum, abre-se assim para o indivíduo uma forma de manifestação com base na qual ele pode convencer-se indiretamente do valor moral ou social de si próprio: no reconhecimento antecipado de uma comunidade de comunicação futura para as capacidades que ele revela atualmente, ele encontra respeito social como a pessoa a quem continua sendo negado todo reconhecimento sob as condições existentes. Nesse aspecto, o engajamento

---

[42] Limito-me aqui à indicação da literatura filosófica: Bernard R. Boxbill, *Self-Respect and Protest*, ed. cit.; cf. também Thomas E. Hill, Jr., "Servility and Self-Respect", in: *Autonomy and Self-Respect*, Cambridge, 1991, p. 4 ss; Andreas Wildt, "Recht und Selbstachtung", ed. cit.

individual na luta política restitui ao indivíduo um pouco de seu autorrespeito perdido, visto que ele demonstra em público exatamente a propriedade cujo desrespeito é experienciado como uma vexação. Naturalmente, aqui se acrescenta ainda, com um efeito reforçativo, a experiência de reconhecimento que a solidariedade no interior do grupo político propicia, fazendo os membros alcançar uma espécie de estima mútua.

Do que foi dito até aqui parece resultar agora a ideia de que todos os confrontos sociais e todas as formas de conflito seriam constituídos em princípio segundo o mesmo modelo de uma luta por reconhecimento: nesse caso, todo ato coletivo de resistência e rebelião seria atribuído, segundo sua origem, a um quadro invariante de experiências morais, dentro do qual a realidade social é interpretada conforme uma gramática historicamente cambiante de reconhecimento e de desrespeito. Uma semelhante tese levaria, porém, à consequência fatal de contestar de antemão a possibilidade de lutas sociais que obedecem mais ou menos à persecução consciente de interesses coletivos; que empiricamente não possa ser assim, isto é, que nem todas as formas de resistência possam remontar à lesão de pretensões morais, é o que já mostram os muitos casos históricos em que foi a pura segurança da sobrevivência econômica que se tornou o motivo do protesto e da rebelião em massa. Interesses são orientações básicas dirigidas a fins, já aderidas à condição econômica e social dos indivíduos pelo fato de que estes precisam tentar conservar pelo menos as condições de sua reprodução; esses interesses vêm a ser atitudes coletivas, na medida em que os diversos sujeitos da comunidade se tornam conscientes de sua situação social e se veem por isso confrontados com o mesmo tipo de tarefas vinculadas à reprodução. Ao contrário, sentimentos de desrespeito formam o cerne de experiências morais, inseridas na estrutura das interações sociais porque os sujeitos humanos se deparam com expectativas de reconhecimento às quais se ligam as condições de sua integridade psíquica; esses sentimentos de injustiça podem levar a ações coletivas, na medida em que são experienciadas por um círculo inteiro de sujeitos como típicos da própria situação social. Os modelos de conflito que começam pelos interesses coletivos são aqueles que atribuem o surgimento e o curso das lutas sociais à tentativa de grupos sociais de conservar ou aumentar seu poder de dispor de determinadas possibilidades de reprodução; por isso, hoje se encontram na mesma linha todas as abordagens que querem ampliar o espectro dessas lutas dirigidas por interesses, incluindo bens culturais e simbólicos na definição das possibilidades de reprodução específicas dos grupos.[43] Pelo contrário, um modelo de conflito que começa pelos sentimentos coletivos de injustiça é aquele que atribui o surgimento e o curso das lutas sociais às experiências morais que os grupos sociais fazem perante a denegação do reconhecimento jurídico ou social. Ali se trata da análise de uma concorrência por bens escassos, aqui, porém, da análise de uma luta pelas condições intersubjetivas da integridade pessoal. Mas esse segundo modelo de conflito, baseado na teoria do reconhecimento, não pode precisamente substituir o primeiro, o modelo utilitarista, mas somente complementá-lo: pois permanece sempre uma questão empírica saber até que ponto um conflito social segue a lógica da persecução de interesses ou a lógica da formação da reação moral. Todavia, a fixação da teoria social na dimensão do interesse também acaba obstruindo o olhar para o significado social dos sentimentos morais, e de maneira tão tenaz que incumbe hoje ao modelo de conflito baseado na teoria do reconhecimento, além da função de complementação, também a tarefa de uma correção possível: mesmo aquilo que, na qualidade de interesse coletivo, vem a guiar a ação num conflito não precisa representar nada de último e originário, senão que já pode ter se constituído previamente num horizonte de experiências morais, em que estão inseridas pretensões normativas de

---

[43] Com clareza desejável, mas num intento afirmativo, Markus Schwingel mostrou isso atualmente na teoria sociológica de Bourdieu: *Analytik der Kämpfe. Die strukturale Soziologie Pierre Bourdieus als Paradigma des sozialen Kampfes und ihr Beitrag zu einer kritischen Analyse von Macht und Herrschaft*, Saarbrücken, 1991.

Desrespeito e resistência

reconhecimento e respeito — esse é o caso, por exemplo, em toda parte onde a estima social de uma pessoa ou de um grupo está correlacionada de modo tão unívoco com a medida de seu poder de dispor de determinados bens que só a sua aquisição pode conduzir ao reconhecimento correspondente. É na direção de uma semelhante interpretação retificadora dos conflitos sociais que aponta hoje uma série de investigações históricas cuja atenção está dirigida à cultura moral cotidiana das camadas sociais baixas; os resultados desses estudos podem contribuir para justificar empiricamente um pouco mais o modelo de conflito desenvolvido aqui e defendê-lo em face de objeções óbvias.

Também sob a influência dos motivos conceituais utilitaristas, a pesquisa histórica dos movimentos políticos esteve por longo tempo tão fortemente presa ao modelo referencial da persecução coletiva de interesses, que acabou lhe permanecendo oculta a gramática moral das lutas sociais. Isso só pôde alterar-se definitivamente depois que, com o entrelaçamento dos métodos de pesquisa da antropologia social e da sociologia da cultura, se originou há duas décadas uma forma de historiografia capaz de pôr em evidência, de maneira mais ampla e adequada, os pressupostos normativos do comportamento que as camadas sociais baixas adotam no conflito. O que essa abordagem tem de vantajoso em comparação com a historiografia convencional é a atenção elevada com que se investiga o horizonte das normas morais de ação, discretamente inseridas no cotidiano social; visto que os meios da pesquisa de campo antropológica passam a ter lugar nas investigações históricas, podem vir à luz as regras implícitas do consenso normativo, do qual dependia historicamente o comportamento que as diversas subculturas assumem na reação política. Sem dúvida, foi o historiador inglês E. P. Thompson quem deu o impulso para uma reorientação dessa espécie, através da qual os pressupostos utilitaristas da tradição anterior puderam ser substituídos por premissas normativas; com seus estudos sobre as representações morais cotidianas que motivaram as camadas baixas inglesas à resistência contra os começos da industrialização capitalista, ele preparou o caminho para todo o enfoque da pesquisa.[44] Thompson se deixou guiar pela ideia de que a rebelião social nunca pode ser apenas uma exteriorização direta de experiências da miséria e da privação econômica; ao contrário, o que é considerado um estado insuportável de subsistência econômica se mede sempre pelas expectativas morais que os atingidos expõem consensualmente à organização da coletividade. Por isso, o protesto e a resistência prática só ocorrem em geral quando uma modificação da situação econômica é vivenciada como uma lesão normativa desse consenso tacitamente efetivo; nesse sentido, a investigação das lutas sociais está fundamentalmente ligada ao pressuposto de uma análise do consenso moral que, dentro de um contexto social de cooperação, regula de forma não oficial o modo como são distribuídos direitos e deveres entres os dominantes e os dominados.

No entanto, só essa mudança de perspectiva não podia ainda levar a resultados que comprovassem historicamente a tese segundo a qual os confrontos sociais se deixam compreender em princípio segundo o padrão moral de um luta por reconhecimento; para tanto, precisava-se ainda da demonstração complementar de que aquela violação de um consenso tácito é vivenciada pelos atingidos como um processo que os priva de reconhecimento social e, por isso, os vexa no sentimento de seu próprio valor. A primeira abordagem voltada à explicação desse nexo motivacional foi apresentada entrementes por estudos históricos que ampliaram o quadro de pesquisa aberto por Thompson, adicionando a dimensão da identidade individual ou coletiva; pois, com a inclusão dos componentes da autorrelação prática, mostrou-se logo que o consenso historicamente existente em cada caso possui para os implicados o sentido de uma regulação normativa que define as relações do reconhecimento mútuo. Barrington Moore, que com seu conceito de "contrato social

---

[44] Cf. Edward P. Thompson, *Plebejische Kultur und moralische Ökonomie. Aufsätze zur englischen Sozialgeschichte des 18. und 19. Jahrhunderts*, Frankfurt/Berlim/Viena, 1990.

implícito" não por acaso segue a ideia de Thompson de uma *moral economy*", realizou nessa área um trabalho pioneiro; seus estudos comparativos acerca dos levantes revolucionários na Alemanha do período de 1848 a 1920 chegaram à conclusão de que se engajaram de modo ativo e militante sobretudo aqueles subgrupos do operariado que em sua autocompreensão até então reconhecida se sentiram gravemente ameaçados pelas modificações sociopolíticas.[45] Moore trata o contrato social implícito, isto é, o consenso normativo entre os grupos cooperativos de uma coletividade, como um sistema de regras tibiamente organizado que determina as condições do reconhecimento recíproco; por isso, assim que um semelhante consenso tácito é ferido por inovações politicamente impostas, isso leva quase inevitavelmente ao desrespeito social da identidade herdada de alguns subgrupos; e só a ameaça à possibilidade do autorrespeito coletivo é o que gera, aos olhos de Moore, resistência política e revoltas sociais com larga base.

Hoje a concepção de Barrington Moore é fortalecida por investigações históricas que procuram a causa motivacional dos levantes políticos na transgressão de ideias de honra específicas de grupos; esses trabalhos de pesquisa, dos quais o estudo de Andreas Grießinger sobre os artesãos aprendizes no século XVIII é um bom exemplo,[46] ampliam o enfoque de Thompson, abarcando um componente ligado à teoria da identidade, porque estabelecem um nexo sistemático entre o desapontamento político de expectativas morais e o abalo de relações de reconhecimento tradicionalmente constituídas.

---

[45] Barrington Moore, *Ungerechtigkeit. Die sozialen Ursachen von Unterordnung und Widerstand*, Frankfurt, 1982. Cf. a respeito meu ensaio-resenha: Axel Honneth, "Moralischer Konsens und Unrechtsempfindung. Zu Barrington Moores Untersuchung 'Ungerechtigkeit'", in: *Almanach. Suhrkamp Wissenschaft. Weißes Programm*, Frankfurt, 1984, p. 108 ss.

[46] Andreas Grießinger, *Das symbolische Kapital der Ehre. Streikbewegungen und kollektives Bewußtsein deutscher Handwerksgesellen im 18. Jahrhundert*, Frankfurt/Berlim/Viena, 1981.

De investigações dessa espécie pode-se extrair material ilustrativo o suficiente a fim de obter pelo menos as primeiras comprovações empíricas para a tese de que os confrontos sociais se efetuam segundo o padrão de uma luta por reconhecimento; uma grave desvantagem resulta, entretanto, do fato de os trabalhos mencionados concederem à especificidade estrutural da relação de reconhecimento um lugar demasiado pequeno para estar em condições de algo mais do que uma apreensão histórica de mundos da vida particulares. Os resultados expostos, sejam revoltas espontâneas, greves organizadas ou formas passivas de resistência, mantêm sempre alguma coisa de caráter meramente episódico, já que sua posição no desenvolvimento moral da sociedade não se torna clara como tal. O abismo entre os processos singulares e o processo evolutivo abrangente só pode ser fechado quando a própria lógica da ampliação de relações de reconhecimento vem a ser o sistema referencial das exposições históricas.

Vai de par com essa disposição das tarefas a necessidade de conceber o modelo de conflito até agora apresentado não mais apenas como um quadro explicativo do surgimento de lutas sociais, mas também como quadro interpretativo de um processo de formação. Somente a referência a uma lógica universal da ampliação das relações de reconhecimento permite uma ordenação sistemática do que, caso contrário, permaneceria um fenômeno incompreendido; pois as lutas e os conflitos históricos, sempre ímpares, só desvelam sua posição na evolução social quando se torna apreensível a função que eles desempenham para o estabelecimento de um progresso moral na dimensão do reconhecimento. O alargamento radical da perspectiva sob a qual os processos históricos devem ser considerados requer, no entanto, também uma alteração de nosso ponto de vista sobre o material primário de pesquisa: os sentimentos de injustiça e as experiências de desrespeito, pelos quais pode começar a explicação das lutas sociais, já não entram mais no campo de visão somente como motivos de ação, mas também são estudados com vista ao papel moral que lhes deve competir em cada caso no desdobramento das relações de reconhecimento. Com isso, os sentimentos morais, até aqui apenas a matéria-prima emotiva dos conflitos sociais, per-

Desrespeito e resistência

dem sua suposta inocência e se tornam momentos retardadores ou aceleradores num processo evolutivo abrangente. Certamente, essa última formulação também torna inequivocamente claro quais exigências se colocam a uma abordagem teórica que deve reconstruir a luta por reconhecimento, de maneira exemplar, como um processo histórico do progresso moral: para poder distinguir motivos progressivos e retrocessivos nas lutas históricas, é preciso um critério normativo que permita marcar uma direção evolutiva com a antecipação hipotética de um estado último aproximado.

Por conseguinte, o quadro interpretativo geral de que dependemos descreve o processo de formação moral através do qual se desdobrou o potencial normativo do reconhecimento recíproco ao longo de uma sequência idealizada de lutas. Nas distinções teóricas que puderam ser obtidas das reflexões de Hegel e Mead, uma semelhante construção encontra seu ponto de partida sistemático. De acordo com isso, são as três formas de reconhecimento do amor, do direito e da estima que criam primeiramente, tomadas em conjunto, as condições sociais sob as quais os sujeitos humanos podem chegar a uma atitude positiva para com eles mesmos; pois só graças à aquisição cumulativa de autoconfiança, autorespeito e autoestima, como garante sucessivamente a experiência das três formas de reconhecimento, uma pessoa é capaz de se conceber de modo irrestrito como um ser autônomo e individuado e de se identificar com seus objetivos e seus desejos. Ora, essa tripartição se deve a uma retroprojeção teórica de diferenciações que só puderam ser obtidas em sociedades modernas sobre um estado inicial aceito hipoteticamente; pois em nossa análise vimos que a relação jurídica só pôde se desligar do quadro ético da estima social no momento em que é submetida às pretensões de uma moral pós-convencional. Nesse sentido, é natural adotar para a situação inicial do processo de formação a ser descrito uma forma de interação social em que aqueles três padrões de reconhecimento estavam ainda entrelaçados uns nos outros de maneira indistinta; a favor disso pode depor a existência de uma moral arcaica e interna de grupo, no interior da qual os aspectos da assistência não estavam separados completamente nem dos direitos de membro da tribo nem de sua estima social.[47] Por isso, o processo de aprendizado moral, que o quadro interpretativo em vista deve expor como modelo, teve de render duas realizações inteiramente distintas de uma vez só: provocar uma diferenciação dos diversos padrões de reconhecimento e, ao mesmo tempo, dentro das esferas de interação assim criadas, liberar o respectivo potencial internamente inscrito. Se nós distinguimos nesse sentido entre o estabelecimento de novos níveis de reconhecimento e o destacamento de suas estruturas intrínsecas, não é difícil reconhecer que somente o segundo processo se pode atribuir diretamente ao impulso das lutas sociais.

Enquanto a diferenciação dos padrões de reconhecimento remonta a lutas sociais que podem ter a ver com as exigências de reconhecimento apenas no sentido muito amplo de uma deslimitação dos potenciais da subjetividade, com seu resultado é alcançado um nível sociocultural em que podem tornar-se efetivas as estruturas intrínsecas respectivas: assim que o amor às pessoas é separado, ao menos em princípio, do reconhecimento jurídico e da estima social delas, surgem as três formas de reconhecimento recíproco, no interior das quais estão inscritos, junto com os potenciais evolutivos específicos, os diversos gêneros de luta. Só agora estão embutidas na relação jurídica, com as possibilidades de universalização e materialização, e na comunidade de valores, com as possibilidades de individualização e igualização, estruturas normativas que podem tornar-se acessíveis através da experiência emocionalmente carregada do desrespeito e ser reclamadas nas lutas daí resultantes; o húmus dessas formas coletivas de resistência é preparado por semânticas subculturais em que se encontra para os sentimentos de injustiça uma linguagem comum, remetendo, por mais indiretamente que seja, às possibilidades de uma ampliação das relações de reconhecimento. A tarefa do quadro interpretativo em vista é descrever o fio idealizado através do qual puderam liberar-se os potenciais nor-

---

[47] Cf., por exemplo, Arnold Gehlen, *Moral und Hypermoral. Eine pluralistische Ethik*, Frankfurt, 1969.

Desrespeito e resistência

mativos do direito moderno e da estima; ele faz com que se origine um nexo objetivo-intencional, no qual os processos históricos já não aparecem como meros eventos, mas como etapas em um processo de formação conflituoso, conduzindo a uma ampliação progressiva das relações de reconhecimento. O significado que cabe às lutas particulares se mede, portanto, pela contribuição positiva ou negativa que elas puderam assumir na realização de formas não distorcidas de reconhecimento. No entanto, um tal critério não pode ser obtido independentemente da antecipação hipotética de um estado comunicativo em que as condições intersubjetivas da integridade pessoal aparecem como preenchidas. Desse modo, enfim, a doutrina hegeliana de uma luta por reconhecimento só poderá ser atualizada mais uma vez, sob pretensões mitigadas, se seu conceito de eticidade alcançar novamente validade numa forma alterada, dessubstanciada.

9.
CONDIÇÕES INTERSUBJETIVAS
DA INTEGRIDADE PESSOAL:
UMA CONCEPÇÃO FORMAL DE ETICIDADE

Se a ideia de uma "luta por reconhecimento" tem de ser entendida como um quadro interpretativo crítico de processos de evolução social, então é preciso, para concluir, uma justificação teórica do ponto de vista normativo pelo qual ela deve deixar-se guiar: descrever a história das lutas sociais como um processo gerido requer a antecipação de um estado último preliminar, de cujo ângulo de visão é possível uma classificação e avaliação dos fenômenos particulares. Em Hegel e em Mead havíamos encontrado, no lugar assim descrito, o projeto exemplar de uma relação de reconhecimento pós-tradicional, que integra num único quadro pelo menos o padrão jurídico e ético, se é que não incorpora também o padrão familial; pois, conforme se mostrou, os dois pensadores coincidiram na convicção de que os sujeitos precisam encontrar reconhecimento numa sociedade moderna como seres tanto autônomos quanto individualizados. Essa sucinta remissão já fornece uma indicação de que o estado último a ser esboçado não pode ser apreendido somente com conceitos atinentes a uma compreensão estreita de moral. Na tradição de Kant, geralmente se entende hoje por "moral" o ponto de vista que permite demonstrar a todos os sujeitos o mesmo respeito ou considerar seus respectivos interesses da mesma maneira, de modo equitativo; mas uma semelhante formulação é estreita demais para que se possam incluir todos os aspectos que constituem o objetivo de um reconhecimento não distorcido e deslimitado. Por isso, antes de toda explanação relativa ao conteúdo, é preciso clarificar primeiramente o *status* metodológico que reivindica uma teoria normativa que deve descrever o ponto final hipotético de uma

Condições intersubjetivas da integridade pessoal   269

ampliação das relações de reconhecimento; parece-me correto falar aqui de uma concepção formal de vida boa ou, mais precisamente, de eticidade. Só essa justificação metodológica permite, num segundo passo, retomar mais uma vez as intenções de Hegel e Mead, a fim de traçar a ideia de uma relação de reconhecimento pós-tradicional; o conceito desta tem de conter todos os pressupostos intersubjetivos que hoje precisam estar preenchidos para que os sujeitos se possam saber protegidos nas condições de sua autorrealização.

(1) Na tradição que remonta a Kant, como foi dito, entende-se por "moral" a atitude universalista em que nós podemos respeitar todos os sujeitos de maneira igual como "fins em si mesmos" ou como pessoas autônomas; o termo "eticidade" se refere, em contrapartida, ao *ethos* de um mundo da vida particular que se tornou hábito, do qual só se podem fazer juízos normativos na medida em que ele é capaz de se aproximar das exigências daqueles princípios morais universais.[48] A essa desvalorização da eticidade contrapõe-se hoje sua revalorização naquelas correntes da filosofia moral que procuram novamente revocar Hegel ou a ética antiga. Aqui, contra a tradição kantiana, é levantada a objeção de que ela deixa sem resposta uma questão decisiva, visto que não é capaz de identificar o fim da moral em seu todo nos objetivos concretos dos sujeitos humanos; por esse motivo, com o propósito de realizar exatamente isso, a relação entre moralidade e eticidade deve ser de certo modo invertida mais uma vez, tornando a validade dos princípios morais dependente das concepções historicamente cambiantes da vida boa, isto é, das atitudes éticas.[49] Porém a argumentação que nós segui-

---

[48] Cf., por exemplo, Herbert Schnädelbach, "Was ist Neoaristotelismus?", in: Wolfgang Kuhlmann (org.), *Moralität und Sittlichkeit. Das Problem Hegels und die Diskursethik*, Frankfurt, 1986, p. 38 ss; J. Habermas, "Moralität und Sittlichkeit. Treffen Hegels Einwände gegen Kant auch auf die Diskursethik zu?", ibid., p. 16 ss; Charles Larmore, *Patterns of Moral Complexity*, ed. cit.

[49] Cf., entre outros, Alasdair MacIntyre, *Der Verlust der Tugend. Zur moralischen Krise der Gegenwart*, Frankfurt, 1987; além disso, cf. as contri-

mos até aqui na reconstrução do modelo do reconhecimento aponta na direção de uma posição que não parece sujeitar-se univocamente a nenhuma das alternativas. Nossa abordagem desvia-se da tradição que remonta a Kant porque se trata para ela não somente da autonomia moral do ser humano, mas também das condições de sua autorrealização como um todo; por isso, a moral, entendida como ponto de vista do respeito universal, torna-se um dos vários dispositivos de proteção que servem ao fim universal da possibilitação de uma vida boa. Mas agora esse conceito de bem não deve ser concebido, em oposição àquelas correntes alternativas que se distanciam de Kant, como uma expressão de convicções axiológicas substanciais, que formam em cada caso o *ethos* de uma comunidade baseada em tradições concretas; ao contrário, trata-se dos elementos estruturais da eticidade, que, sob o ponto de vista universal da possibilitação comunicativa da autorrealização, podem ser distinguidos normativamente da multiplicidade de todas as formas de vida particulares. Nesse sentido, a abordagem da teoria do reconhecimento, na medida em que a desenvolvemos até agora na qualidade de uma concepção normativa, encontra-se no ponto mediano entre uma teoria moral que remonta a Kant e as éticas comunitaristas: ela partilha com aquela o interesse por normas as mais universais possíveis, compreendidas como condições para determinadas possibilidades, mas partilha com estas a orientação pelo fim da autorrealização humana.[50]

Ora, não se ganhou muito com essa definição elementar das posições, já que permanece ainda completamente obscuro como essa concepção formal de eticidade pode ser metodologicamente possível. O conceito de "eticidade" refere-se agora ao todo das condições intersubjetivas das quais se pode demonstrar que servem à autorrea-

---

buições análogas em Axel Honneth (org.), *Kommunitarismus. Eine Debatte über die moralischen Grundlagen moderner Gesellschaften*, Frankfurt, 1993.

[50] Recebi importantes estímulos para a formulação dessa posição intermediária do livro de Martin Seel, *Das Gute und das Richtige*, 1991.

Condições intersubjetivas da integridade pessoal

lização individual na qualidade de pressupostos normativos. Mas como podem ser encontrados enunciados universais sobre semelhantes condições de possibilitação, se toda explicação acerca da estrutura da autorrealização corre de imediato o risco de tornar-se uma interpretação de determinados ideais de vida, historicamente singulares? Por isso, as determinações buscadas devem ser tão formais ou abstratas que não despertam justamente a suspeita de expor meras sedimentações de interpretações concretas da vida boa; por outro lado, porém, precisam ser também, no plano material ou do conteúdo, tão repletas que, com base nelas, é possível vir a saber mais acerca das condições da autorrealização do que nos é dado com a referência kantiana à autonomia individual. A chave para uma clarificação mais ampla é oferecida aqui pela relembrança dos resultados que obtivemos na reconstrução das diversas formas de reconhecimento.

Na transformação naturalista da doutrina hegeliana do reconhecimento, empreendida por Mead, havia se delineado aquilo que nosso exame empiricamente orientado pôde mostrar depois em detalhe: os diversos padrões de reconhecimento, que em Hegel foram distinguidos uns dos outros, podem ser compreendidos como as condições intersubjetivas sob as quais os sujeitos humanos chegam a novas formas de autorrelação positiva. O nexo existente entre a experiência de reconhecimento e a relação consigo próprio resulta da estrutura intersubjetiva da identidade pessoal: os indivíduos se constituem como pessoas unicamente porque, da perspectiva dos outros que assentem ou encorajam, aprendem a se referir a si mesmos como seres a que cabem determinadas propriedades e capacidades. A extensão dessas propriedades e, por conseguinte, o grau da autorrealização positiva crescem com cada nova forma de reconhecimento, a qual o indivíduo pode referir a si mesmo como sujeito: desse modo, está inscrita na experiência do amor a possibilidade da autoconfiança, na experiência do reconhecimento jurídico, a do autorrespeito e, por fim, na experiência da solidariedade, a da autoestima.

Certamente, para os propósitos que perseguimos no momento, essas poucas remissões já resultam em algo mais do que parecia

272   Perspectivas de filosofia social

à primeira vista. Pois o fato de a possibilidade da autorrelação positiva ser dada unicamente com a experiência do reconhecimento se deixa entender como uma indicação das condições necessárias da autorrealização individual. Como em outros contextos, a marcha negativa da demonstração oferece uma primeira forma, ainda rudimentar, de fundamentação: sem a suposição de uma certa medida de autoconfiança, de autonomia juridicamente preservada e de segurança sobre o valor das próprias capacidades, não é imaginável um êxito na autorrealização, se por isso deve ser entendido um processo de realização espontânea de metas da vida autonomamente eleitas. Pois "espontaneidade" [*Ungezwungenheit*] ou "liberdade" não pode referir-se, com vista a um tal processo, simplesmente à ausência de coerção ou influência externa; ela significa ao mesmo tempo a falta de bloqueios internos, de inibições psíquicas e de angústias;[51] mas, num sentido positivo, essa segunda forma de liberdade deve ser compreendida como uma espécie de confiança dirigida para fora, que oferece ao indivíduo segurança tanto na expressão das carências como na aplicação de suas capacidades. Porém, acerca de semelhante segurança, isto é, de modos de relacionamento consigo próprio livres de angústia, havia se mostrado anteriormente que eles formam dimensões das autorrelações positivas, às quais se chega somente pela via da experiência de reconhecimento. Nesse sentido, a liberdade da autorrealização depende de pressupostos que não estão à disposição do próprio sujeito humano, visto que ele só pode adquiri-la com a ajuda de seu parceiro de interação. Os diversos padrões de reconhecimento representam condições intersubjetivas que temos de pensar necessariamente quando queremos descrever as estruturas universais de uma vida bem-sucedida.

Não é difícil ver que as condições assim esboçadas satisfazem os critérios metodológicos que havíamos definido antes com vista

---

[51] Cf., a respeito, Charles Taylor, "Der Irrtum der negativen Freiheit", in: *Negative Freiheit? Zur Kritik des neuzeitlichen Individualismus*, Frankfurt, 1988, p. 118 ss.

a uma concepção formal de eticidade. De uma parte, os três distintos padrões de reconhecimento, que de agora em diante devem ser considerados as outras tantas condições de uma autorrealização bem-sucedida, são, segundo a sua definição, abstratos ou formais o suficiente para não despertar a suspeita de incorporarem determinados ideais de vida; de outra parte, a exposição dessas três condições é, sob o ponto de vista do conteúdo, rica o suficiente para enunciar mais a respeito das estruturas universais de uma vida bem-sucedida do que está contido na mera referência à autodeterminação individual. As formas de reconhecimento do amor, do direito e da solidariedade formam dispositivos de proteção intersubjetivos que asseguram as condições da liberdade externa e interna, das quais depende o processo de uma articulação e de uma realização espontânea de metas individuais de vida; além disso, visto que não representam absolutamente determinados conjuntos institucionais, mas somente padrões comportamentais universais, elas se distinguem da totalidade concreta de todas as formas particulares de vida na qualidade de elementos estruturais.

Ora, uma outra dificuldade da concepção em vista nasce do fato de que dois dos três padrões de reconhecimento introduzidos encerram em si o potencial de um desenvolvimento normativo mais amplo; como foi mostrado, tanto a relação jurídica quanto a comunidade de valores estão abertas a processos de transformação no rumo de um crescimento de universalidade ou igualdade. Com esse potencial interno de desenvolvimento, migra para as condições normativas da autorrealização um índice histórico que deve limitar as pretensões de nossa concepção formal de eticidade: o que pode ser considerado condição intersubjetiva de uma vida bem-sucedida torna-se uma grandeza historicamente variável, determinada pelo nível atual de desenvolvimento dos padrões de reconhecimento. A concepção formal perde sua atemporalidade, passando a depender, em termos hermenêuticos, de um presente sempre intransponível.

(2) Uma concepção formal de eticidade abrange as condições qualitativas da autorrealização, que se distinguem de todas as for-

mas de vida particulares na medida em que constituem os pressupostos universais da integridade pessoal dos sujeitos; porém, já que condições dessa espécie estão por sua vez abertas às possibilidades de um desenvolvimento normativo mais elevado, uma semelhante concepção formal não está isenta de mudança histórica, mas, pelo contrário, liga-se à condição inicial singular da própria época de seu surgimento. Para a nossa finalidade, resulta dessa limitação a tarefa de introduzir historicamente os três padrões de reconhecimento, no sentido de que eles podem ser considerados elementos da eticidade somente no grau evolutivo mais elevado em cada caso: de que maneira devem se constituir os pressupostos intersubjetivos da possibilitação da autorrealização se mostra sempre sob as condições históricas de um presente que abriu desde o início a perspectiva de um aperfeiçoamento normativo das relações de reconhecimento. A ideia de uma eticidade pós-tradicional, democrática, que se delineia como consequência dessa argumentação, foi desdobrada pela primeira vez pelo jovem Hegel e desenvolvida mais tarde por Mead sob premissas pós-metafísicas; a despeito de todas as diferenças, ambos tiveram em mente o mesmo ideal de uma sociedade em que as conquistas universalistas da igualdade e do individualismo se sedimentaram a tal ponto em padrões de interação que todos os sujeitos encontram reconhecimento como pessoas ao mesmo tempo autônomas e individuadas, equiparadas e, no entanto, particulares. Acresce que os dois pensadores conceberam esse padrão especificamente moderno de interação social na forma de uma rede de distintas relações de reconhecimento, nas quais os indivíduos podem se saber confirmados em cada uma das dimensões de sua autorrealização. Desse modo, Hegel e Mead se aproximaram tanto quanto possível da ideia normativa que nós procuramos traçar aqui com a ajuda de uma concepção de eticidade vinculada à história mas ainda assim formal; contudo, o recurso imediato aos seus modelos já não é possível porque se mostrou de ambos que eles foram influenciados, de maneira problemática, por prejuízos da respectiva época.

No caso de Hegel, isso já se manifesta no tratamento da relação de reconhecimento que, como condição elementar da autorrea-

Condições intersubjetivas da integridade pessoal   275

lização, tem de representar o cerne intersubjetivo também de uma forma pós-tradicional de eticidade: na elucidação do "amor" de sua *Realphilosophie*, Hegel se deixou influenciar tão fortemente pela realidade institucional de seu tempo que, por fim, somente o padrão patriarcalista de relação da família burguesa pôde se destacar.[52] Se essa concretização errônea é novamente revogada, resta uma ideia como a que foi desenvolvida aqui no recurso exemplar à teoria das relações de objeto da psicanálise: no equilíbrio tenso entre fusão e delimitação do ego, cuja resolução consta de toda forma bem-sucedida de relação primária, os sujeitos podem se saber reciprocamente amados em sua individualidade, a ponto de poderem estar a sós sem angústias. Um semelhante modo de autoconfiança constitui o pressuposto elementar de toda espécie de autorrealização, na medida em que faz o indivíduo alcançar aquela liberdade interior que lhe permite a articulação de suas próprias carências; por conseguinte, a experiência do amor, seja qual for a figura institucional que ela assumiu historicamente, representa o cerne mais íntimo de todas as formas de vida a serem qualificadas de "éticas". Conforme sua determinação fundamental, o amor entra inalterado na rede intersubjetiva de uma forma pós-tradicional de eticidade, visto que não está inserido nele o potencial de um desenvolvimento normativo mais amplo; mas, por outro lado, é possível que suas estruturas básicas invariantes possam desdobrar-se tanto mais indeformadas e espontâneas quanto mais direitos partilham os parceiros que se deparam numa relação de amizade ou de amor. Nesse sentido, uma concepção formal de eticidade pós-tradicional tem de estar delineada de modo tal que possa defender o igualitarismo radical do amor contra coerções e influências externas; nesse ponto, a exposição do padrão de reconhecimento do amor toca naquela da relação jurídica, que deve ser considerada a segunda condição da integridade pessoal.

---

[52] Nesse ponto, é instrutivo o trabalho de Gabriele Neuhäuser, *Familiäre Sittlichkeit und Anerkennungsformen bei Hegel*, Dissertação de Mestrado, Frankfurt, 1992.

Os padrões de reconhecimento da relação jurídica não puderam ser reconstruídos sem a referência aos desenvolvimentos normativos a que foram submetidos desde a constituição da sociedade moderna; aí se tornou evidente que o reconhecimento jurídico contém em si um potencial moral capaz de ser desdobrado através de lutas sociais, na direção de um aumento tanto de universalidade quanto de sensibilidade para o contexto. Desse fato nem Hegel nem Mead deram conta adequadamente quando incluíram em seus projetos de uma eticidade pós-tradicional a relação jurídica moderna como uma condição central. É verdade que, tanto antes quanto depois, são convincentes as razões que os dois pensadores aduziram para comprovar a importância dos direitos de liberdade individual para os fins da autorrealização humana: só na medida em que é concedida em princípio a todos os sujeitos, com o estabelecimento do direito civil, a liberdade individual de decisão, cada um deles está igualmente em condições de definir as metas de sua vida sem influência externa. Dito brevemente, autorrealização depende do pressuposto social da autonomia juridicamente assegurada, visto que só com base nela cada sujeito é capaz de se conceber como uma pessoa que, voltando-se a si mesma, pode entrar numa relação de exame ponderador dos próprios desejos. Mas, por outro lado, Hegel e Mead reduziram a tal ponto a relação jurídica moderna à mera existência de direitos liberais de liberdade, que eles não puderam perceber quão fortemente o uso individual deles pode depender do aperfeiçoamento jurídico de suas condições de aplicação. Os pressupostos jurídicos da autorrealização representam uma grandeza suscetível de desenvolvimento, visto que podem ser aperfeiçoados na direção de uma consideração maior da condição particular do indivíduo, sem perder seu conteúdo universalista; por esse motivo, a relação jurídica moderna só pode entrar na rede intersubjetiva de uma eticidade pós-tradicional, como um segundo elemento, quando pensada de maneira mais ampla, incorporando esses componentes materiais.

Ora, dentro desse quadro ético, um direito assim concebido exerce um efeito de limitação tanto sobre a relação do amor quanto sobre as condições, ainda não esclarecidas, da solidariedade. Os padrões de reconhecimento do direito penetram o domínio interno das relações primárias, porque o indivíduo precisa ser protegido do perigo de uma violência física, inscrito estruturalmente na balança precária de toda ligação emotiva: consta das condições intersubjetivas que possibilitam hoje a integridade pessoal não somente a experiência do amor, mas também a proteção jurídica contra as lesões que podem estar associadas a ela de modo causal. Mas a relação jurídica moderna influi sobre as condições da solidariedade pelo fato de estabelecer as limitações normativas a que deve estar submetida a formação de horizontes de valores fundadores da comunidade. Por conseguinte, a questão sobre em que medida a solidariedade tem de entrar no contexto das condições de uma eticidade pós-tradicional não pode ser explicada sem uma referência aos princípios jurídicos.

Novamente, foram Hegel e Mead que forneceram os argumentos decisivos de por que os sujeitos continuam a depender de um extenso horizonte de valores mesmo sob as condições da modernidade: visto que os indivíduos precisam se saber reconhecidos também em suas capacidades e propriedades particulares para estar em condições da autorrealização, eles necessitam de uma estima social que só pode se dar na base de finalidades partilhadas em comum. Todavia, ambos os pensadores não tomam esse terceiro padrão de reconhecimento na forma em que eles puderam encontrá-lo empiricamente, senão que lhe dão uma guindada decisiva para o normativo; devem ser entendidos por isso somente os horizontes de valores éticos que são tão abertos e plurais que, em princípio, todo membro da sociedade recebe a possibilidade de saber-se socialmente estimado em suas capacidades. O aguçamento normativo que a categoria "comunidade de valores" experimenta dessa forma é acompanhado de duas vantagens teóricas, de cujo alcance certamente nem Hegel nem Mead tinham completa clareza: de um lado, a linha evolutiva, já desenhada na relação de reconhecimento da estima social por conter a possibilidade de uma igualização e de uma individualização mais ampla, só precisa ser alongada até o futuro, para além do presente, a fim de chegar à ideia esboçada por eles; de outro lado, porém, esta já está delineada em si mesma de tal modo que não admite senão valores fundadores de comunidade, estruturalmente compatíveis com as condições morais do direito moderno, isto é, com a autonomia individual de cada um. Tanto o jovem Hegel quanto Mead quiseram pensar o futuro da sociedade moderna de modo que ele suscitasse um sistema de valores novo, aberto, em cujo horizonte os sujeitos aprendessem a se estimar reciprocamente em suas metas de vida livremente escolhidas. Com isso, ambos avançaram até o limiar em que começa a se entrever um conceito de solidariedade social que aponta para uma estima simétrica entre cidadãos juridicamente autônomos. Mas, na resposta à questão de como essa ideia moderna de solidariedade deveria ser preenchida no plano do conteúdo, não só as vias de solução dos dois pensadores se separaram, como ambos, cada qual ao seu modo, fracassaram.

Pelo que foi exposto, é claro que nossa concepção formal de uma eticidade pós-tradicional não estará concluída se não puder pelo menos indicar o lugar em que teriam de entrar os valores materiais. Pois a tentativa de partir das condições intersubjetivas da integridade pessoal para atingir os universais normativos de uma vida bem-sucedida acaba, afinal, incluindo também o padrão de reconhecimento de uma solidariedade social, que só pode nascer das finalidades partilhadas em comum; que estas, por sua parte, estão submetidas às limitações normativas postas com a autonomia juridicamente garantida de todos os sujeitos, é o que resulta de sua posição num tecido de relações, no qual devem coexistir com os outros dois padrões de reconhecimento do amor e do direito. Em seus escritos de Jena, o jovem Hegel buscou colocar no local assim traçado somente a "solidariedade" de todos os cidadãos, entendida como forma de comunicação; mas a vantagem da maior formalidade possível, que sem dúvida sua proposta lhe havia trazido, foi paga com a desvantagem de não dispor mais de nenhuma referência acerca das experiências às quais se deve o surgimento desses sentimentos de solidariedade. Por sua vez, em analogia com Durkheim, um autor mais ou menos da mesma época, George H. Mead havia concebido a divisão social do trabalho como finalidade coletiva, de que deve partir a força solidarizante por meio da qual todos os sujeitos podem saber-se estimados. Sua proposta, porém, tinha de fracassar, porque a organização do trabalho social, mas mais ainda a avaliação das diversas realizações laborais, depende por seu lado de representações de valores éticos, que justamente como tais iriam ser neutralizadas com a referência às exigências técnicas.

Ambos, Hegel não menos que Mead, não atingiram o objetivo, estabelecido por eles mesmos, de determinar um horizonte abstrato de valores éticos, aberto às mais distintas metas de vida, sem perder a força solidarizante da formação coletiva da identidade. Mas agora os duzentos anos que nos separam dos primeiros escritos de Hegel e os quase cem anos que nos distanciam das especulações de Mead somente intensificaram a necessidade de uma tal forma de integração: nesse meio-tempo, as transformações socioestruturais nas sociedades desenvolvidas ampliaram objetivamente a tal ponto as possibilidades da autorrealização que a experiência de uma diferença individual ou coletiva se converteu no impulso de uma série inteira de movimentos políticos; certamente, suas exigências só podem ser cumpridas a longo prazo quando ocorrem mudanças culturais que acarretam uma ampliação radical das relações de solidariedade. Nessa nova situação, a concepção aqui esboçada pode tirar do fracasso dos projetos de Hegel e de Mead somente o ensinamento de contentar-se com uma tensão insuperável: ela não pode renunciar à tarefa de introduzir os valores materiais ao lado das formas de reconhecimento do amor e de uma relação jurídica desenvolvida, os quais devem estar em condições de gerar uma solidariedade pós-tradicional, mas tampouco pode preencher por si mesma o lugar que é assim traçado como local do particular na estrutura das relações de uma forma moderna de eticidade — pois saber se aqueles valores materiais apontam na direção de um republicanismo político, de um ascetismo ecologicamente justificado ou de um existencialismo coletivo, saber se eles pressupõem transformações na realidade econômica e social ou se se mantêm compatíveis com as condições de uma sociedade capitalista, isso já não é mais assunto da teoria, mas sim do futuro das lutas sociais.

BIBLIOGRAFIA

ALEXANDER, Jeffrey C. (1982). *Theoretical Logic in Sociology*, vol. II. Londres.

ALEXY, Robert (1986). *Theorie der Grundrechte*. Frankfurt.

ANGEHRN, E.; LOHMANN, Georg (orgs.) (1986). *Ethik und Marx. Moralkritik und normative Grundlagen der Marx'schen Theorie*. Königstein/Ts.

BAMBEY, Andrea (1991). *Das Geschlechterverhältnis als Anerkennungsstruktur. Zum Problem der Geschlechterdifferenz in feministischen Theorien*. Studientext zur Sozialwissenschaft, Sonderband 5. Frankfurt.

BARTH, Hans (1959). *Masse und Mythos*. Hamburgo.

BAUMGARTEN, Eduard (1938). *Die geistigen Grundlagen des amerikanischen Gemeinwesens*, vol. II: *Der Pragmatismus: R. W. Emerson, W. James, J. Dewey*. Frankfurt.

BENHABIB, Seyla (1989). "Der verallgemeinerte und der konkrete Andere. Ansätze zu einer feministischen Moraltheorie", in: LIST, E. (org.), *Denkverhältnisse. Feminismus und Kritik*. Frankfurt, p. 454 ss.

BENJAMIN, Jessica (1988). *The Bonds of Love. Psychoanalysis, Feminism, and the Problems of Domination*. Nova York.

BERDING, Helmut (1969). *Rationalismus und Mythos. Geschichtsauffassung und politische Theorie bei Georges Sorel*. Minden/Viena.

BERGER, Peter L.; BERGER, B.; KELLNER, H. (1987). *Das Unbehagen in der Modernität*. Frankfurt.

BERGMANN, Martin S. (1987). *The Anatomy of Loving*. Nova York.

BERLIN, Isaiah (1982). "Georges Sorel", in: *Wider das Geläufige. Aufsätze zur Ideengeschichte*. Frankfurt.

BETTELHEIM, Bruno (1982). *Erziehung zum Überleben. Zur Psychologie der Extremsituation*. Munique.

Bibliografia

BLASCHE, Siegfried (1975). "Natürliche Sittlichkeit und bürgerliche Gesellschaft. Hegels Konstruktion der Familie als sittliche Intimität im entsittlichten Leben", in: RIEDEL, Manfred (org.), *Materialien zu Hegels Rechtsphilosophie*, 2 vols. Frankfurt, p. 312 ss.

BLOCH, Ernst (1961). *Naturrecht und menschliche Würde*, in: *Gesamtausgabe*, vol. 6. Frankfurt.

BOBBIO, Norberto (1975). "Hegel und die Naturrechtslehre", in: RIEDEL, Manfred (org.), *Materialien zu Hegels Rechtsphilosophie*, 2 vols. Frankfurt, p. 81 ss.

BORKENAU, Franz (1934). *Der Übergang vom feudalen zum bürgerlichen Weltbild*. Paris.

BOURDIEU, Pierre (1982). *Die feinen Unterschiede. Kritik der gesellschaftlichen Urteilskraft*. Frankfurt.

BOWLBY, John (1975). *Bindung*. Munique.

_____. (1982). *Das Glück und die Trauer. Herstellung und Lösung affektiver Bindungen*. Stuttgart.

BOXBILL, Bernard P. (1976/77). "Self Respect and Protest", *Philosophy and Public Affairs*, caderno 6, p. 58 ss.

BRANDEN, Nathaniel (1969). *The Psychology of Self-Esteem*. Los Angeles.

BREAKWELL, Glyris M. (org.) (1983). *Threatened Identities*. Nova York.

BROTZ, Howard (org.) (1966). *Negro Social and Political Thought*. Nova York.

BUCK, Günther (1976). "Selbsterhaltung und Historizität", in: EBELING, Hans (org.) (1976), *Subjektivität und Selbsterhaltung. Beiträge zur Diagnose der Moderne*. Frankfurt, p. 144 ss.

BULLOWA, Margret (org.) (1979). *Before Speech. The Beginning of Interpersonal Communication*. Cambridge.

COSER, Lewis A. (1972). *Theorie sozialer Konflikte*. Neuwied/Berlim.

DARWALL, Stephen L. (1977). "Two Kinds of Respect", *Ethics*, vol. 88, caderno I, p. 36 ss.

DEWEY, John (1894/95). "The Theory of Emotion I and II", *Psychological Review* 1894 (I), p. 553 ss.; *Psychological Review* 1895 (II), p. 13 ss.

DÜLMEN, Richard van (org.) (1988). *Armut, Liebe, Ehre. Studien zur historischen Kulturforschung*. Frankfurt.

DÜSING, Edith (1986). *Intersubjektivität und Selbstbewußtsein*. Colônia.

EAGLE, Morris N. (1988). *Neuere Entwicklungen in der Psychoanalyse. Eine kritische Würdigung*. Munique/Viena.

EBELING, Hans (org.) (1976). *Subjektivität und Selbsterhaltung. Beiträge zur Diagnose der Moderne*. Frankfurt.

ERIKSON, Erik H. (1974). *Identität und Lebenszyklus*. Frankfurt.

FANON, Frantz (1966). *Die Verdammten dieser Erde*. Frankfurt.

_____. (1988). *Schwarze Haut, weiße Masken*. Frankfurt.

FEINBERG, Joel (1980). *Rights, Justice and the Bounds of Liberty. Essays in Social Philosophy*. Princeton Nova York.

_____. (1970). "The Nature and Value of Rights", *Journal of Value Inquiry* 4, p. 243 ss.

FICHTE, Johann Gottlieb (1971). *Fichtes Werke*, org. Immanuel Hermann Fichte, vol. 3. Berlim.

FREUD, Sigmund (1972). "Hemmung, Symptom und Angst", in: *Gesammelte Werke*, vol. XIV. Frankfurt.

FREUND, M. (1972). *Georges Sorel. Der revolutionäre Konservatismus*. Frankfurt.

FREYER, Hans (1986). *Machiavelli*. Weinheim.

GEHLEN, Arnold (1969). *Moral und Hypermoral. Eine pluralistische Ethik*. Frankfurt.

GILBERT, Paul (1991). *Human Relationships. A Philosophical Introduction*. Oxford.

GIUSTI, Miguel (1987). *Hegels Kritik der modernen Welt*. Würzburg.

GREENBERG, Jay R.; MITCHELL, Stephen A. (1983). *Object Relations in Psychoanalytic Theory*. Cambridge, Mass.

GRIESSINGER, Andreas (1981). *Das symbolische Kapital der Ehre. Streikbewegungen und kollektives Bewußtsein deutscher Handwerkergesellen im 18. Jahrhundert*. Frankfurt/Berlim/Viena.

GUREWITSCH, Aron (1897). *Zur Geschichte des Achtungsbegriffs und zur Theorie der sittlichen Gefühle*. Würzburg.

HABERMAS, Jürgen (1968). *Technik und Wissenschaft als "Ideologie"*. Frankfurt.

Bibliografia

_____. (1971). *Theorie und Praxis*. Frankfurt.

_____. (1976). *Zur Rekonstruktion des Historischen Materialismus*. Frankfurt.

_____. (1985). *Der philosophische Diskurs der Moderne*. Frankfurt.

_____. (1986). "Moralität und Sittlichkeit. Treffen Hegels Einwände gegen Kant auch auf die Diskursethik zu?", in: KUHLMANN, Wolfgang (org.), *Morälitat und Sittlichkeit. Das Problem Hegels und die Diskursethik*. Frankfurt, p. 16 ss.

_____. (1988). *Nachmetaphysisches Denken*. Frankfurt.

HARLOW, H. F. (1958). "The Nature of Love", *American Psychologist* 13.

HEGEL, G. W. F. (1967). *System der Sittlichkeit, Nachdruck der Lasson-Ausgabe*. Hamburgo.

_____. (1969). *Jenaer Realphilosophie*. Hamburgo.

_____. (1970). *Jenaer Schriften 1801-07*, in: *Werk in 20 Bänden*, org. Karl Markus Michel e Eva Moldenhauer, vol. 2. Frankfurt.

_____. (1970). *Enzyklopädie der Philosophischen Wissenchaften III*, in: *Werke in 20 Bänden*, vol. 10. Frankfurt.

_____. (1986). *System der spekulativen Philosophie*. Hamburgo.

HENRICH, Dieter (1971). *Hegel im Kontext*. Frankfurt.

HENRICH, Dieter; HORSTMANN, Rolf-Peter (orgs.) (1982). *Hegels Philosophie des Rechts*. Stuttgart.

HILL, JR., Thomas E. (1991). *Autonomy and Self-Respect*. Cambridge.

HOBBES, Thomas (1966). *Leviathan*. Neuwied/Berlin.

HONNETH, Axel; JAEGGI, Urs (orgs.) (1980). *Arbeit, Handlung, Normativität*. Frankfurt.

HONNETH, Axel (1980). "Arbeit und instrumentales Handeln", in: HONNETH, A.; JAEGGI, U. (orgs.), *Arbeit, Handlung, Normativität*. Frankfurt.

HONNETH, Axel; JOAS, Hans (1987). "War Marx ein Utilitarist? Für eine Gesellschaftstheorie jenseits des Utilitarismus", in: Akademie der Wissenschaften der DDR (org.), *Soziologie und Sozialpolitik. I. Internationales Kolloquium zur Theorie und Geschichte der Soziologie*. Berlim, p. 148 ss.

HONNETH, Axel (1989). "Logik der Emanzipation. Zum philosophischen Erbe des Marxismus", in: KRÄMER, H. L.; LEGGEWIE, C. (orgs.), *Wege ins Reich der Freiheit*. Berlim, p. 86 ss.

_____. (1984). "Moralischer Konsens und Unrechtsempfindung. Zu Barrington Moores Untersuchung 'Ungerechtigkeit'", in: *Suhrkamp Wissenschaft. Weißes Programm. Almanach*. Frankfurt, p. 108 ss.

_____. (1987). "Ohnmächtige Selbstbehauptung. Sartres Weg zu einer intersubjektivistischen Freiheitslehre", in: *Babylon. Beiträge zur jüdischen Gegenwart*, 2, p. 82 ss.

_____. (1988). *Kritik der Macht. Reflexionsstufen einer kritischen Gesellschaftstheorie*. Frankfurt.

_____. (1989). "Moralische Entwicklung und sozialer Kampf. Sozialphilosophische Lehren aus dem Frühwerk Hegels", in: HONNETH, A.; MCCARTHY, Th.; OFFE, C. (orgs.), *Zwischenbetrachtungen. Im Prozeß der Aufklärung*. Frankfurt, p. 549 ss.

_____. (1990). *Die zerrissene Welt des Sozialen*. Frankfurt.

_____. (1990). "Integrität und Mißachtung. Grundmotive einer Moral der Anerkennung", *Merkur*, caderno 501, p. 143 ss.

_____. (org.) (1993). *Kommunitarismus. Eine Debatte über die moralischen Grundlagen moderner Gesellschaften*. Frankfurt.

HORSTMANN, Rolf-Peter (1972). "Probleme der Wandlung in Hegels Jenaer Systemkonzeption", *Philosophische Rundschau*, ano 19, p. 87 ss.

_____. (1975). "Über die Rolle der bürgerlichen Gesellschaft in Hegels politischer Philosophie", in: RIEDEL, Manfred (org.), *Materialien zu Hegels Rechtsphilosophie*, 2 vols. Frankfurt, p. 276 ss.

HÖSLE, Vittorio (1987). *Hegels System*, vol. 2: *Philosophie der Natur und des Geistes*. Hamburgo.

HUNYADI, Mark (1988). "Sartres Entwürfe zu einer unmöglichen Moral", in: KÖNIG, Traugott (org.), *Sartre. Ein Kongreß*. Reinbek, p. 84 ss.

IHERING, Rudolf von (1905). *Der Zweck im Recht*, 2 vols. Leipzig.

ILTING, Karl-Heinz (1963/64). "Hegels Auseinandersetzung mit der aristotelischen Politik", *Philosophisches Jahrbuch* 71, p. 38 ss.

JAMME, Christoph; SCHNEIDER, Helmut (orgs.) (1984). *Mythologie der Vernunft. Hegels "ältestes Systemprogramm" des deutschen Idealismus*. Frankfurt.

Bibliografia   285

Joas, Hand (1992). *Die Kreativität des Handelns*. Frankfurt.

_____. (1980). *Praktische Intersubjektivität. Die Entwicklung des Werkes von G. H. Mead*. Frankfurt.

_____. (1988). "Symbolischer Interaktionismus. Von einer Philosophie des Pragmatismus zu einer soziologischen Forschungstradition", in: *Kölner Zeitschrift für Soziologie und Sozialpsychologie*, ano 40, p. 417 ss.

Julliard, J.; Sand, Shlomo (orgs.) (1965). *Georges Sorel et son temps*. Paris.

Kant, Immanuel (1968). *Metaphysik der Sitten*, in: *Kants Gesammelte Schriften*, org. Königlich Preußische Akademie der Wissenschaften, vol. VI. Berlim.

Kernberg, Otto F. (1985). *Objektbeziehung und Praxis der Psychoanalyse*. Stuttgart.

Kersting, W. (1988). "Handlungsmächtigkeit — Machiavellis Lehre vom politischen Haldeln", in: *Philosophisches Jahrbuch*, caderno 3/4, p. 235 ss.

Kimmerle, Heinz (1969). "Zur Entwicklung des Hegelschen Denkens in Jena", in: *Hegel-Studien*, suplemento 4, Bonn.

Kluth, Heinz (1957). *Sozialprestige und sozialer Status*. Stuttgart.

Kojève, Alexandre (1975). *Hegel. Eine Vergegenwärtigung seines Denkens*. Frankfurt.

Korff, Wilhelm (1966). *Ehre, Prestige, Gewissen*. Colônia.

Lange, Ernst Michael (1980). *Das Prinzip Arbeit*. Frankfurt/Berlim/Viena.

Lamore, Charles E. (1987). *Patterns of Moral Complexity*. Cambridge.

Lévinas, Emmanuel (1991). *La Mort et le temps*. Paris.

Lohmann, Georg (1991). *Indifferenz und Gesellschaft. Eine kritische Auseinandersetzung mit Marx*. Frankfurt.

Luhmann, Niklas (1982). *Liebe als Passion. Zur Codierung von Intimität*. Frankfurt.

Lukács, Georg (1967). *Der junge Hegel*, in: *Werke*, vol. 8. Neuwied/Berlim.

Lynd, Helen M. (1958). *On Shame and the Search for Identity*. Nova York.

Machiavelli, Niccolò (1922). *Politische Betrachtungen über die alte und die italienische Geschichte*. Berlim.

_____. (1961). *Der Fürst*. Stuttgart.

MAN, Hendrik de (1927). *Zur Psychologie des Sozialismus*. Jena.

MACHO, Thomas H. (1987). *Todesmetaphern. Zur Logik der Grenzerfahrung*. Frankfurt.

MACINTYRE, Alasdair (1987). *Der Verlust der Tugend. Zur moralischen Krise der Gegenwart*. Frankfurt.

MARQUARD, Odo (1973). *Schwierigkeiten mit der Geschichtsphilosophie*. Frankfurt.

MARSHALL, Thomas H. (1963). *Sociology at the Crossroads*. Londres.

MARX, Karl; ENGELS, Friedrich (1956-68). *Marx-Engels-Werke I-XXXIX*, org. Institut für Marxismus-Leninismus. Berlim.

MEAD, George Herbert (1972). *Movements of Thought in the Nineteenth Century*. Chicago.

_____. (1973). *Geist, Identität und Gesellschaft*. Frankfurt.

_____. (1980). *Gesammelte Aufsätze*, vol. 1, org. Hans Joas. Frankfurt.

_____. (1980). *Gesammelte Aufsätze*, vol. 2, org. Hans Joas. Frankfurt.

MEILLASSOUX, Claude (1989). *Anthropologie der Sklaverei*. Frankfurt.

MELDEN, A. J. (1977). *Rights and Persons*. Berkeley.

MEYER, Thomas (1973). *Der Zwiespalt in der Marxschen Emanzipationstheorie*. Kronberg/Ts.

MOORE, Barrington (1982). *Ungerechtigkeit. Die sozialen Ursachen von Unterordnung und Widerstand*. Frankfurt.

MÜNKLER, H. (1984). *Machiavelli. Die Begründung des politischen Denkens der Neuzeit aus der Krise der Republik Florenz*. Frankfurt.

NECKEL, Sighard (1991). *Status und Scham. Zur symbolischen Reproduktion sozialer Ungleichheit*. Frankfurt.

NEGT, Oskar (org.) (1970). *Aktualität und Folgen der Philosophie Hegels*. Frankfurt.

NEUHÄUSER, Gabriele (1992). *Familiäre Sittlischkeit und Anerkennungsformen bei Hegel*, M. A.-Arbeit. Frankfurt.

OLSON, Daniel R. (org.) (1980). *The Social Foundation of Language and Thought*. Nova York.

Bibliografia

PARK, Robert E.; BURGESS, Ernest W (orgs.) (1969). *Introduction to the Science of Sociology*. Chicago.

PARSONS, Talcott (1982). *Das System moderner Gesellschaften*. Munique.

PATTERSON, Orlando (1982). *Slavery and Social Death. A Comparative Study*. Cambridge, Mass.

PERISIANY, J. G. (org.) (1966). *Honour and Shame, The Values of Mediterranean Society*. Londres.

PIERS, Gerhart; SINGER, Milton B. (1971). *Shame and Guilt. A Psychoanalytic and Cultural Study*. Nova York.

PITT-RIVERS, Julian (1968). "Honor", in: *International Encyclopedia of the Social Sciences*, org. David L. Sill, The Macmillan Company and Free Press, vol. 6, p. 503 ss.

PLESSNER, Helmuth (1981). *Die Grenzen der Gemeinschaft*, in: *Gesammelte Schriften*, org. Günther Dux, Odo Marquard e Elisabeth Ströker, vol. V. Frankfurt.

POSPÍSVIL, Leopold (1982). *Anthropologie des Rechts. Recht und Gesellschaft in archaischen und modernen Kulturen*. Munique.

RIEDEL, Manfred (org.) (1975). *Materialien zu Hegels Rechtsphilosophie*, 2 vols. Frankfurt.

_____. (1969). *Studien zu Hegels Rechtsphilosophie*. Frankfurt.

RITTER, Joachim (1977). *Metaphysik und Politik. Studien zu Aristoteles und Hegel*. Frankfurt.

ROSE, Gillian (1981). *Hegel Contra Sociology*. Londres.

ROTH, Klaus (1991). *Die Institutionalisierung der Freiheit in den Jenaer Schriften Hegels*. Berlim.

ROUSSEAU, Jean-Jacques (1984). *Diskurs über die Ungleichheit*, edição bilíngue. Paderborn.

RUNDELL, John F. (1987). *Origins of Modernity. The Origins of Modern Social Theory from Kant to Hegel to Marx*. Cambridge.

SAND, Shlomo (1985). "Lutte de classes et conscience juridique dans la pensée de Georges Sorel", in: JULIARD, J.; SAND, S. (orgs.), *Georges Sorel et son temps*. Paris, p. 225 ss.

SARTRE, Jean-Paul (1962). *Das Sein und das Nichts*. Reinbek.

_____. (1967). *Kritik der dialektischen Vernunft*. Reinbek.

_____. (1979). "Betrachtungen zur Judenfrage", in: *Drei Essays*. Frankfurt/Berlim/Viena.

_____. (1988). "'Die Verdammten dieser Erde' von Frantz Fanon", in: *Wir sind alle Mörder. Der Kolonialismus ist ein System*. Reinbek.

_____. (1988). *Wir sind alle Mörder. Der Kolonialismus ist ein System*. Reinbek.

SCARRY, Elaine (1985). *The Body in Pain. The Making and Unmaking of the World*. Nova York/Oxford.

SCHELER, Max (1966). *Der Formalismus in der Ethik und die materiale Wertethik*, in: *Gesammelte Werke*, vol. 2. Bern.

SCHNÄDELBACH, Herbert (1986). "Was ist Neoaristotelismus?", in: KUHLMANN, Wolfgang (org.), *Moralität und Sittlichkeit. Das Problem Hegels und die Diskursethik*. Frankfurt, p. 38 ss.

SCHÖPF, Alfred (org.) (1983). *Aggression und Gewalt*. Würzburg.

SCHREIBER, Marianne (1983). "Kann der Mensch Verantwortung für seine Aggressivität übernehmen? Aspekte aus der Psychologie D. W. Winnicotts und Melanie Kleins", in: SHÖPF, Alfred (org.), *Aggression und Gewalt*. Würzburg, p. 155 ss.

SCHWINGEL, Markus (1991). *Analytik der Kämpfe. Die strukturale Soziologie Pierre Bourdieus als Paradigma des sozialen Kampfes und ihr Beitrag zu einer kritischen Analyse von Macht und Herrschaft*, dissertação. Saarbrükken.

SEEL, Martin (1991). *Das Gute und das Richtige*, manuscrito.

SENNETT, Richard; COBB, Jonathan (1972): *The Hidden Injuries of Class*. Cambridge.

SIEP, Ludwig (1974). "Der Kampf um Anerkennung. Zu Hegels Auseinandersetzung mit Hobbes in den Jenaer Schriften", in: *Hegel-Studien*, vol. 9, p. 115 ss.

_____. (1979). *Anerkennung als Prinzip der praktischen Philosophie. Untersuchungen zu Hegels Jenaer Philosophie des Geistes*. Freiburg/Munique.

SIMMEL, Georg (1908). *Soziologie. Untersuchungen über die Formen der Vergesellschaftung*. Leipzig.

Bibliografia   289

_____. (1983). "Zur Psychologie der Scham", in: *Schriften zur Soziologie*, org. H.-J. Damme e O. Rammstedt. Frankfurt.

SMITH, Steven B. (1989). *Hegel's Critique of Liberalism*. Chicago.

SOREL, Georges (1898). "Was man von Vico lernt", *Sozialistische Monatshefte* 2, p. 270 ss.

_____. (1904). "Die Ethik des Sozialismus", *Sozialistische Monatshefte* 8, p. 368 ss.

_____. (1981). *Über die Gewalt*. Frankfurt.

SPEIER, Hans (1972). *Social Order and the Risks of War*. Nova York.

SPITZ, Réne A. (1976). *Vom Säugling zum Kleinkind*. Stuttgart.

STERN, Daniel (1979). *Mutter und Kind. Die erste Beziehung*. Stuttgart.

TAMINAUX, Jacques (1967). *La Nostalgie de la Grèce à l'Aube de l'Idéalisme Allemand*. La Hague.

TAYLOR, Charles (1988). "Was ist menschliches Handeln?", in: *Negative Freiheit? Zur Kritik des neuzeitlichen Individualismus*. Frankfurt.

TAYLOR, Charles (1979). *Hegel and Modern Society*. Cambridge.

THEUNISSEN, Michael (1977). *Der Andere. Studien zur Sozialontologie der Gegenwart*. Berlim/Nova York.

THOMPSON, Edward P. (1980). *Plebejische Kultur und moralische Ökonomie. Aufsätze zur englischen Sozialgeschichte des 18. und 19. Jahrhunderts*. Frankfurt/Berlim/Viena.

TOCQUEVILLE, Alexis de (1985). *Über die Demokratie in Amerika*. Zurique.

TREVORTHEN, Couym (1979). "Communication and Cooperation in Early Infancy. A Description of Premiery Intersubjectivity", in: BULLOWA, Margret (org.), *Before Speech. The Beginning of Interpersonal Communication*. Cambridge, p. 312 ss.

_____. (1980). "The Foundations of Intersubjectivity: Development of Interpersonal and Cooperative Understanding of Infants", in: OLSON, D. P. (org.), *The Social Foundation of Language and Thought*. Nova York, p. 316 ss.

TUGENDHAT, Ernst (1979). *Selbstbewußtsein und Selbstbestimmung*. Frankfurt.

WEBER, Max (1976). *Wirtschaft und Gesellschaft: Grundriß der verstehenden Soziologie*. Tübingen.

WELLMER, Albrecht (1986). *Ethik und Dialog*. Frankfurt.

_____. (1986). "Naturretch und praktische Vernunft. Zur aporetischen Entfaltung eines Problems bei Kant, Hegel und Marx", in: ANGEHRN, E.; LOHMANN, G. (orgs.). *Ethik und Marx. Moralkritik und normative Grundlagen der Marx'schen Theorie*. Königstein/Ts., p. 197 ss.

WILDT, Andreas (1970). "Hegels Kritik des Jakobinismus", in: NEGT, Oskar (org.), *Aktualität und Folgen der Philosophie Hegels*. Frankfurt, p. 256 ss.

_____. (1982). *Autonomie und Anerkennung. Hegels Moralitätskritik im Lichte seiner Fichte-Rezeption*. Stuttgart.

_____. (1986). "Gerechtigkeit in Marx' Kapital", in: ANGEHRN, E.; LOHMANN, G. (orgs.), *Ethik und Marx. Moralkritik und normative Grundlagen der Marx'schen Theorie*. Königstein/Ts., p. 149 ss.

_____. (1987). *Die Anthropologie des frühen Marx*, estudo de conclusão para a Fernuniversität Hagen.

_____. (1992). "Recht und Selbstachtung, im Anschluß an die Anerkennungslehren von Fichte und Hegel", in: KAHLO, M. et al. (orgs.), *Fichtes Lehre vom Rechtsverhältnis*. Frankfurt, p. 156 ss.

WINNICOTT, Donald W. (1984). *Reifungsprozesse und fördernde Umwelt*. Frankfurt.

_____. (1989). *Vom Spiel zur Kreativität*. Stuttgart.

YOUNG, Iris Marion (1990). *Justice and the Politics of Difference*. Princeton.

SOBRE O AUTOR

Axel Honneth é professor titular de filosofia social na Universidade Goethe, diretor do Instituto de Pesquisa Social em Frankfurt e professor de Humanidades na Universidade Columbia, em Nova York. É também editor da revista *Deutsche Zeitschrift für Philosophie*, uma das principais publicações na área.

Nascido em Essen, na Alemanha, em 1949, Honneth estudou filosofia, sociologia e germanística em Bonn, Bochum e Berlim. Sua tese de doutoramento, apresentada à Universidade Livre de Berlim em 1983, foi publicada em livro, dois anos mais tarde, sob o título *Kritik der Macht. Reflexionsstufen einer kritischen Gesellschaftstheorie* (Crítica do poder: estágios de reflexão de uma teoria social crítica).

Entre 1984 e 1990 foi assistente de Jürgen Habermas no Instituto de Filosofia da Universidade de Frankfurt, onde apresentou sua tese de livre-docência, cuja versão em livro é este *Luta por reconhecimento: a gramática moral dos conflitos sociais*, publicado em 1992.

Em 1996, Honneth sucedeu a Habermas em seu posto na Universidade de Frankfurt. Em maio de 2001, assumiu também a direção do Instituto de Pesquisa Social.

É autor de *Soziales Handeln und menschliche Natur* (1980, com Hans Joas); *Kritik der Macht* (1985); *Die zerrissene Welt des Sozialen* (1989/1999); *Kampf um Anerkennung* (1992); *Desintegration. Bruchstücke einer soziologischen Zeitdiagnose* (1994); *Das Andere der Gerechtigkeit* (2000); *Leiden an Unbestimmtheit* (2001); *Unsichtbarkeit* (2003); *Umverteilung oder Anerkennung. Eine politisch-philosophische Kontroverse* (2003, com Nancy Fraser); *Verdinglichung. Eine anerkennungstheoretische Studie* (2005); *Schlüsseltexte der Kritischen Theorie* (2005); *Pathologien der Vernunft. Geschichte und Gegenwart der Kritischen Theorie* (2007); *Das Recht der Freiheit. Grundriß einer demokratischen Sittlichkeit* (2011); e *Die Idee des Sozialismus. Versuch einer Aktualisierung* (2015), entre outros.

ESTE LIVRO FOI COMPOSTO EM SABON,
PELA BRACHER & MALTA, COM CTP DA
NEW PRINT E IMPRESSÃO DA GRAPHIUM
EM PAPEL PÓLEN SOFT 80 G/M² DA CIA.
SUZANO DE PAPEL E CELULOSE PARA A
EDITORA 34, EM MAIO DE 2021.